단어 옆에 서기

First you write a sentence:
The Elements of Reading, Writing… and Life.

By Joe Moran

Copyright ⓒ Joe Moran, 2016

Korean translation copyright ⓒ Hugo, 2025

All rights reserved.

This Korean edition is published by arrangement with Curtis Brown
Group Limited through EYA(Eric Yang Agency).

이 책의 한국어판 저작권은 에릭양에이전시(EYA)를 통해 저작권자와 독점 계약한 위고에 있습니다. 저작권법에 의해 한국 내에서 보호를 받는 저작물이므로 무단 전재 및 복제를 금합니다.

단어 옆에 서기

조 모란
성원 옮김

위고

우선 문장을 하나 쓰고
잘게 썰어서
조각들을 잘 흔든 다음 골라내면 되지.
우연하게 떨어진 모양 그대로.
구절의 순서 따윈
전혀 상관없지.

    루이스 캐럴,
    「시인은 타고나는 것이 아니라 만들어진다」,
    『판타즈마고리아와 다른 시들』

친애하는 리턴 스트레이치 씨가 내게 말했어요. 우선 문장을 하나 쓰고, 다음 문장을 써요. 저는 그렇게 글을 써요. 계속 그렇게 써나가지요. 하지만 내 생각은 이렇습니다. 들판을 내달리듯 글을 써야 한다고요.

    맥스 비어봄,
    버지니아 울프의 1938년 11월 1일 일기

차례

한 문장에서 시작한다   9

노련한 작가는 문장으로 글을 쓴다
— 문장은 살아 있는 단어들의 선이다   27

생기 있는 명사와 엄밀한 동사
— 문장에 생기를 불어넣는 법   73

일상을 경이롭게, 경이를 심상하게
— 간결한 단어로 경이를 말하는 법   119

세상을 노래하는 문장들
— 숨이 차지 않는 긴 문장을 쓰는 법   171

하강하는 마침표와 도약하는 문단
— 보이지 않는 실로 문장을 엮는 법   205

별것 아닌 것 같지만, 도움이 되는
— 문장은 세상에 건네는 선물이다   261

참고문헌   279
찾아보기   286

일러두기
· 본문에서 소개하는 문헌의 서지 사항은 책 끝에 밝혔다.
· 외국의 인명, 지명 등의 표기는 국립국어원의 표기법에 따르되 관용적으로 사용하여 익숙한 경우에는 그에 따랐다.
· 단행본, 잡지, 신문의 제목에는 『　』를, 논문, 기사, 단편 문학작품에는 「　」를, 영상, 음악, 미술 등의 예술 작품에는 〈　〉를 썼다.
· 본문의 각주는 모두 옮긴이 주다.

한 문장에서 시작한다

 우선 문장을 하나 쓴다. 낚싯대 끝으로 느끼는 손맛처럼, 단어들이 어떻게 어울리면 좋을지에 대한 아이디어가 머릿속을 간질인다. 그러면 문장을 머릿속으로 읽어본다. 형태를 떠올리며 자판으로 옮긴다. 크게 읽으면서 노래처럼 들리는지 확인한다. 음절 하나를 바꾸고 맞추고 다듬고, 단어를 구절로 또는 구절을 단어로 바꾼다. 다른 문장 옆에 두고 어울리는지 확인한다. 전부 지우고 처음부터 다시 시작한다.
 내가 지구에서 보낸 시간을 종류별로 구분한 도표가 있다면 누구나 하는 일, 그러니까 잠자는 시간을 제외한 대부분은 문장을 쓰는 시간이 차지할 것이다. 하루에 글을 얼마나 쓰는지 세지는 않지만, 만일 세어본다면 단어가 아니라 문장 수를 헤아릴 것이다. 문장은 나의 핵심 생산물, 언어의 작업장에서 만들어내는 소형 제품이다. 작가가 된다는 건 아무래도 확인 도장과 승인 과정이 필요해 보이지만 내가 하는 일은 그보다는 매일 할당량의 문장을 채워가는 일에 가깝다. 나는 1년에 3천 5백 문장 정도를 쓴다. 이 정도면 한 사람이 쓰기에 너무 많은 걸까, 조금 부족한 걸까, 아니면 적당한 걸까? 한 문장을 쓰고 다음 문장을 쓴다. 충분하다 싶을 때까지 되풀이한다. 충분하다 싶은 게 언제인지는 모르겠다.

어떤 작가들은 자기 머릿속의 문장이 밖으로 내보내달라고 아우성친다고 말한다. 플로베르는 문장들 때문에 "좀이 쑤신다"고 했다. 이런 작가는 인간에게 무작위로 귀를 실룩거리는 능력이 주어지듯 단어를 배열하는 재주를 타고나는 모양이다. 내게는 그런 능력이 없지만, 대신 나는 조화로운 문장을 듣고 알아볼 수 있다. 좋은 문장이 어떤 모습이고 어떤 소리가 나는지 알기에, 나의 글에 보이는 괜찮은 문장을 잊지 않고 그와 비슷하게 재현하려고 노력하는 감각이 좋다. 볼품없는 재능에도 보상이 주어진다. 나는 단어들을 어떻게 만나게 할지, 이 문장이 저 문장보다 훌륭한 이유가 무엇인지 골똘하게 생각하지 않을 수 없다. 나이팅게일은 자기 목청에서 어떻게 그런 황홀한 소리가 나오는지 모르지만, 나이팅게일을 흉내 내는 인간은 모든 음을 분석해야 한다.

내가 대부분의 사람보다 더 많은 시간을 할애하는 편인지 몰라도, 학교에 다니고 있든 그보다 나이가 많든, 우리는 모두 문장으로 게임을 한다. 문장은 글쓰기의 공유 자원, 모든 작가가 발을 내딛는 공동의 지면이다. 시인도 문장으로 글을 쓰지만 "문에 물건이 끼면 시간이 지연됩니다"나 "서늘하고 건조한 장소에 보관하세요" 같은 문장을 쓴 무명의 작가 역시 마찬가지다. 모든 작가는 문장으로 글을 쓴다. 아무리 어리숙하고 부주의한 작가여도 흩뿌려진 대문자와 마침표, 그 사이 놓인 글자들이 문장이라는 보편적인 통화로 바뀌기를 염원한다. 우리는 문장을 만들면서 글쓰기만이 아니라 모든 것을 배운다. 이 종잡을 수 없이 아름답고 혼란스러운 난장을, 그러니까 인생을, 문장으로 아주 잠시 이해한다.

원칙주의자의 변명

케임브리지대학교 수학과 교수였던 G. H. 하디는 은퇴를 앞둔 1940년에 일생의 연구를 변호하는 책을 출간했다. 하디는 가장 순수한 형태의 수학인 정수론을 연구했고, 그의 책은 이해하려는 사람도 드문 무용한 일에 일생을 바친 이유에 대한 고백이다. 제목은 '수학자의 변명'이지만 그다지 변명하는 투는 아니었다.

하디는 수학이 자신의 인생에 "위대하고 영원한 행복"을 안겨주었다고, 세상이 전쟁으로 자멸하고 있을 때 숫자로 이루어진 아름다운 평행 우주에서 위안을 얻었다고 단언했다. 그는 스코틀랜드 포스교의 체적이나 무선송신기의 도달 범위를 계산하는 응용수학은 "하찮다"고 몰아세웠다. 하디에 따르면 진짜 수학은 순수한 추상을 좇느라 이 세상에 관심이 없다. 수학은 아주 드문 경우에, 전혀 의도치 않게 쓸모 있다. 아인슈타인처럼 하디는 무엇보다 등식이 아름다워야 한다고 생각했다. 그는 "화가나 시인처럼 수학자는 패턴을 만드는 사람"이라고 썼다.

수학의 등식과 활자화된 문장은 닮은 점이 많다. 대칭과 균형에 의지하고, 일견 달라 보이는 것들이 연결되어 있다고 주장한다. 가능한 우아하고 간결하게 현실을 풀이한다. 무작위하게 나열된 것들을 필연적인 이유로 깎아내고, 불완전하고 일관성이 없는 것들을 등호 또는 절을 사용해 제자리에 놓는다. 세계를 향해 무언가 말하면서도 그 자체의 아름다움 속에서 유영한다.

하디 같은 순수수학자들은 긴 시간 논쟁했다. 수학의 진보는 발명되는가, 아니면 발견되는가? 우아한 방정식은 인간이 공들여 만들어낸 작품인가, 아니면 운 좋은 누군가가 우연히 발견하기 전부터 그 자리에 있던 영원불멸한 진리인가? 우아한 문장에 대해서도 같은 질문을 던질 수 있다. 그 또한 발명과 발견 사이 어딘가에 놓여 있기 때문이다. 우아한 방정식처럼 우아한 문장은 만든 이에게서 벗어나 자유롭게 부유하며, 그 존재가 필연적이라는 기운을 뿜어낸다. 한 사람의 내면에서 나와 어느덧 세상에 자리한다.

문장의 형태와 소리에 골몰하며 의도와 형식의 올바른 조응을 찾는 일은 하디의 수학만큼이나 실세계와 동떨어져 보일 수 있다. 하디가 책에 썼듯 인간의 언어는 사멸하지만 숫자는 영원히 살아 있기 때문에 그런지도 모른다. 하디가 수학에 마음을 쏟듯 문장에 마음을 쏟으려면, 하디가 숫자를 대하듯 문장을 대해야 한다. 문장이 세상을 설명하고 해명하려 하는 그 순간에도 문장의 뒤에는 어떤 것도 없다는 사실을 알아야 한다.

단어를 보석으로 탈바꿈시키는 것

내가 하디의 책에서 영감을 얻었다는 건 어딘가 생뚱맞다. 이 책은 문장 쓰기를 예찬하며 적어 내린 문장들이 엮여 있기 때문이다. 나는 이 책이 독자를, 그러니까 어떤 식으로든 글을 쓰는 이들을 가르치려 드는 게 아니라, 그들에게 용기와 대담함과 활기를 북돋우기를 바란다. 이 책이 한 문장을 쓰고 그걸 다른 문장들 옆에 배치하는 유용한 방법을 전하기 바란다. 무엇보다 모두가 한꺼번에 많은 말을 쏟아내고, 서로의 말을 대신 완성해주는 세상에서 문장 하나에 공들이는 일의 가치를 전하고 싶다. 선생은 산만한 학생을 무작정 가르치려 들기보다 자신이 전에 받은 호의를 되돌려주는 방식으로 교육할 때 좋은 효과를 낸다. 나에게는 글쓰기를 가르쳐주고 그 즐거움을 알게 해준 작가들이 그 역할을 했다. 글쓰기의 처방과 금지 사항을 나열한 교본으로 이 책을 쓰지 않았지만, 어쩌면 가르치고 싶은 것, 그보다는 보여주고 싶은 것을 전달하려는 점에서 이 책을 은근한 교본이라고 말할 수는 있겠다.

나는 이 책의 제목을 '원칙주의자의 변명'으로 하려 했다. 일생을 문장처럼 작고 시시해 보이는 일에 속 끓이며 살았던 데 대한 고백처럼 말이다. 그런데 나를 원칙주의자라고 일컬을 자신은 없다. 내 세대가 대부분 그렇듯 나의 문법 지식은 수년에 걸쳐 짜깁기한 누더기일 뿐이어서 구멍이 숭숭 뚫려 있다.

지금도 가로선 왼쪽에 주어가, 오른쪽에 동사가 있고, 수식어가 고속도로 진입로처럼 갈라지는 문장 도식을 보면 머리가 새하얘진다. 그게 실제 문장―기만적일 정도로 간단한 단어의 나열에 불과한 것들과 무슨 관계인지 알 수 없다. 내가 대입을 준비하던 시절 한 선생은 해부학을 공부하는 의학도에게 골격이 중요하듯 문장을 공부하려는 이에게 문장 도식이 중요하다고 했다. 그의 말이 맞다면 나는 절대 글쓰기 박사는 되지 못할 것이다. 난 그저 직감과 우연의 힘을 믿고 내 문장을 헤치며 나아갈 뿐이다.

하지만 그러는 중에 문장이 다른 사람의 글을 감시하기 좋아하는 사람만의 것은 아니라는 사실이 생각났다. 나는 글의 일관성을 유지하는 데만 신경을 쓰고, 음악성보다 신중함을 더 중요시하는 글쓰기 조언을 좋아하지 않는다. 신중하다는 것은 잘못이나 실수가 없도록 주의를 기울인다는 뜻인데 이는 글을 쓰는 태도로 적절치 않은 듯하다. 중요한 것은 규칙의 숭배가 아니라 단어의 선택과 배열이다. 그게 제대로 되면 현수수식어(dangling modifier)*니, 옥스퍼드 쉼표**니 하는 나머지

- 영어 문장에서 수식어가 수식하는 대상과 연결되지 않아 의미가 모호하고 어색하게 느껴지는 경우.
- 영어 문장에서 3개 이상의 항목을 열거할 때 마지막 항목의 'and'나 'or' 앞에 쉼표(,)를 사용하는 옥스퍼드대학교 출판부의 쉼표 사용 형식.

는 저절로 해결되거나 더는 중요하지 않을 것이다.

 그런데도 사람들은 시인도 결국은 원칙주의자라고 말한다(아니면 그 반대일까?). 문법에 능하지 않은 시인도 쉼표나 마침표의 위치에는 주의를 기울인다. 그것이 시구의 의미뿐만 아니라 음악성까지 더한다는 걸 알기 때문이다. 정수론을 모르는 우리 같은 사람이 아름다움에 그나마 가까이 다가갈 수 있는 방법은 글쓰기가 아닐까? 어쩌면 문장이 목표하는 아름다움이 그리 대단치 않을 수 있지만, 아름다움은 다 똑같다. 모든 사람의 모든 단어를, 더불어 환히 빛나는 단단하고 작은 보석으로 탈바꿈시키는 것. 이것이 원칙주의자의 일이라면 나는 그 명명을 받아들일 수 있다.

노련한 작가는 문장으로 글을 쓴다

문장이 무엇인지에 대한 합의를 이끌어내기는 불가능하다. 형태상 정의가 가장 안전하다. 영어 문장은 대문자로 시작해 마침표로 끝난다. 그런데 따옴표로 시작하는 문장, 물음표나 느낌표로 끝나는 문장도 있으니 정확한 정의는 아니다. 다시 해보자. 문장은 문법 규칙이 지배하는 가장 큰 영역이다. 따라서 주변 문장과 문법적으로 독립되어 있다. 다만 바로 앞 문장에 조각처럼 덧붙여져 매달려 있는 문장은 예외다. 해상예보처럼 하나의 장면을 간결하게 묘사하는 표현도 마찬가지다. 때때로 돌풍, 군데군데 안개, 대체로 온화함.

 문장은 의미를 담는 작은 밀폐 용기다. 주장이나 지식, 질문

같이 세상의 소식을 전한다. 모든 문장에는 주어와 서술어가 필요하다. 주어는 명사나 명사절로 되어 있고, 서술어는 주어를 제외한 문장의 나머지이기에 반드시 본동사를 포함한다. 주어는 보통(하지만 항상은 아니다) 문장이 이야기하는 대상이고, 서술어는 보통(이 또한 항상은 아니다) 주어에게 일어난 일 또는 상태를 설명한다. 이것[주어]이 문장이다[서술어]. 그러니 문장에는 주어와 본동사가 있어야 한다. 있다는 가정하에 하나 또는 모두를 생략한 문장을 제외하면 말이다.

문장은 한 단어일 수도, 끝없이 연장될 수도 있다. 주절에 단어가 계속해서 더해질 수 있기 때문이다. 체코 작가 보후밀 흐라발은 한 문장으로 이루어진 소설 『고령자를 위한 댄스 수업』을 썼다. 정작 그는 세탁소 영수증에 적힌 짧은 문장으로 유머 감각을 길렀다고 했지만 말이다. "일부 얼룩은 옷감 자체를 손상시켜야만 제거될 수 있습니다." 『잃어버린 시간을 찾아서』의 「갇힌 여인」에서 소파에 대한 447개의 단어로 된 문장을 쓴 마르셀 프루스트는 "이 기다란 비단실을 잣는 동시에 엮어서", "단번에—아무리 길고 구불구불하더라도—진실을 포위해버리고" 싶다고 말했다. 문장은 프루스트의 끊이지 않는 사고를 좇아야 했다. 문장을 둘로 쪼개면 사고의 흐름도 끊어지고 말았다. 문장은 감각의 자잘한 파편일 수도, 단어의 생기로 환히 빛나는 프루스트적 세상일 수도 있다.

헨리 데이비드 소로에게 문장은 작가의 두뇌에서 거둔 수확물이었다. 소로는 일기에 "사색가가 잉태하는 열매는 문장"이라고 썼다. 메리앤 무어에게 문장은 "구조물의 인력이 중력의 지배를 받듯" 그를 끌어당겼다. 제임스 볼드윈의 진정한 목표는 "뼈를 바르듯 군더더기 없는 문장을 쓰는 것"이었다. 존 치버에게 "모든 문장은 혁신", 그런 식으로 한 번도 생각하지 못하고, 한 번도 이야기하지 않은 무언가다. 애니 딜러드에게 문장은 작가의 진정한 수단이며, 문장 감각이 없는 작가는 물감 냄새를 견디지 못하는 화가와 다를 바 없기에 작가가 아니다. 게리 러츠에게 문장은 우리 "노력의 진정한 무대"다. 매기 넬슨에게 문장은 "산문이 야생을 파괴하고 세운 비석에 불과하다는 의심을 내려놓지 못하면서도… 죽어라 매달리는" 무언가다. 존 밴빌에게 문장은 "인간성의 가장 본질적인 조각… 우리의 가장 위대한 발명품"이다.

노련한 작가는 문장으로 글을 쓴다. 누구나 문장 단위로 글을 쓰기 때문이 아니라(이게 사실이긴 하지만) 그들이 작게 쓰기 때문이다. 이들은 문장을 원형 단위로, 바로 세우지 않으면 어떤 것도 반듯해질 수 없는 소립자로 본다. 이들의 책은 아무리 길어도 결국 문장을 모은 것이다. 폴란드 크라쿠프의 핵물리학연구소 과학자들은 디킨스, 조이스, 베케트 같은 작가들의 고전 작품 백여 편을 분석한 결과 문장이 마치 수학의 멀티프랙털처럼 작동한다는 사실을 발견했다. 멀티프랙털은 가장 작은 부분이 전체의 상과 유사한 구조물을 말한다. 위대한 글은 일관성이 있다. 마치 어떤 테루아에서 생산한 와인이 그 지역의 고유한 기후와 토양의 영향으로 어디서도 흉내 낼 수 없는 맛을 내듯, 최고의 글은 한 공간에 살아 숨 쉬는 단 하나의 몸에서 나온 듯한 착시를 만든다. 한 편의 글을 대체 불가능하게 만드는 특별한 테루아가 바로 문장이다.

 탐조가들은 '지즈(jizz)'만 보면 새의 이름을 알 수 있다고 장담한다. 이 단어의 기원은 알 수 없지만 일각에서는 지즈가 전시 항공정찰 용어에서 유래된 '대략적인 인상(general impression), 크기(size), 형태(shape)'의 줄임말이라고 여긴다. 노련한 탐조가는 지즈를 통해 새의 정체를 알 수 있다. 해 질 녘 어두운 하늘을 가로지르며 날아가는 새의 형체가 아무리 흐릿할지라도. 어쩌면 작가의 목소리도 이와 같은지 모른다. 노련한 독자는 스쳐 지나는 단 한 문장만으로도 문장의 주인을 파악할 수 있다.

당신의 귓속에 좋은 문장을 담아라

문장은 의미를 내포하는 것에 그치지 않는다. 문장은 논리와 서정시가 만나 이루는 단어의 행렬이자 의미와 소리가 만든 구조물이다. 비록 그 소리가 머릿속에서만 울릴 뿐이어도 말이다. 흔히 시에만 존재한다고 생각하는 운율, 리듬, 음악성 같은 특징은 사실 산문에도 있다. 아니, 산문에도 있어야 한다. 존 베처먼은 BBC 라디오의 오프닝 문장이었던 "We came to Looe by unimportant lanes(우린 중요하지 않은 길을 따라 루로 왔다)"가 "We drove to Looe via the minor roads(우리는 시시한 도로를 따라 루로 차를 몰았다)"보다 더 듣기 좋다는 사실을 알았던 게 틀림없다. 베처먼의 문장은 두 번째 음절마다 강세가 들어가는 10음절로, 완벽한 약강5보격*이다.

어떤 작가는 악보를 그리듯 운율 기호로 음절의 강세를 그리며 문장의 지도를 만든다. 어떤 작가는 단어를 적기 전에 강세부터 정한다. 둘 중 어디에도 속하지 않는 우리에게는 문장에 운율이 더 필요하다는 막연한 감각밖에 없다. 그래도 내용만큼 형식이 중요하다는 건 안다. 로버트 프로스트는 이를 "감각의 소리", 건넛방에서 숨죽인 목소리로 내뱉은 문장에서도 붙잡을 수 있는 "감정의 진실"이라고 불렀다. 그는 문법에 대한 순전한 복종에서 "한때 의미의 전부였을지도 모르는 인간 목청의 적나라한 어조"를 느꼈다.

초보 작가는 하려는 말에 너무 정신이 팔려서 문장의 모양과 소리에 충분히 신경을 쓰지 못하곤 한다. 이들은 단어 안에 욱여넣은 의미에 골몰한다. 내용에 집착하느라 형식을 망각한다. 내용과 형식은 같다는 사실을, 문장이 무엇을 말하는가는 그것을 어떻게 말하는가와 다르지 않으며 그 반대도 마찬가지라는 사실을 곧잘 잊는다.

언어에서 리듬은 너무 기초적이라서 굳이 가르칠 필요가 없다. 아이의 구문과 발음을 교정해줄 수는 있지만, 리듬에 대한 감이 전혀 없는 아이의 말은 인간의 말처럼 들리지 않는다. 영어의 자연스러운 리듬은 모든 단어에서 특정 음절을, 모든 문장에서 특정 단어를 강조한다. 그런 이유로 명사, 형용사, 동사

- 영시의 대표적 운율 형식. 한 시행이 10음절이면서, 5개의 약음절과 그것에 어울리는 5개의 강음절이 한 음보씩 '약강/약강/약강/약강/약강' 식으로 5음보를 이룬다.

에는 좀 더 오래 머물고 대명사, 접속사, 전치사는 가볍게 건너뛴다. 그래서 우리는 강세가 무작위로 오르내리는 내비게이션과 구내방송의 안내 음성을 결코 좋아할 수 없을 것이다.

리듬은 생명의 노래다. 발화에서 음절의 강세 패턴은 우리가 뱃속에서 들었던 심장박동, 폐를 드나드는 공기의 박자, 걷거나 달릴 때의 보폭과 맞아떨어진다. 리듬은 인간이 만든 최초의 음악이자, 발로 탭댄스를 추고, 손으로 드럼을 두드리고, 손뼉을 치는 즐거운 반사 행동을 만든다. 어딜 가든 뒷주머니에 낡은 드럼스틱을 가지고 다니는 젊은이나 목소리로 리듬을 타는 비트박서가 그렇듯, 손으로 강물을 두드려 찰랑이는 소리를 내는 외딴 부족의 음악가들은 리듬을 타려는 충동에 이끌린다. 음악 비평가 이언 펜먼은 그레이스 존스에 대한 글에서 리듬을 "노래의 족쇄, 그 악마적인 흥분… 원초적인 숨결… 부단한 요구의 속삭임"이라고 불렀다.

리듬은 의미를 품는다. 위대한 연설가는 우리가 그 의미를 파악하기도 전에 우리의 머리와 뼛속에서 단어의 리듬이 울려 퍼지게 한다. 리듬이 우리를 사로잡고, 존 키츠의 표현을 빌리자면 "우리의 맥박으로 증명되고", 의미가 따라온다. 나는 울림이 좋은 큰 방에서 열린 낭송회에서 크게 소리 내 읽는 문장들을, 길거리를 서성일 때 이어폰에서 흘러나오는 오디오 북을, 어둠 속에서 이불을 덮고 듣는 라디오 에세이를, 마치 자장가처럼 나를 잠에 빠져들게 하는 낭독자의 음색을 좋아한다.

나는 문장들을 호흡에 따라 소리 내 읽으며 내가 일하는 대학 건물의 복도를 오가곤 한다. 나를 아는 사람들은 그럴 때 나를 못 본 척하는 편이 낫다는 걸 안다. 가끔은 그런 모습으로 동네를 산책하는데 낯선 행인들이 나에게 그리 너그럽지 않은 게 역력하게 느껴진다. 직장에서는 혼잣말하는 사람을 보면 자기 생각을 가다듬고 있겠거니 하고 이해하지만 길거리에서는 모두들 멀찍이 피하게 마련이다. 하지만 나는 이런 습관이 글의 리듬감을 머릿속에 새기는 데 도움을 준다고 혼자 되뇐다. 시인 제인 케니언은 "좋은 책을 읽어라, 당신의 귓속에 좋은 문장을 담아라"라고 조언했다. 진실하고 유용한 문장은 쉼표가 아무리 엉뚱한 곳에 찍힌다 해도 살아남는다.

당신이 주의를 기울이는 것은 이 책의 소리다

형편없는 문법은 보통 형편없는 리듬이라는 더 심각한 문제를 알리는 신호다. 문장에서 틀어질 수 있는 것은 통사론적 엄밀함만이 아니다. 잘못된 문법적 배열보다 더 나쁜 것은 생동하지도 노래하지도 않는 순서로 단어를 늘어놓는 것이다. 이런 문장은 귀에 거슬리게 삐걱대며 슬픈 결말을 향해 절뚝절뚝 걸어간다. 작가의 귀가 문장의 소리에 무감할 때 독자는 마치 음정이 안 맞거나 반음 낮은 노래를 들을 때처럼, 이유를 짚어내지는 못해도 어딘가 어긋났다는 것을 알아차린다.

나는 어떤 책이든 아무 데나 펼쳐 몇 문장만 읽어도 내가 그 책을 좋아하게 될지 아닐지 금방 알 수 있다. 주제가 아무리 매혹적이어도 문장이 지루하면 읽기 힘들다. 나 역시 지루한 문장을 써왔으니 좀 더 너그러워져야 할 테지만 아직은 어렵다.

의식하지 못할 수 있지만, 당신 역시 마찬가지다. 당신은 이 문장을 지나치면서 이것이 말하려는 내용—인생, 사랑, 천사의 존재, 폴리에틸렌 사출 적재식 의자의 디자인, 무엇이 됐든 그 자체를 들여다본다고 생각하지만 사실은 그렇지 않다. 당신이 주의를 기울이는 것은 이 책의 소리다. 당신은 문장 때문에 이 책을 읽고 있다.

나는 어떤 레시피로도 요리할 생각이 없으면서도 엘리자베스 데이비드, 제인 그리그슨, 엘리자베스 루아드, 나이젤 슬레이터 같은 요리 작가의 책을 읽곤 한다(나는 장 보는 법을 배워야 잘 먹을 수 있다고 믿는 요리학파다). 내가 이런 책을 읽고 또 사랑하는 이유는 요리법이 아니라 문장에 있다. 좋은 글이 정확하면서도 영감을 선사한다는 사실은 레시피에서도 어김없이 드러난다.

1950년대 초 엘리자베스 데이비드가 배급표를 받는 영국 독자에게 무화과와 산마늘, 칼라마타산 올리브의 맛을 상기시키려 했을 때 그의 문장은 지중해의 태양처럼 선명하고 거침없어야 했다. 1970년대 이전에는 소호의 몇몇 미식 상점 말고는 그의 레시피에 적힌 이색적인 재료들을 구하기 힘들었다. 대도시 중산층은 그의 글이 언급하는 가지와 안초비를 통해 토스카나와 프로방스에서 보낸 여름휴가를 떠올리며 대리 만족하기도 했다. 최고의 음식 글은 믿을 만한 조언과 감각이 기억하는 추억 사이의 모호한 경계를 따라 걷는다.

계량 수치와 오븐 설정에 대한 따분한 글을 건너뛰면 레시피의 문장을 읽는 건 즐겁다. 필요한 순서가 아주 확실하게 열거된다. "팬에 올리브오일 두 티스푼을 넣고 달군 다음 얇게 썬 양파를 넣어 볶는다." 대부분의 인생사와 달리 이 과정은 공정하고 진실하다. "어제의 빵은 수분이 적으니 바삭바삭한 토스트로 만들기에 제격이다." 좋은 음식 글은 깔끔하고 풍미가 가득해 그 자체로 하나의 성찬이다.

데이비드의 글이 좋은 건 요리와 글쓰기의 공통점을 알기 때문이 아닌가 싶다. 좋은 문장은 그가 프랑스 요리의 거장 에스코피에로부터 차용한 신조, "단순함을 유지하라"의 언어적 구현이다. 데이비드는 요리가 선명하고 꾸밈없어야 한다고 생각했다. 문장이 그래야 하듯 말이다. 그는 음식 본연의 풍미를 덮어버리는 진한 소스와 장식 들을 싫어했다. 문장 역시 바로크적인 화려한 기교보다는 질 좋은 재료에 더 많이 의지해야 한다. 그는 요리하는 걸 자랑하기 위해 불필요한 기구와 도구로 힘을 준 주방을 못마땅하게 여겼다. 문장 역시 글을 쓰는 데 들어간 노고를 내세워서는 안 된다. 데이비드는 깎고 끓이는 고투로 점철된 자학적인 영국식 요리를 혐오했다. 요리는 사랑이 담긴 다정한 노동이어야 하기 때문이다. 문장 역시 적어도 어떤 독자에게는 타협할 수 없는 즐거움이어야 한다.

우아한 문장을 쓰는 즐거움

나는 이 글이 하디의 책과 마찬가지로 실제로는 변명이 되지는 못하리라고 생각했다. 사실 내가 하디보다 더하면 더했지 덜하지는 않을 것이다. 그 당시만 해도 하디는 수학적 증명의 무용한 아름다움을, 수학이 자신 같은 소수의 명석한 사람들에게 안겨주는 완전히 비실용적인 즐거움을 정당화하려고 『수학자의 변명』을 썼다. 하지만 이제 대부분의 과학자는 아름다움이 그 자체로 쓸모 있다고 믿는다. 어떤 이론이 너무 구질구질해 보일 때 과학자들은 경제성의 법칙인 '오컴의 면도날'을 꺼내 든다. 14세기 영국의 작은 마을 오컴의 신학자 윌리엄 오컴은 "적은 양으로 끝낼 수 있는 일을 많은 양으로 하는 것은 어리석다"고 주장했다. 과학자들은 간단하고 우아한 등식이 겉보기에 복잡한 등식보다 데이터와 맞아떨어질 가능성 또한 더 높다고 믿는다. 아니, 그보다 자연스러운 균형, 예리하게 벼린 간결함이 궁극적으로 데이터와 일치할 가능성이 더 높다고 믿는다.

만족스러운 패턴은 인간의 두뇌 회로를 이로운 방식으로 작동시킨다. 인간이 패턴과 균형에서 선천적으로 쾌락을 느끼는 이유는 그것들이 세상에 질서와 의미를 부여하기 때문이다. 하디가 사랑해 마지않던 소수(素數), 하디가 미덕으로 여긴 그 무용함은 그의 예견과 달리 전자공학, 컴퓨터, 인터넷에서 쓸모가 많은 것으로 밝혀졌다. 어쩌면 아름다운 문장이 주는 쾌락 역시 우리가 가늠하지 못한 방식으로 인간 종의 번성을 이끌지도 모른다.

영화 〈브로드캐스트 뉴스〉의 초반부에서 배우 앨버트 브룩스가 연기한 젊은 에런 올트먼(커서 똑똑하고 깐깐한 언론인이 된다)은 고등학교에서 같은 반 불량배들에게 구타를 당한다. 그는 얻어맞으면서 자기 딴에는 무시무시한 저주를 내뱉는다. "니들은 1년에 1만 9천 달러 이상은 절대 못 벌 거다!" 불량배들이 올트먼을 땅바닥에 패대기친다. 그는 자리에서 일어나 피투성이가 된 입으로 다시 저주한다. "니들은 절대 사우스보스턴 밖을 나가보지도 못할 테지만 난 이놈의 망할 세상을 죄다 구경할 거다!" 패거리가 웃으며 유유히 떠나자 올트먼은 최후의 한 방을 날린다. "니들은 우아한 문장을 쓰는 즐거움을 절대 모를 거다!"

글쓰기는 때때로 고독하다. 하지만 에런 올트먼이 옳았다. 글쓰기는 들인 시간만큼 가치가 있다. 노래 같은 문장을 만들어내는 일은 다른 사람들의 주의를 끌고 우리 자신을 더 잘 이해하게 되는 방법이다. 좋은 문장은 사고에 질서를 부여하고 우리를 고독에서 구한다. 아무리 덧없더라도 글쓰기는 인간의 외로움을 다독이는 치유제이자, 작가와 독자를 가르는 만성적인 불통의 계곡을 건너게 해주는 다리다.

그리고 이 치유제를 모두가 공짜로, 처방전 없이 이용할 수 있다. 하디는 자신만큼 재능이 있지 않다면 수학을 연구하는 건 시간 낭비라고 여겼던 몰인정한 엘리트주의자였다. 하지만 좋은 글은 누구나 쓸 수 있고, 여기에 필요한 건 시간밖에 없다. 나는 인생의 많은 시간을 문장을 쓰는 데 바쳤다. 모든 문장에 공을 들였지만 많은 문장이 아름답지 않았다. 적잖은 문장이 다른 사람에게 읽히지도 못했다. 하지만 그런데도 나는 거기에 들인 시간이, 쓴 것을 모조리 지워버리고 처음부터 다시 시작하면서 보낸 시간이 낭비였다고는 생각하지 않는다. 내가 문장에 대한 이 작은 책을, 변명할 생각도 없으면서 변명을 쓴 것은 그 이유를 말하기 위해서다.

노련한 작가는 문장으로 글을 쓴다
— 문장은 살아 있는 단어들의 선이다

1979년 컬럼비아대학교 영장류 인지 실험실의 책임자 허버트 테라스는 『사이언스』에 '유인원이 문장을 만들 수 있을까'라는 제목의 논문을 발표했다. 결론은 학술 논문으로서는 이례적일 만큼 단호했다. 그럴 수 없다는 것이었다.

테라스와 동료들은 '님 침스키'라는 침팬지를 기르면서 수어를 가르쳤다(유인원은 후두의 구조적인 차이 때문에 인간처럼 문장을 발화하지 못한다). 이 침팬지의 이름에는 유인원의 언어 학습에 회의적이었던 놈 촘스키를 비꼬는 의도가 담겨 있었다. 촘스키는 인간만이 보편문법이라고 하는 일종의 문장 생성 도구를 뇌 안에 장착해 태어난다고 생각했다. 테라스는 님에게 문장을 몸짓으로 표현하는 방법을 가르쳐서 놈이 틀렸음을 입증하고자 했다.

하지만 7년의 시도 끝에 테라스는 님이 그저 인간을 흉내 내는 법밖에 배우지 못했다는 결론을 내렸다. 님은 사물을 지칭하는 숱한 단어를 알았고 단어를 기본적인 순서에 맞춰 배열할 수도 있었다. 님은 "Tickle me Nim(나 간지럽히다 님)" 또는 "Finish hug Nim(포옹 끝내다 님)" 또는 "Apple eats Nim(사과 먹다 님)" 같은 말을 할 수 있었다. 하지만 '사과가 님을 먹다'와 '님이 사과를 먹다'는 전혀 같은 뜻이 아니다. 님은 인간이 본능적으로 타고나는, 단어를 문장으로 엮는 생성문법을 습득하는 데 실패했던 것이다.

미국 아이오와주 디모인의 대형 유인원 트러스트 연구소에 있던 보노보 칸지는 님보다 한 발 더 나아갔다. 칸지는 단어를 소리로 구현하는 그림-상징 키보드를 이용해서 두 살배기 아이 수준의 원형 문법을 익혔다. 칸지는 명사와 동사로 된 두 단어짜리 문장을 만들어서 엠앤엠즈 초콜릿, 부리토, 오렌지 소다를 달라고 요구할 수 있었다. "행복해"나 "미안해"라고 말했고 be동사를 다양한 용법으로 사용했으며 간혹 관사와 전치사를 덧붙이기도 했다. 심지어는 비꼬는 말도 했다. 준비됐는지 물으면 칸지는 "되고도 남았지"라고 대답했던 것이다.

하지만 칸지는 단어를 신뢰할 만한 순서로 배열하거나, 주어 같은 문장의 핵심 요소를 파악하지는 못했다. 인간의 아이는 세 살 무렵부터 두 단어짜리 문장을 토대로 복잡한 층위의 문장을 새롭게 구사한다. 많은 동물이 언어를 발화하지만 유한한 단어와 규칙을 가지고 무한히 다양한 의미를 만들어내는 건 인간이 유일하다. 촘스키는 유인원에게 통사를 가르치는 것을 인간에게 나는 법을 가르치는 것에 비유했다. 그는 9미터씩이나 뛰는 올림픽 멀리뛰기 선수도 하늘을 날지 못한다고 꼬집었다. 유인원이 문장을 서술하지 못하는 것도 마찬가지라고.

최소한 지금까지는 인간만이 문장을 만들 수 있었다. 인간 외의 동물이 불을 피우거나, 목표물을 향해 무언가 던져서 맞추거나, 사랑에 빠지지 못하듯, 문장을 만들 수 없고 만들고 싶어 하지도 않는다. 어쩌면 리처드 도킨스의 추측대로 이 모든 게 생각을 짜맞추기 위한 뇌의 활동으로 시작되었다가 나중에 발화 행위로, 그다음에는 결국 글쓰기로 구현된 것인지 모른다. 이유가 무엇이든 깊숙한 과거 어딘가에서 인간은 문장을 만드는 재주를 손에 넣었다.

인간을 제외하면 그 어떤 유인원도 문장을 만들지 못한다. 나는 이 골치 아프고 시간을 잡아먹는 일에 집중하기 위해 책상을 벽에 붙이고 인체 공학적인 회전의자에 앉아 있다. 우리, 그러니까 나의 뇌와 나는 마치 서로의 이상한 습관에 익숙해져야 하는 룸메이트처럼 이 일을 끝내기 전까지 함께 여기 붙들려 있다. 내가 보노보보다 잘하는지는 모르겠지만 문장 쓰기는 누구에게도 그리 쉬운 일은 아니다. 나는 빈 벽을 응시하며 오랫동안 뜸을 들이다 자판을 두드리기 시작한다. 두드림이 전기회로에 입력되고 커서가 오른쪽으로 움직이며 단어의 행렬을 남긴다.

"문장이라고 할 수 없음"

나는 대학에서 학생들을 가르친다. 그리고 이곳에서 이루어지는 글쓰기를 종종 경외한다. 단어의 행렬은 광섬유 케이블을 통과해 대기 열에 서거나 전자 공극으로 기화하고, 쓴 사람과 한두 명의 독자 외에는 볼 수도 들을 수도 없는데도 네트워크 속으로 끝없이 쏟아진다. 어둑한 저녁이면 나는 전면이 유리로 된 도서관을 지나가다가 빛이 환한 개방형 공간에서 자판을 두드리는 학생들을 본다. 눈에 보이지 않는 모든 정신적 노고가 침묵에 가까운 적막에서 전력도 거의 사용하지 않는 채 이루어진다. 누군가 내게 우리 대학의 모든 학생이 하루에 써내는 모든 단어를 저장하는 데 필요한 컴퓨터 메모리가 비디오 클립 하나를 스트리밍하는 데 필요한 양보다 적다고 알려주었다. 어쨌든 이곳은 단어들을 위해 존재한다. 대학은 문장을 만들어내는 공장이다.

학생들은 근무시간에 맞춰서 감독하는 사람도, 규율도 없는 도서관이라는 생산 현장으로 들어온다. 열 맞추어 늘어선 컴퓨터 라인에 앉아서 두 손으로 쌓아 올리는 타자음은 지붕을 두드리는 부드러운 봄비 소리 같다. 이 학생들의 선배들은 자기 글의 출력본을 서류철에 넣어 교탁 위에 제출했다. 하지만 이제는 하드드라이브, 메모리스틱, 가상학습환경의 전자 제출 시스템을 주로 사용하며, 나 같은 사람들도 그 체제에서 글을 읽고 점수를 매긴다. 매체야 어떻든 모든 글에는 한 가지 공통점이 있다. 검은 점으로 구분된, 문장이라고 불리는 단어의 작은 집합으로 이루어져 있다는 것이다.

대학에서 언어를 가르치는 선생들은 청년 세대의 문해력이 날로 떨어진다는 한탄을 자주 듣는다. 나는 아직 그렇다고는 확신하지는 않지만 학생들의 에세이를 채점하다 보면 형편없는 문장을 많이 접한다. 어떤 이야기를 시작하다가 다 끝내기도 전에 다른 화제를 꺼내버려서 마지막에 가면 처음에 무슨 이야기를 했는지 전혀 기억나지 않는 중구난방형. 마침표도 없이 절을 계속 이어 붙이기만 해서 산소가 부족한 폐처럼 숨이 가쁜 무한 연속형. 잘못 쓴 하이쿠처럼 인과관계가 불분명하고 두서없는 파편형. 출발은 좋았으나 사소한 통사상의 오류로 완전히 길을 잃어, 마침표가 고통에 종지부를 찍을 때까지 엉망진창으로 펼쳐지는 슬로모션 자동차 추돌 사고형. 불필요한 단어가 너무 많아서 독성이 있는 마디풀처럼 의미를 질식시키는 문장까지.

이런 나쁜 문장을 쓰는 이유는 뭘까? 학생들이 이전 세대보다 더 게으르거나 문해력이 떨어지거나 제대로 배우지 못해서가 아니다. 문장을 눈과 귀로 확인하지 않았기 때문이다. 자신이 하려는 말을 알았고, 그걸 말했다고 생각했고, 그렇기에 자기 문장을 읽고 듣지 않았다. 자신이 쓴 단어를 읽고 듣는 일은 생각보다 훨씬 낯설고 부자연스러운 행동이다. 사람들의 문장 쓰기 능력이 점점 떨어지고 있다는 증거는 전혀 없지만 언제나 힘들게 여겼다는 증거는 많다. 중장년층이 "젊은이들은 심지어 문장 하나도 제대로 못 쓴다"고 비난할 때 분노를 실어 나르는 부사 '심지어'는 문장 쓰기가 마치 신발 끈을 묶거나 구구단 3단을 외우는 것처럼 유치원생도 할 수 있는 일이라고 암시한다. 하지만 좋은 문장을 쓰는 일은 미적분을 푸는 일만큼이나 어렵다. 아무리 문장의 기본 구조를 안다 해도 독자를 움직이고 매혹시키며 흥미를 이끌어내는 방식으로 단어를 배열하는 건 다른 문제다. 독자가 자발적으로 즐겁게 읽을 만한 문장을 쓰는 능력은 일생 동안 길러진다. 40여 년간 그 일을 한 나도 아주 가끔 감을 잡았다고 느낄 뿐이다.

인생에서 문장 쓰기보다 더 어렵고 고통스러운 일이 많다는 걸 알고 있다. 핵심은 뭐든 잘하려면 어렵다는 것이다. 수공예를 예술 활동의 일환으로 여기는 일본에서는 견습 기간이 길다. 사람의 절반만 한 크기의 인형 하나를 세 사람이 움직이는 분라쿠 인형극을 수련하는 데만 30년이 걸린다. 견습생은 첫 10년 동안은 인형의 다리를, 다음 10년은 왼팔을, 마지막 10년은 오른팔과 머리, 눈과 눈썹을 조종한다. 그런 뒤에야 장인이라는 이름을 얻어서 다른 두 견습생의 얼굴이 검은 두건에 가려진 동안 자신의 얼굴을 관객에게 드러낼 수 있다.

초밥 장인은 견습생이 몇 년 동안 초밥을 만지지도 못하게 할 수도 있다. 견습생은 처음에는 바닥을 쓸고 칼 다루는 법을 배우면서 장인을 지켜봐야 한다. 그다음에는 김을 말리거나 문어를 부드러워질 때까지 두드리는 일을 겨우 허락받는다. 분재 견습생은 여러 계절에 걸쳐서 나무에 물을 주고 돌본 다음에야 가지를 다듬어도 된다는 허락을 받는다. 서예 견습생은 몇 년 동안 대나무 붓을 들고 스승의 견본에 대고 글씨를 따라 쓰면서 획을 완벽하게 가다듬는다. 이 모든 노력이 벽에 걸릴 족자에 몇 획을 단숨에 긋는 순간을 위한 것이다. 일본의 장인 정신은 단순히 기술을 뜻하지 않는다. 장인 정신에는 고요하고 아름다운 무언가를 만들어내는 일이 사회적 의무라는 의미가 담겨 있다. 차를 내리는 일이든, 정원에 깔린 시라카와산 자갈을 갈퀴로 정돈하는 일이든, 벤토를 예술 작품처럼 꾸미는 일이든, 장인 정신은 단순한 일상 활동에 예술을 불어넣는다. 인생의 핵심은 일상적인 행위에 창조의 즐거움과 완벽에 도달하려는 노력을 가미하는 것이다.

문장 쓰기라는 수공업은 이런 장인 정신에 이상적으로 맞아떨어지는 것 같다. 우리는 문장의 요소들이 제자리를 찾도록 배열하고 재배열하는 법을 익힌다. 그리고 시작과 중간과 끝의 의미를 발견한다. 이 사소한 일을 제대로 하는 것이 중요하다. 이 하찮은 일에 통달해야만 문장 안에서 정밀함과 우아함이 동시에 어우러져 질서와 아름다움에 이를 수 있기 때문이다. 일본 어린이들은 인사할 때 허리를 굽힌 자세로 잠시 멈춰 있으라고 배운다. 동작의 형태와 의미를 강조하라는 가르침이다. 일본 사람들은 이 동작을 살아 움직이는 문장이 그렇듯 짧고 우아하며 절제된 일련의 몸짓으로 바꿈으로써 삶을 예술로 승화시킨다.

하지만 일본에도, 다른 어디에도 문장 장인 같은 건 없다. 글쓰기에서 학생들에게 첫 10년은 견습생으로 읽기만 허용하고, 그다음에는 명사와 동사로만 된 문장을 쓰게 하고, 그다음에는 수식어까지만 허용하다가 그다음에 수천 개의 문장을 쓰게 하고서야 이들을 진정한 장인이라고 부르는 일 따위는 없다.

그보다는 오히려 문장 쓰기가 간단하다고 쉽게 생각하는 편이다. 그래서 흔히들 요즘 "젊은이들은 심지어 문장 하나도 제대로 못 쓴다"라고 말하는 것이다. 마치 문장 쓰기란 모든 공부의 기본이어서, 굳이 평생 문장을 갈고닦으면서 인생을 배우는 건 말도 안 된다는 듯이.

최고의 가르침은 쓸모 있는 지식의 조각을, 한 공동체가 쌓아온 지혜를 다음 세대로 전수한다. 기타 코드든 초밥 레시피든 컴퓨터 코딩이든, 주제는 그다지 중요하지 않다. 중요한 것은 그걸 내어놓으면서 대가를 바라지 않는 것이다. 수년 전 한 친구는 내게 토스트에 버터 바르는 법을 알려주었다. 친구는 빵 가장자리에 버터를 발라야 한다고 말했다. 충분히 배어든다면 버터가 가운데에서 만나게 된다고. 이 친구를 25년 동안 보지 못했지만 나는 토스트 가장자리에 버터를 바를 때마다 속으로 친구에게 고마움을 전한다.

가끔은 가르치는 일이 이런 식이면 좋겠다고 생각한다. 인문학에서는 '회의적으로 읽기', '비판적으로 생각하기' 같은 새로운 사고 습관을 들이도록 학생들을 훈련시킨다. 미묘한 뉘앙스와 모호함에 익숙해지도록 가르친다. 끝없는 해석의 여정에 오르도록 떠밀려진 이들은 자연과학자가 경멸조로 말하듯 '틀린 것은 아닌' 증명 불가능한 개념들을 저울질한다. 그런 훈련이 유용할 수도 있겠지만 조금… 뜬구름 잡는 느낌이 든다.

가끔은 나도 어떤 문장을 보고 이게 틀렸고 이렇게 고치면 된다고 말하고 싶다. 하지만 에세이를 채점할 때면 그게 완전히 불가능하다는 느낌에 휩싸인다. 나는 마뜩잖은 기분으로 매듭이 울퉁불퉁하게 뒤엉킨 산문을 풀어내려 애쓰지만, 매듭을 푸는 것이 또 다른 매듭을 만드는 일이 되곤 하듯이 매듭은 언제나 푸는 것보다 엉키는 속도가 더 빠르다. 뒤죽박죽된 시제, 주어와 동사의 불일치, 아포스트로피가 빠졌거나 잘못 사용된 문장까지. 피할 수 있던 모든 오류가 다시 튀어나오고, 또다시 빨간 펜으로 수정하는 식이다.

나는 비문에 반창고만 갖다 붙이는 게 능사가 아니라는 걸 알게 되었다. 그래서 종이 여백에다가 "문장이라고 할 수 없음"이라고 적어놓곤 하는데, 이 역시 제대로 된 문장은 아니다. 선생인 내가 학생들을 이 이상으로 더 돕지 못한다니 무능한 사기꾼 같다는 생각이 들었다. 나는 눈치껏 또는 어쩌다가 문장 쓰는 법을 알게 되었다. 그러니 다른 사람의 문장에서 뭐가 틀렸는지를 설명할 능력이 없는 것이다. 보컬 코치가 호흡으로 소리를 만드는 법을 알려주듯, 또는 오래전 연락이 끊긴 한 친구가 내게 버터와 빵을 가지고 토스트 만드는 법을 알려주었듯, 나는 단어로 사고의 행렬을 만들어내는 법을 알려주고 싶었다. 그럴 수 있다면, 학생들은 '틀린 것은 아니'라고 배운 온갖 뜬구름 잡는 것들과 함께 작은 지혜 한 토막을 가져갈 수 있을 것이다.

작가 지망생은 모든 문장을 낱낱이 쪼개 분석할 필요가 없다. 그저 보살피는 법을 배우면 된다. 반 고흐는 동생 테오에게 보낸 편지에 "사랑으로 이루어진 일은 훌륭하게 완성된다"고 썼다. 가장 순수한 형태의 사랑은 보살핌이다. 누군가에게 호기심 어린 찬사를 보내고 잠시라도 머릿속에 그 사람을 담아

두는 것이다. 가장 순수한 형태의 칭찬은 관심을 기울이는 것이다. 우리는 이렇게 주변 세상을, 그리고 다른 이의 인생을 단순한 방식으로 축복한다. 시몬 베유는 "관심은 가장 진귀하고 순수한 형태의 관대함"이라고 했다. 문장을 이렇듯 정중하게 대하면 문장은 반드시 당신에게 보답할 것이다.

하버드대학교의 어느 예술사학과 교수는 학생들에게 미술관의 작품 하나를 세 시간 동안 감상하며 들었던 생각을 써보게 했다. 이 과제의 핵심은 세 시간 동안 그림 한 점을 들여다보기란 고통스럽고 심지어는 터무니없는 행동임을 깨닫는 것이었다. 관람객은 대부분 한 작품을 몇 초 정도 응시하다가 실눈을 뜨고 그 아래 있는 작품 설명을 들여다본 뒤에 지나가버린다. 어떤 예술가든 그 모습을 본다면 가슴이 무너져 내릴 것이다.

학생들은 지루한 과제를 견디기 위해 있는지도 몰랐던 내면의 인내심 창고를 뒤져야 했다. 릴케가 세잔의 작품으로 더 많은 걸 눈에 담는 법을 배웠다고 썼듯이 그림 앞에 계속 서 있어야 했다. 그들은 평소에 그냥 지나치던 것들을 눈여겨보았다. 하늘의 아주 작은 구름 조각이나 군중 속에서 언뜻 비치는 흐릿한 얼굴, 붓 자국과 질감, 흘러내린 물감의 흔적, 먼지와 더께 속에서도 번뜩이는 유약의 광택, 작품이 전시장의 흰 벽 안에서 어떤 식으로 생명을 얻는지를 알아야 했다. 마치 한 지면의 단어들을 읽기 위해 주위 여백이 필요하듯.

이제 나는 학생들에게 이렇게 말한다. 좋아하는 문장을 찾고 그걸 고통스러우리만치 오래, 의미를 지나쳐서 그 형태가 눈에 들어올 때까지 들여다보라고. 그림 감상과 마찬가지로 중요한 것은 숨겨진 상징이나 내밀한 의미를 발굴하는 것이 아니라, 시간을 들여 보는 것이다. 문장을 하나하나 해체했다가 다시 합체하자. 마치 프로그래머가 저작권을 침해하지 않고 소프트웨어를 복제할 수 있는지 알아보려고 컴퓨터를 분해하듯이 말이다. 그 문장의 형태를 당신의 문장 틀에 넣어보자. 문장을 만드는 감각을, 기대와 긴장의 포물선을, 균형 잡힌 표현을, 마침표의 작고 건강한 마무리 동작을 사랑하는 법을 배우자.

가끔 학생들에게 조너선 레섬의 소설「문장의 왕」일부를 읽힌다. 뉴욕의 한 서점에서 일하는 젊은 화자와 그의 여자 친구 클레어는 책 속 문장을 숭배한다. 밤마다 잠들기 전에는 이들이 '문장의 왕'이라고 부르는 어느 은둔형 작가의 문장들을 서로 소리 내 읽는다. 그렇게 이들의 모든 경험은 문장이 된다. "나는 망가지지 않은 스크램블드에그를 원한다고 말했다" 같은 문장이 마음에 들면 집 벽에 색연필로 휘갈겨 적는다. 혹은 좋아하는 문장을 스물다섯 번 타이핑하고 이 종이를 스물다섯 장 복사한 다음, 한 장 한 장을 스물다섯 조각으로 잘라 다른 사람이 읽도록 길거리에 뿌린다.

나는 학생들에게 이야기의 결말까지 알려주지는 않는다. 화자와 클레어가 문장의 왕의 뒤를 밟아 뉴욕주 북부의 소도시에 찾아가고, 그 작가가 모텔 방에서 둘의 옷을 모두 벗기고 빼앗은 뒤 맨몸으로 수치스러워 하는 이들을 내버려두고 떠나는 대목에 대해서는.

결국, 항상 떠오르게 되어 있다

1980년대에 켄터키주립대학교에서 영어를 가르친 웬들 베리는 대학원 수업에서 과제를 하나 냈다. 단 한 문장을 쓸 것. 다른 수업에서는 한 발 물러나 세 문장을 쓰게 했다. 베리는 에세이 「말씀을 지키며」에서 문장이 우리가 세상을 보고 느끼기 위한 필수적인 도구라고 주장하며 이렇게 말했다. "문장은 사고를 확장하는 동시에 제약한다. 우리는 문장으로 사고해야 하지만 동시에 문장의 이면을 사고해야 한다." 베리는 글을 쓰고 가르치면서 농사도 지었다. 1964년 뉴욕을 떠나 귀향한 뒤 켄터키강을 굽어보는 블루그래스*의 수천 평 넓이의 구릉지에서 땀 흘리며 땅을 일궜다. 농부가 대부분 그렇듯 그는 자연을 감상적으로 대하기보다는 씨름하며 일하는 대상으로 여겼다. 그에게는 순수하게 자연적인 것도, 순수하게 인위적인 것도 바람직하지 않았다. 인간이 자연을 돌보고 그 한계 안에서 살아야 한다는 걸 인식하는 한, 자연을 인간의 목적에 따라 사용하는 것은 전혀 잘못되지 않았다.

문장 역시 자연적인 것과 인위적인 것 사이 어딘가에 놓여 있다. 작가는 그 한계 안에서 살아야 한다. 문장은 삶과 언어의 저항에서 부지런히 의미를 깎아낸다. 글쓰기는 단어, 그리고 세상과 벌이는 고투이며, 농사가 그렇듯 세상을 희생시켜가면서 이루어져서는 안 된다.

* 켄터키주의 별칭.

베리는 지속 가능성이라는 말이 생겨나기 전부터 그것을 추구했다. 그와 아내는 1965년에 구입한 전기난로와 세탁기를 여전히 사용한다. 트랙터와 콤바인이 농장의 말을 완전히 대체한 1973년에도 그는 밭을 갈기 위해 밤색 암말을 몇 마리 들였다. 1987년에는 『하퍼스』에 「나에게 컴퓨터는 필요 없다」라는 에세이를 썼다. 그가 연필을 고수하고, 아내에게 1956년에 구입한 로열스탠다드 타자기로 자신의 원고를 입력해달라고 부탁한 이유는 범상치 않았다. 그는 컴퓨터를 사용하면 거대 에너지 기업에 속박될 것이라고 생각했다. "노천 채굴한 석탄에 직접 의존해야만 작가로 일할 수 있다는 생각이 너무 싫다"고도 했다. 비슷한 이유에서 그는 전등을 켤 필요가 없는 낮에만 글을 썼다.

베리에게 강가의 작은 오두막에서 연필로 문장을 쓰는 일은 농사와 얼추 비슷했다. 그는 굴레를 씌우고 고삐를 채운 말 한 무리를 몰듯 연필을 다뤘다. 둘 다 꾸준하면서도 유연한 손의 움직임이 필요하다. 쟁기를 끌고 흙을 갈아 씨앗을 심을 이랑을 만들어내듯, 연필로 종이에 충분한 압력을 주면서 단어의 행렬을 만들어냈다.

베리는 학생들이 속도를 늦추기 바랐기에 한 문장 쓰기 과제를 냈다. 그가 워드프로세서에 반대한 이유는 그 프로그램이 글쓰기를 너무 쉽고 빠르게 만들기 때문이었다. 촉박함의 포로로 잡혀 있는 이 사무용 툴은 마치 푸드프로세서가 리크와 감자를 잽싸게 섞어 수프를 만들듯 단어를 잽싸게 가공한다. 컴퓨터로 작업한 글은 파일과 문서함에 보관된다. 데스크

톱은 직무와 관련되지 않은 것을 쓰려는 욕구가 아니라, 업무용 메모와 공문서 작성에 도움을 주기 위해 고안되었다. 컴퓨터의 목표는 단어의 출력 속도를 높이는 것이다. 사무실에서라면 그것이 합리적인 목표가 될 수도 있겠지만, 단어 하나가 읽는 이의 호기심을 불러일으키고 마음을 고양시켜 살아갈 용기를 줄 수 있는 곳에서는 아닐지도 모른다.

양이 많다고, 산더미같이 쌓여 있다고 결코 좋은 게 아니다. 세상에는 이미 많은 문장이 있다. 그러니 문장 더미에 새 문장을 추가하기 전에 잠시 멈춰보자. 우리는 대개 글을 쓸 때 다음 문장을 향해 너무 재빨리 나아간다. 글을 이해하기 쉽게 쓰기란 어려운 일이다. 그러니 먼저 흠잡을 데 없이 견고한 문장 하나를 만드는 데 집중하자. 농부가 그래야 하듯 당장 돈이 되는 환금작물에 에너지를 쏟아부으려는 충동을 억누르고 침착해지자. 자신감을 가지고 밭을 한번씩 쉬어주고, 곡물이 자랄 때까지 꿋꿋이 기다리고, 갈수기를 견디자.

하루의 글쓰기를 돌아볼 때 어쩌면 지워버린 문장이 새로 쓴 문장보다 더 많을 수도 있다. 그래서 결국 아무것도 안 하느니만 못한 채로 하루가 저물 수 있다. 컴퓨터 덕에 잘라내기, 붙여넣기, 입력하기, 재입력하기, 다시 잘라내기 같은 자체 삭제 작업은 무서울 정도로 간편해졌다. 마치 화려한 모래성을 만들었다가 해변의 악당이 들이닥쳐서 무너뜨리기도 전에 제 발로 전부 뭉개버리고 있다고 느낄 수 있다. 확실한 실패가 눈앞에 있을 때, 차라리 처음부터 다시 시작하는 게 나은데도 그 상태에서 어떻게든 해보고 싶은 유혹이 든다. 글쓰기에는 마치 농사일이 그렇듯 모든 일이 수포로 돌아가도 냉정히 받아들이는 태도와 꾸준한 노동이 필요하다. 수확은 풍요로울 수도 있고 그렇지 않을 수도 있다. 문장 역시 떠오르기도 하지만 막히기도 한다. 하지만 결국, 항상 떠오르게 돼 있다.

느림의 잃어버린 가치를 예찬하는 게 한동안 유행했다. 슬로푸드, 슬로패션부터 운동, 가드닝, 양육, 도시, 과학, 영화, 텔레비전 프로그램에서까지 모두 느린 속도를 지향했다. 이런 움직임들은 우리에게 한 끼 식사 재료를 구하고 요리를 하는 모든 과정을 음미할 것을, 긴 여행길에 기차 창밖으로 보이는 풍경이 만드는 다큐멘터리를 감상할 것을, 아이들이 감시하는 사람 없이 자기만의 속도로 이 세상을 탐험하도록 내버려둘 것을 권유한다. 즉각적인 대답을 추구하는 빠른 세상에서 느림은 전복적인 행위가 되었다. 어쩌면 천천히 써 내려간 문장, 느긋이 되새김질한 문장도 이와 똑같이, 현란한 언술이 난무하는 주의 산만의 시대에 대항하는 최후의 보루일지 모른다.

1980년대에만 해도 작가계에서 컴퓨터에 저항한 반항아는 베리만이 아니었다. 하지만 그 후로도 입장을 철회하지 않은 이는 베리가 거의 유일하다(그에게 큰 영향을 미친 연필 제작자의 아들 소로가 마이크로소프트 워드를 어떻게 생각했는지 짐작할 수 있지만). 나는 한 번도 반항아였던 적이 없었으므로 입장을 철회할 필요가 없다. 나는 컴퓨터로 글을 쓰기 시작했을 때, 고요한 물속 같은 화면에서 커서가 깜빡이며 내게 할 말이 있으면 어서 해보라고 부드럽게 재촉하는 듯한 모습에서 내 집 같은 편안함을 느꼈다. 나는 한 번도 수정액으로 범벅이

되거나 구겨져서 쓰레기통에 들어간 원고 뭉치를 그리워한 적이 없다. 고백하자면 만일 나는 밭을 갈 일이 있어도 트랙터가 있으면 구태여 말을 끌지 않을 것이다.

그러니 나는 기계 파괴자 같은 부류가 전혀 아니지만, 한편으로 기술이 일을 너무 쉽게 만드는 건 아닌지, 또는 너무 쉬워 보이게 만드는 건 아닌지 우려한다. 이 시대는 땡 하고 알림음이 울리면서 곧바로 상태가 업데이트되고 다양한 방식으로 즉각적인 연락이 가능하기 때문에, 어쩌면 우리는 자신이 말하려는 바를 다른 사람들에게 전달하고 이해받는 게 간단한 일이라는 착각에 빠져 지내는지도 모른다.

컴퓨터에서는 타이핑과 동시에 글이 깔끔하게 정당화되고, 말쑥한 틀을 갖추어 곧 출간해도 무리 없을 것 같아 보인다. 워드프로세서가 맞춤법을 손보고, 어색한 문장을 알려주고, 가독성 짐수를 매기고, 잘 알지도 못하면서 용감하고 태평하게 당신이 잘해냈다고 하는 것이다. "철자와 문법 검사 완료. 계속해도 좋습니다"라고 말하는 문법 검사 완료 창이 뜨기도 전에 글이 완성된 것만 같은 착시가 일어난다. 표면 아래가 어떻든 화면의 문장은 마치 악취가 심한데 정장만 빼입은 사람처럼 멀끔해 보인다.

문장 하나에 진땀을 빼면서 틀어져버릴 모든 가능성을 놓고 고심하는 글쓰기는 어둠 속에서 하는 뜀뛰기 같다. 독자가 글을 이해하고 안전한 땅에 착지할 수 있을지 확신하지 못한 채로 이어가야 하기 때문이다. 문장 쓰기는 어느 길을 통과하든 더디고 고되다. 그러므로 노동 절감형 도구는 야채 탈수기와 에그 슬라이서가 조리 속도를 높인다고 광고하지만 실제로는 주방을 난장판으로 만드는 것처럼 별 도움이 되지 않는다.

벌린 클링켄보그는 "당신의 문장이 고아가 될 것을 염두에 두고 글을 써야 한다. 머지않아 그리될 것이므로"라고 했다. 이는 작가들이 가장 탐탁잖게 습득하는 교훈이다. "의미의 심판대에 서게 된 문장은 더 이상 당신의 통제하에 있지 않다. 문장은 쓰인 단어를 그대로 말할 텐데, 그게 당신을 우스꽝스럽거나 혼란스러워 보이게 한다면 어떻겠는가?" 당신이 쓴 문장은 세상에 홀로 서야 한다. 많은 작가는 자신의 손을 떠나버린 문장에 미련을 떨치지 못한다. 독자가 어떤 단어에서 막히면, 작가는 자신이 진정 의도한 바가 무엇인지 밝힐 태세로 주위를 서성이려 한다. 그럴 수는 없다는 걸 알면서도.

한데 우리의 문장이 완전히 고아인 것은 아니다. 문장에게는 자식을 사랑하지만 아무것도 도와줄 수 없는 어버이가 있다. 이들이 바로 작가다. 그들은 아이가 운동회에서 숟가락에 달걀을 얹고 달리다가 넘어질까 봐 마음을 졸이고, 연말 학예회에서 단 한 줄뿐인 대사를 망치는 모습을 망연자실하게 바라볼 수밖에 없는 어머니와 아버지들이다. 수치심으로 얼굴을 붉힌들 아무 소용이 없다. 아이는 제 갈 길을 알아서 정하는 완결된 피와 살의 덩어리이기 때문이다. 문장도 그들처럼 머지않아 떠나야 한다. 둥지의 가장자리로 휘청거리며 걸어가 깊은 구렁을 향해 눈을 깜박이고, 당신이 숨죽인 사이 날개를 퍼덕이며 도약할 것이다.

문장 쓰기는 쉬우면서도 어렵다. 문장 쓰기가 쉬운 이유는 단어가 마치 빛과 공기처럼 세상에게 받는 공것이기 때문이다. 문장 쓰기가 어려운 이유는 당신이 부재하더라도 독자가 당신의 의도를 이해할 만큼 단어를 가다듬어야 하기 때문이다. 최소한 이런 의미에서 문장을 쓰는 사람은 초밥 장인과 완전히 다르다. 정갈한 옷차림의 장인은 발레하듯 우아하게 참치 뱃살을 마름모로 뜨고, 적당한 찰기의 직사각형 밥 위에 고추냉이와 함께 올린다. 검게 옻칠한 사각 접시에 반짝이는 보석처럼 담아 손님에게 내어놓고 그가 먹는 모습을 지켜본다. 이건 식사가 아니라 시험이다. 만든 사람과 먹는 사람 모두가 평가 대상에 오른다. 글쓰기는 다르다. 일단 글을 읽도록 내어놓으면, 당신은 독자의 반응을 기다릴 수 없다. 프랑스 속담이 말해주듯 "그 자리에 없는 사람은 항상 욕을 먹게 마련이다". 이 말은 당신이 읽는 이 문장을 쓴 작가에게도 해당한다. 현명하게도 그리 많은 글을 쓰지 않았지만.

실패한 문장을 읽는 것은 들리지 않는 대화다. 온갖 악기 소리가 울려 퍼지는 공연장에서 누군가의 노래를 듣는 일, 얼굴까지 바짝 다가온 그의 뜨거운 숨결이 느껴지지만 분명하게 들리는 단어는 하나도 없다. 남은 것은 툭툭 끊긴 문장과 분비물뿐이다. 읽히려고 사력을 다하지 않았거나 지나치게 열심히 한 나머지 다다르기도 전에 사멸한 문장들. 나의 말을 들어달라고 악을 쓰지만 가장 중요한 비밀은 털어놓지 않는다. 이는 글쓰기에 대한 유서 깊은 한탄이다. 구두 대화의 장인 소크라테스는 플라톤의 『파이드로스』에서 의식적으로 귀를 닫아버리는 당대의 글쓰기를 우려했다. "그들은 온갖 똑똑한 척은 다하면서 글을 쓴다. 가르침을 받고 싶은 마음에 뭐 하나를 자세히 물어봐도 영원토록 같은 말만 되풀이한다."

살아 있는 단어들의 선

'문장(sentence)'이라는 단어는 본디 법정에서 내리는 평결을 의미했다. 이런 종류의 문장은 기나긴 숙고 끝에 내린 결론이다. 체포, 재판, 유죄 평결, 그리고 감형 탄원은 모두 재판장의 문장으로 피고 앞에 선언되었다. 이때 문장은 반드시 집행되어야 했다.

글로 쓰인 문장은 전혀 그렇지 않다. 'sentence'는 '느끼다'라는 의미의 라틴어 'sentire'에서 왔다. 그 말처럼 문장은 느껴져야 하는데, 느낌은 완결되지 않고 마치 살아 있는 생물처럼 성장하고 여물어 이내 희미해진다. 문장은 가진 걸 한 번에 죄다 보이는 게 아니라 시간과 공간의 흐름에 따라 서서히 펼쳐져야 한다. 이유는 단순하다. 한꺼번에 다 읽을 수 없기 때문이다. 문장의 한계가 다른 모든 것을 만들어낸다. 문장은 세상을 기민하게 감지하고 열린 태도를 가져야 한다. 생물학자 에드워드 윌슨은 활력을 가진 살아 있는 모든 존재에 끌리는 인간의 독특한 속성을 '생명애'라는 의미의 '바이오필리아(biophilia)'라는 단어로 표현했다. 우리는 생명에게 마음을 쏟듯 잘 짜인 문장을 사랑한다. 마치 살아 있는 생명처럼 호흡하고 움직이기 때문에. 좋은 문장은 생동하는 단어의 집합체다.

인류학자 팀 잉골드는 모든 존재가 선(線)을 만듦으로써 살아가고, 뒤엉킨 선 속에서 삶의 의미를 부여한다는 이론을 펼친다. 끝없이 성장하고 살아 움직이는 생명의 세상에서 인간은 선을 통해 논리를 세우고, 무형의 흐름 속에서 사물에 일관성을 부여한다. "모든 것이 선의 집합"이라고 잉골드는 말한다. "사람과 사물을 공부한다는 말은 그들을 이루는 선을 공부하는 것과 같다." 선이 없다면 실과 매듭에 의존하는 유서 깊은 공예의 명맥은 끊어질 것이다. 별의 성좌를 이을 수도, 세계에 위도와 경도의 좌표를 그을 수도, 지면을 기하 법칙과 광학 기계로 측량할 수도 없다. 밭을 줄줄이 갈아 파종할 수도, 길과 도로를 따라 산책할 수도, 수면 위를 가로질러 비행하거나 항해할 수도 없다. 그림을 그릴 수도 없다. 백면 위에 가장 먼저 선을 그어야 하니까. 읽거나 쓸 수도 없다. 선은 인간이 살고 배우며 삶에 짜임새를 갖추는 방식이다. 종이에 잉크가 스며드는 것처럼 선은 생명의 흔적을 남긴다. 문장은 살아 있는 단어들의 선이다.

단어를 살아 있는 선으로 만드는 문법의 갈래가 통사론이다. 독일어와 라틴어 같은 굴절어(inflectional language)˙는 어순에 상대적으로 적게 의지한다. 주어와 목적어가 문장의 어디에 있든 단어의 끝부분을 보면 알 수 있기 때문이다. 영어에

˙ 단어의 형태가 변화하면서 문법적인 정보를 표현하는 언어. 굴절어에서는 단어의 형태가 문장 안에서의 문법적 역할을 나타내는 데 중요한 역할을 한다. 영어는 굴절어와 고립어(isolating language)의 성격을 모두 가지고 있지만 현대 영어에 올수록 굴절어적 성격이 크게 약화되었다.

는 이런 굴절이 그다지 많지 않다. 영어 문장에서는 어순이 거의 전부다.

흔히들 단어가 문장을 세워 올리는 기반이고, 통사는 단어를 견고하게 고정시키는 접착제 정도로 생각한다. 하지만 글쓰기의 첫 번째 법칙은 이와 정반대다. 통사야말로 단어를 생동하게 만든다. 시 비평가 도널드 데이비는 단어를 다른 단어 옆에 두는 것만으로도 문장에 생명을 불어넣는 기적적인 재능을 "침묵 속의 웅변"이라는 훌륭한 표현으로 묘사했다.

실력 없는 시인은 규칙이 문체를 구속한다고 생각한다. 훌륭한 시인은 규칙이 창조에 이르는 길이라는 것을, 겨우 다리 뻗을 공간만 남은 비좁고 작은 구석이 우주를 사유하는 최적의 장소라는 것을 안다. 규칙은 우리를 필요한 형태에 딱 맞는 단어를 찾아 머릿속을 깊이 탐험하게 만든다. 규칙이 있기 때문에 우리는 상상을 넘어서는 말을 한다. 그 뜻을 정확히 알기도 전에 우리의 수준을 뛰어넘는 글을 쓴다.

통사는 질서 정연한 유연함이자 제한적인 자유, 자유로운 구속이다. 이는 벽을 쌓고, 옷감을 짜내고, 밧줄을 묶는 일처럼 무언가를 엮어내는 전통적인 행위와 유사하다. 우리의 선대는 온갖 시행착오를 통해 재료를 연결하는 법을 고안했다. 해일과 폭풍우를 견디며, 그 자체로 아름다운 간결함으로, 강인하고 견고하게.

통사의 견실함은 유연함에서 비롯된다. 교량과 높은 건물이 바람에 미세하게 흔들리고 기온에 따라 팽창과 수축을 반복하듯 말이다. 도널드 바셀미가 2천 단어로 된 문장 하나로 쓴 소설「문장」은 이 한없는 탄력성을 찬미하며 끝난다. "물론 우리가 결코 글쓰기를 원했던 건 아니지만, 여하튼 문장은 인간이 만든 구조물이며 바위의 강고함과 대비되는 그 나약함 때문에 나는 문장을 애지중지한다."

어린 시절 나는 레고 블록을 모았다. 더 큰 건물을 만들려고 나와 친구들의 블록을 합쳤을 때 모든 것이 조금도 어긋나지 않고 딱 맞아떨어지는 게 대단히 신기했다. 레고는 범용 제품이기 때문에 1963년 이후로 만들어진 약 2천억 개의 블록이 모두 서로 조합 가능하다. 볼록하게 튀어나온 돌기는 그 아래의 홈에 어김없이 들어맞는다. 모든 블록은 백분의 1밀리미터의 오차로 만들어져서 서로 부드럽게 결합되지만 콘크리트 수준의 인장강도로 튼튼하게 고정된다. 이 작은 블록들로 작은 대도시를 통째로 만들 수도 있다. 플라스틱 릴리퍼트(Lilliput)˙라고 할까. 이곳에서 레고 피규어들이 거리를 누비고 사무실에서 일하고 병원에서 아이를 낳고 묘지에서 안식을 취한다. 그 모든 것이 블록을 한 번에 하나씩 쌓아 올려 만들어졌다.

통사도 별반 다르지 않다. 서로 맞물릴 가능성을 품은 기초 재료들이 끊임없이 다채로운 형태를 만들어낸다.『옥스퍼드 영어 사전』에는 약 50만 개의 단어가 실려 있고, 한 해에 그 수가 1천 개가량 늘어난다. 아무리 많은 단어가 생겨나도 이를 잘 배합하면 단어들은 같은 힘으로 딸깍 들어맞는다.

이렇게 글을 쓰는 고전적 방식은 시간, 방법, 장소를 설명하

˙ 『걸리버 여행기』의 소인국 이름.

는 것이다. 10세기의 사제이자 학자인 앨프릭의 문장은 누가, 언제, 어디서, 무엇을, 그리고 어떻게 하는지를 완벽에 가깝게 설명한다. "앞서 말한 성자는 밤의 해변으로 나가 소금물이 목 끝에 차오를 때까지 우두커니 서서 묵주기도를 드리고는 했다." 시간, 장소, 방법을 사수한 문장은 가지런하다. 우리 모두가 붙들린 삼차원의 공간과 선형적인 시간의 세계에 흠집을 내지 않기 때문이다. "나는 한밤중에 신발을 벗고 손님용 방으로 기어들어갔다. 그날 밤 에어 매트 침대에서 잠을 설쳤다. 다음 날 늦게 일어나 부스스한 얼굴을 하고 아래층으로 내려갔다."

침묵의 조각, 말하지 않은 단어, 의미심장한 멈춤

1984년, 뉴욕의 컴퓨터프로그래머 윌리엄 체임벌린과 토머스 에터는 단편소설과 시 모음집 『경찰관의 수염이 반만 건설되었다』를 출간했다. 이 책은 그들이 고안한 산문 생성 프로그램인 '랙터'가 썼다. 이야기꾼을 뜻하는 프랑스어 '라콩퇴르(raconteur)'를 줄인 이름이다. 랙터는 자신에게 입력된 2천 8백 개의 어휘를 통사의 지령에 따라 배열했다. 랙터는 동사를 활용하고 성별을 기억해 대명사를 일치시킴으로써 그 어떤 보노보도 하지 못한 일을 해냈다. 문장을 만들어낸 것이다.

랙터의 문장은 의미상으로는 아주 이상했지만 통사적으로는 흠잡을 데 없었다. 랙터는 내장된 단어 목록으로 학계의 건조한 말투를 흉내 낼 수 있었다. "이 논문은 남녀의 사랑이 스테이크와 상추의 사랑이 아님을 증명할 것이다." 유혹하는 듯 모욕하는 말을 구사할 수도 있었다. "당신이 여기 들어올 때 그 음흉한 욕구를 어떻게 드러낼까 생각하고 있었어." 문장을 거칠게 이어 붙여 경이로운 리듬을 만들어낼 수도 있었다. "빌이 세라에게 노래한다. 세라가 빌에게 노래한다. 이윽고 이들은 위험한 일을 벌일 수도 있다. 양고기를 먹거나 서로를 만질지도 모른다. 고난과 행복을 성토할지도 모른다. 이들에게는 사랑이, 그러나 타자기가 있다."

랙터는 조금은 현자 같으면서도 미친 사람 같았다. 랙터의 문장은 거의 말도 안 되지만 전혀 말이 안 되는 건 아니었다. 한번씩 외계인으로 변하는 사람이 쓴 것 같았다. 아무 말도 하지 않으면서 모든 말을 했다. 뜻밖의 어순은 위태로운 심오함을 만들어냈다. 랙터가 많은 인간 작가들보다 글을 잘 쓴 이유는 어지러운 생각과 비대한 자아가 문장에 끼어들게 두지 않았기 때문이다. 어순이 대부분의 무게를 짊어졌다.

랙터의 산문이 가진 힘은 아주 단순한 하나의 진실에 의지한다. 문장이 가능한 선택지들을 내려놓으며 앞으로 조금씩 나아간다는 것이다. 영어는 어순에 의존하기 때문에 단어가 더해질 때마다 선택할 수 있는 대안이 줄어들고 읽는 이의 기대도 사그라든다. 하지만 마지막 단어에 다다르는 순간에도 선택지는 남아 있고 변화구를 던질 수 있다. 하나의 문장은 지금 여기에서 시작해 문법 원칙을 어느 하나 흐트러뜨리지 않고도 완전히 다른 우주에서 끝날 수 있다. 시인 웨인 코스텐바움은 "달콤한 문법적 평정을 깨트리지 않고도 문장을 엉뚱한 방향으로 밀고 나가는 데"서 얻는 즐거움을 "용암 길 만들기(organizing lava)"라고 불렀다.

랙터는 절대 전부를 말해서는 안 된다는 교훈을 남겼다. 독자는 낯익은 문장을 보면 저절로 익숙한 의미를 떠올린다. 통사에서 읽기의 단서를 얻기에 단어가 제자리에 들어가 있다면 그것이 암시하는 세상을 바로 떠올릴 수밖에 없다. 그러므로 침묵의 조각, 말하지 않은 단어, 의미심장한 멈춤을 문장에 남겨야 한다. 그 틈에 함축이 자리 잡는다. 모든 것을 털어놓으려는 욕구를 버릴 때 단어의 리듬은 기묘한 의미를 만들어낸다. 문장은 무언가를 말해야 하지만 그렇다고 전부 다 보여줄 필요는 없고, 때로는 그게 낫다. 어리둥절한 선문답처럼 보이지만 명료함이 살아 있다.

앤절라 카터는 동화가 마치 감자 수프 같다고 했다. 감자 수프를 만들거나 구전동화를 낭송할 때, 우리는 숱한 수정과 가감을 거쳐 전승된 예술을 자기만의 방식으로 재구성한다. 감자 수프를 만드는 것과 마찬가지로 글을 쓰기 위한 공인 레시피란 없다. 다만 우리는 잘 정돈된 오픈소스 소프트웨어라고 할 수 있는 통사에 대한 공공 지식을 이용해 단어를 최선의 어순으로 엮어서 마땅하고 현명해 보이는 글을 쓸 수 있다.

글쓰기는 절대 파산할 리 없는 통사론이라는 은행 계좌에서 지성을 마음껏 인출하는 일이다. 좋은 글을 쓴다고 해서 특별히 더 영리하거나 지혜로운 것은 아니다. 실제 모습보다 더 현명해 보일 방법을 인출했을 뿐이다. 랙터는 인격이 없는데도 본질을 꿰는 문장을 삐딱하게 토해내지 않았던가?

W. B. 예이츠는 "나는 내 통사를 바꾸면서 내 지성도 바꿨다"고 썼다. 노련한 작가는 글쓰기를 대개 이런 식으로 생각한다. 그들에게 글쓰기는 자기표현의 한 형태라기보다는, 자신의 혼란스럽고 비틀거리는 자아를 타인에게 내보일 위험으로부터 해방되는 방법이다. 커트 보니것이 말한 대로 글쓰기는 "인내심 있고 근면한 보통의 인간이 자신의 아둔함을 교정하고 편집하여 지성 비슷한 걸로 바꿀 수" 있게 한다. 좋은 문장 하나를 내놓기란 힘든 일이지만, 글을 쓴다는 것은, 그러니까 생각을 막힘없는 지성으로 다듬고 단어의 사다리를 쌓아 더 나은 자아에 다다르는 일에는, 그만한 가치가 있다.

최초의 문장은 비문(碑文)이었다

고대 인간에게 글로 적힌 문장은 필요하지 않았다. 인간 부족은 목소리에 형식과 형태를 부여해 소통하는 법을 알아냈다. 단어를 글로 옮긴 인간은 극히 일부였고 그마저도 최근 몇천 년 사이 이루어졌다. 메소포타미아 평원의 수메르인이 만든 최초의 문자는 옥수수와 기름의 양, 가축의 마릿수를 기록하는 용도였다. 그 작은 점토판의 계승자는 문장이 아니라 스프레드시트다.

많은 문화권이 옥수수를 셀 뿐 아니라 서사시를 쓰는 데 사용할 수 있는, 그러니까 문장을 만들 수 있는 설형문자나 라틴어 같은 완전한 문자가 아닌 파편적인 문자로도 별 탈 없이 살았다. 사랑과 공포와 혐오를 말하는 풍요로운 방식이 가득했던 모든 문명이 단어 하나 쓰지 않고도 흥망성쇠를 거듭했다.

일부 영양학자는 현대인에게 글루텐 알레르기가 흔한 까닭이 인간의 소화기관이 진화 과정에서 글루텐에 적응한 지 얼마 안 되었기 때문이라고 추정한다. 인간이 밀을 가지고 빵을 만들기 시작한 것은 불과 몇천 년 전이다. 대체 누가 처음으로 이런 기발한 생각을 했을까? 누구였든 이렇게 생각해야만 했다. 밀을 좀 길러서 말린 후에 가루로 빻아 기름과 물과 효모를 섞어 반죽을 만들고, 둥글게 빚어서 부풀어 오르기를 기다렸다가, 겉은 갈색에다 속에서 빈 소리가 날 때까지 구워서 먹으면 참 좋겠는걸. 어쩌면 어떤 수렵 채집인이 알곡을 불 근처의 뜨거운 바위에 올려뒀다가 영감을 얻었는지도 모른다. 어쨌든 제빵은 천재적인 발상이다. 어쩌면 너무 천재적이어서 인간의 위가 그것을 따라잡지 못하는지도.

문장도 마찬가지 아닐까? 인간 종으로서 우리는 문장이 여전히 새롭다. 그리고 빵보다 훨씬 낯설고 부자연스럽다. 우리는 홀로 종이 혹은 화면에 뭔가를 남겨야 하고, 언젠가 미래에 알 수 없는 타인들이 이를 들여다본다. 문장은 다른 곳의 모르는 사람에게 우리의 삶이 끝난 뒤에도 상당한 의미를 남겨야 한다. 우리는 이 기이하고 외로운 행위에 여전히 익숙해지는 과정에 있다. 수년간 교육받았음에도 허둥대는 것이 전혀 이상하지 않다.

글쓰기에서 의미는 통사, 단어 선택, 구두점 그리고 조판에서 비롯된다. 중요도순으로 나열된 이 네 가지 요소는 인간 목소리의 독특한 무늬를 대신한다. 아무리 음질이 나빠도 전화기 너머 들리는 음조와 억양의 미세한 차이를 알아차리기 때문에 '여보세요'만 듣고도 상대가 누구인지 알 수 있다. 누군가 눈앞에 있을 때는 미소, 눈초리, 눈살 찌푸림, 눈 깜박임 등을 통해 속내를 짐작할 수 있지만, 작가에게는 오직 종이 위의 끄적임 또는 화면상의 픽셀만이 있다.

우리 입에서 나오는 대부분의 말은 문장이라고 할 수 없다. 말하는 이가 생각에 빠지면 중단되었다가 수정을 거쳐 다시 시작되고 그러다 제대로 된 마무리도 없이 흩어지기 때문이다. 말에는 버려지는 것들이 가득하다. 듣는 이는 무의미한 단어를 그대로 걸러내거나 다른 말의 의미를 파악하기 위한 틈으로 활용한다. 문장을 읽는 이에게 무의미한 단어는 보풀처럼 느껴진다. 의미를 해칠 정도는 아니지만 라디오의 잡음처럼 지루하고 신경질이 난다.

호메로스의 서사시는 애초에 구전되었다. "그리하여 먹고 마시는 욕망이 충족되었을 때"라든지 "그래서 그 여자는 미소 지으며 말했다"와 같은 낡은 표현의 반복을 보면 알 수 있다. 호메로스의 작품은 대낮에도 하늘의 "별이 촘촘하다". 아킬레우스는 막사에서 분노할 때마저 "발이 빠르다". 새벽은 날씨가 어떻든 "장밋빛 손가락을 하고 있다". 이처럼 상투적인 벽돌쌓기용 표현이 없었다면 호메로스(또는 아마도 여러 명의 호메로스들)는 고전적인 6보격의 엄격한 형식을 따르면서도 즉흥적인 낭송을 할 수 없었을 것이다. 고대 수사학은 판에 박힌 관용 표현, '코피아(copia)'로 발화에 풍부함을 더하려 했다.

가장 초기의 글은 사뭇 달랐다. 어떤 글은 그리스인의 묘비에 경구로 새겨졌다. 기원전 8세기의 여행자는 길가의 도로 표지판을 보듯 경구를 자주 발견했다. 문장들은 망자의 입을 빌려 인간의 필멸에 대한 짧은 명상을 권하는 듯했으리라. 이 분야에서 가장 유명한 이는 케오스의 시모니데스로 기원전 5세기에 페르시아전쟁에서 죽은 전사들을 기리는 비문을 썼다. "우리는 그리스의 운명이 벼랑 끝에 놓였을 때 조국을 구하기 위해 주저 없이 목숨을 내놓았노라." 묘비에 글을 새길 공간이 협소하고 표면이 울퉁불퉁했기에 경구는 최대한 간결해야 했다. 말 그대로 정교하면서도 날카로워야 했다. "나그네여, 스파르타인들에게 전하라. 그들의 명령으로 우리가 여기 누워 있다고."

최초의 경구이자 최초의 문장은 죽음을 기록한 비문이었다. 어떤 문장은 비탄에 빠졌는데도 이상하게 우리를 북돋운다. 입 밖으로 꺼내게 된 절망은 고통이 그만큼 견딜 만한 게 되었다는 걸 알리는 징표다. 문장은 필연적으로 소멸하고 마침표로 끝을 맞이할 것이다. 이는 모든 것을, 심지어 자기 자신의 죽음마저 받아들일 수 있다는 것을, 의미 있는 삶이란 그 끝이 얼마나 분명한지를 아는 것을 암시한다. 잘 쓰인 문장은 자기 연민과 진부함의 해독제다. 상투적인 표현이나 한철의 유행어를 들먹이지 않고도 이 사람이 죽었다고, 당신도 그리될 운명이라고 분명하게 말한다. 또는 듣는 순간 영원히 진실인 것처럼 느껴지는, 그러나 분명하지 않은 무언가를 말할 수도 있다.

각인된 글자는 각도와 빛에 따라 달리 보이는 삼차원의 물질이다. 단단하고 견고한 형태가 특별한 종류의 고요함을 선사한다. 영국의 위대한 문자 조각가 데이비드 킨더슬리는 제자들이 매일 작업장에 모일 때마다 "우리는 아름답고 정확하며 이 세상에 보탬이 될 무언가를 만들 것이다"라고 말했다. 그는 자신의 스승인 에릭 길이 그랬듯 문자 조각이 상실한 예술적 위상을 되살리고 싶었다. 문자 조각가들은 한때 화가나 다른 조각가처럼 예술가로 여겨졌지만 이제는 단순 기술자로 치부된다. 반면 작가는 손으로 글자를 옮기는 필경사가 아니라 정신으로 노동하는 지식인 또는 창조적인 사람으로 받아들여지게 되었다.

작가는 문장의 조각가라는 오래된 비유를 되새겨보자. 여기서 문장은 삼차원의 공간을 차지하는 공예품이다. 단단한 표면에 끌을 대고 조각을 하는 과정은 지난하고 한번 잘못하면 되돌리기도 쉽지 않다. 조각가처럼 문장을 바라본다면, 세상에 보탬이 될 무언가를 만들겠다는 킨더슬리처럼 단어 하나하나에 공을 들여야 한다는 걸 알게 된다.

영국의 작가 에드먼드 드 발은 『호박 눈의 산토끼』에서 선조들이 나치에게 재산을 압수당한 후 자신의 소유물로 물려받은 네쓰케* 264점에 담긴 역사를 좇는다. 그는 책의 서두에서 손으로 네쓰케 하나를 감싼다. 도예가이기도 한 드 발은 조각상의 예술적 기교에, 심지어 제작자가 나막신 밑창에 새긴 작은 서명에도 감탄한다. 그러면서 네쓰케를 가리켜 "주변 세상을 미세하게 바꾸는… 정밀함의 작고 거친 폭발"이라고 썼다.

- 상아나 나무를 깎아 만든 일본의 세공품.

이는 좋은 문장을 결정하는 간결함에 대한 설명으로도 나쁘지 않다. 정밀함의 작고 거친 폭발.

문장은 자신의 존재 가치를 세상에 입증해야 한다

고대사회에서 경구는 돌에서 파피루스로 지면을 옮겨 예술의 한 형식이 되었다. 시인은 '에피그라마토포이오스(Epigrammatopoios)', 즉 경구 짓는 사람으로서 생계를 꾸렸다. 이 중 기원전 3세기 알렉산드리아 대도서관의 사서 칼리마코스는 그의 친구 헤라클레이토스가 죽었을 때 경구를 남겼다. 칼리마코스의 문장은 단도직입적이며 노련하게 시작한다. "누군가 내게 자네의 죽음을 알려주었네. 헤라클레이토스여, 우리가 얼마나 자주 저물녘까지 이야기를 나누었는지 기억하며 나는 눈물을 흘렸네."

방대한 서사시와 간결한 경구는 고대의 문학 형식에서 쌍벽을 이루었다. 베르길리우스와 오비디우스는 서사시 사이에 경구를 끼워 넣으며 입을 헹궜다. 어느 상황에서든 쓸 수 있는 칼리마코스의 다목적 서사시는 "큰 책, 큰 지루함"(동사조차 필요 없는 간결함의 전형이다)이었다. 기원후 1세기의 풍자시인 마르티알리스는 서사시와 경구의 한계를 포괄적으로 개선하는 완벽한 방안을 만들었다. 마지막 몇 단어에 칼날을 숨겨 단번에 허를 찌르는 것이다. 여기서 그들은 마지막에 힘을 준 문장이 더 큰 위력을 발한다는 사실을 배웠다. 힘의 여파가 마음에 남아 앞서 나온 단어에도 영향을 미치기 때문이다.

이제 경구는 어디서든 갖다 쓰는 형식이 되었다. 생일 축하, 와인 시음, 젊은 남자의 첫 면도, 전차 경주에서의 승리, 의사나 운동선수처럼 존경받는 인물을 살짝 빈정거릴 때도 쓴다. 마르티알리스가 침실 조명에 새긴 경구처럼 이제는 무덤보다 물건에서 더 많이 보인다. "나는 램프. 침실에서의 네 기쁨을 알지. 할 일을 해. 어떤 말도 하지 말고." 문장은 물건에 목소리를 부여한다. 과자 봉지나 샐러드 용기, 스무디 병에 적힌 조금 유치한 문장처럼 말이다. "나를 냉장고에 보관했다가 따르기 전에 흔들어요. 나를 먹어요. 나를 깨끗하게 씻어서 버려요."

고대인은 경구를 지으면서 한 문장에 변화를 만드는 법을, 단어가 나열된 그 한 줄에 작은 의미의 세계를 가두는 법을 배웠다. 쓸데없는 반복을 덜어내는 것이 중요했다. 경구가 그렇듯 문장은 희소한 자원으로 최대한 많은 말을 한다. 셰이커 테이블의 깔끔한 라인이나 테니스 선수 페더러의 포핸드에서도 같은 개념이 작동한다. 고대의 예술 법칙에 따르면 아름다움은 경제성에서 나온다. 월터 페이터는 달리기 선수가 근육 과잉을 경계하듯 작가는 단어 과잉을 경계해야 한다고 했다. 학생들은 분량을 초과한 에세이를 가져와 여기서 더는 줄일 수 없다고 토로한다. 나 역시 단어를 지우는 데 어려움을 느끼곤 하므로 그들에게 최대한 조심스럽게 대답한다. 더 공들여야 해.

글을 쓰는 이에게 경구는 여전히 훌륭한 훈련 수단이다. 그 예시로 아일랜드의 예술가 이언 해밀턴 핀레이가 있다. 그는 글을 쓰는 작가가 되고 싶었지만 줄줄이 늘어지는 문장이 딱 질색이었고, 경구를 가리켜 철학자의 "수류탄"이라고 불렀다.

핀레이는 개념 미술로 방향을 틀어 조각가, 도예가, 유리 공예가, 간판 제작자와 일했다. 그들은 핀레이의 문장에 견고한 형체를 입혀주었다. 핀레이의 글은 옷감에 수놓였고 거리에서 밝게 빛났다. 유리에 각인되었고 실크스크린으로 인쇄되었으며 래너크셔 언덕에 있는 핀레이의 정원에 놓였다. "나라가 작을수록 인장이 크다", "혼자 사는 사람은 항상 보초를 서야 한다", "친구를 잃는 것은 하나의 세상이 사라지는 것과 다름없다."

핀레이는 2005년에 에든버러에서 '문장'이라는 이름의 전시를 열었다. 모든 전시물은 한 문장짜리 단행시였고 마치 밝은 색의 주문처럼 흰 벽에 울긋불긋한 색으로 적혀 있었다. "생각은 맑은 날씨를 전제한다", "수다가 지나치면 영혼이 접질린다", "심야 해상예보는 라디오 청취자를 위한 고교회파의 날씨 서비스다", "아둔함은 언어를 단어로 축소해버린다." 훌륭한 경구가 먼 곳에서 읽는 이에게 따뜻한 말을 건네듯, 문장들은 친근하면서도 적당한 거리감을 주었다. 그것들은 공적인 힘을 잃지 않은 사적인 고백, 한 번에 한 사람과 나누는 은밀한 대화였다.

경구가 공공 예술으로 다시 떠오르고 있다. 제니 홀저는 1970년대 후반에 뉴욕의 건물 외벽과 공중전화 부스에 석판으로 인쇄한 경구 포스터들을 밀가루 풀로 붙이고 다녔다. "권력 남용이 놀랍지 않다", "수고에 보람은 없다." 1982년 파나소닉과 코카콜라의 휘황찬란한 광고와 경쟁하며 타임스스퀘어에 떠오른 홀저의 문장은 "내가 원하는 것들로부터 나를 구해주소서"였다. 진절머리 나는 소비 중독에서 우리를 구해달라는 간청이었으리라. 이제 홀저의 신탁 같은 문장은 디지털 LED 작품이 되어 미술관을 가파르게 날아다닌다. 위아래, 건너편으로 세차게 움직이는 단어들은 바닥이나 모서리에 부딪히면 그 안으로 미끄러져 들어가듯 사라진다.

"당신이 사랑한 사람들은 당신 안에서 유령이 되고 이렇게 당신은 그들을 살아 있게 한다." 예술가 로버트 몽고메리는 미술대학의 한 친구가 차 사고로 죽은 뒤에 이 문장을 썼다. 그는 이 글을 태양광발전으로 작동하는 작품으로 만들어 런던 사우스뱅크의 산책로에 번지수를 잘못 찾은 블랙풀*의 조명처럼 세워두었다. 몽고메리는 "아무리 길을 잃어도 구원받을 방법은 있습니다"나 "하나님은 당신의 호오와 상관없이 당신을 사랑합니다" 같은 복음주의 표어를 모방해 "하나님은 우리한테 질렸습니다"라고 적힌 표지판을 침례교회 앞에 전시하기도 했다. 그는 철거를 앞둔 카디프의 다층식 주차상의 옥상에서 닷새간 작업한 끝에 역광이 비치는 3미터짜리 알루미늄 조각에 단 한 문장을 남겼다. "모든 궁전은 임시적이다."

의식 있는 런던 사람이라면 공공장소를 은근하게 장악해 전복적인 선언을 하는 또 다른 예술가 마틴 피럴의 작품을 알아봤을 것이다. 피럴의 문장들은 레스터광장의 거대한 스크린을,

---

* 잉글랜드 랭커셔주에 위치한 항구도시. 세계에서 가장 큰 조명 축제 중 하나인 '블랙풀 일루미네이션'으로 유명하다.

커즌시네마 앞의 라이트박스 간판을, 세인트폴대성당의 반구형 지붕을 가득 메웠다. 카피라이터 출신인 그의 문장은 노선을 갈아탄 광고 문구 같다. "저항은 자유의 동지다", "노화는 궁지가 아니라 긍지다", "비를 사랑하는 법을 배워라."

가끔 나는 내 문장이 이런 종류의 텍스트 아트가 된 모습을 생각해본다. 피커딜리서커스의 전광판에 적혀 있거나 테이트모던미술관의 흰 벽을 가파르게 움직이면 어떨까 하고. 나의 글을 숨죽이며 곱씹는 관객을 상상하는 게 주제넘는다고 생각할지도 모르겠다. 하지만 대다수의 언어는 은은한 잡음과 낱말로 이루어진 백색소음이다. 문장에 불빛이 들어오고, 단어더미가 나를 똑바로 응시하며 생각하기를 요구하는 모습을 상상하면 정신이 한곳에 집중된다. 어떤 사람은 텍스트 아트가 허세를 부린다고 생각하지만(나도 가끔은 그렇다), 벽에 커다랗게 확대된 문장은 최소한 심판대에 오르기를 자처한 것이다. 문장은 말처럼 허공으로 사라져버려서는 안 된다. 영원불멸해야 한다. 자신의 존재 가치를 세상에 입증해야 한다.

경구의 돌연변이는 오늘날 널리 사랑받는 문학의 한 형태, 영감을 주는 인용구다. 포춘쿠키에나 보이던 철학은 이제 어디서든 발에 차일 정도다. 화장실용 책에 흩어져 있기도 하고, 작가로 보이는 인물이 바다를 배경으로 아득히 먼 곳을 바라보는 이미지 위에 인쇄되어 있기도 하다. "목표는 마감일이 있는 꿈일 뿐이다", "우리는 놓친 기회만을 애석해한다", "작별 인사를 할 용기가 있다면 인생은 당신에게 새로운 안녕을 선물할 것이다."

이런 문장들은 시모니데스나 칼리마코스가 쓴 경구의 후예다. 이제는 길가의 바위나 밀랍판에 새기는 대신 웹을 통해 작은 전자 꾸러미로 발행되어 사람들에게 공유되고 '좋아요'를 받다가 잊힌다. 이런 문장은 일시적인 혈당 과잉처럼 수명이 짧은데도 어째서 매력적인 걸까? 이 역시 문장이기 때문이다.

충직한 작가와 나열하는 작가

문장 쓰기에는 이런 것들이 필요하다. 하나, 몇 개의 단어. 둘, 단어를 배열하는 감각. 셋, 글쓰기 도구와 지면—단어를 읽는 이의 머릿속으로 흘려 보내는 시각적 구현 수단과 방법. 마지막은—사람들이 자주 필요성을 망각하는—기억력이다.

인간의 단기 기억은 30초 정도 유지된다. 그 정도도 기억할 수 없다면 언어생활이 불가능하다. 청자나 독자가 문장을 이해하기 위해서는 문장이 끝날 때까지 그 시작이 머릿속에 있어야 하기 때문이다.『걸리버 여행기』에는 럭낵섬에 사는 불사의 인간 스트럴드브럭이 나온다. 그는 기억력이 "문장의 처음부터 끝까지 이어지지 않아서" 영원히 독서를 하지 못하는 저주에 걸렸다. 마침표가 나올 때까지 기억력을 유지할 수 없다면 문장을 읽을 수 없다. 읽기는 단어라는 공이 떨어지지 않도록 계속 위로 던져 올리는 저글링이다. 너무 난해한 문장은 독자로 하여금 밸런스 보드 위에 서서 당구공, 나무 곤봉, 타오르는 횃불 등 너무 많은 것들을 던지고 받아내야 하는 부담을 안긴다. 그러다 어느 하나가 바닥에 떨어지면 전부 와르르 무너져버린다.

1986년 미네소타주립대학교의 젊은 예방의학자 데이비드 스노든은 노트르담 수녀회가 운영하는 수녀원에 방문했다가 우연히 언어와 기억력의 연관성을 발견했다. 수녀의 대부분은 8, 90대였다. 어떤 수녀들은 텔레비전으로 야구 중계를 시청하며 환호하거나 체육관에서 운동을 하는 등 아주 건강한 반면, 또 다른 수녀들은 너무 쇠약해진 나머지 휠체어에 의지한 채 말없이 묵주만 헤아렸다. 그는 이들이 알츠하이머 연구의 이상적인 통제 집단이라고 생각했다. 같은 교단의 수녀들은 성인이 된 이후로 줄곧 같은 음식을 먹고 동일한 의료 서비스와 건강관리 프로그램을 경험했다. 이 데이터에는 변수가 없다.

스노든은 고령의 수녀 678명을 모집해 연구에 착수했다. 스노든은 동료인 수전 켐퍼와 함께 밀워키 수녀원의 노령 수녀들이 종신서원을 하기 직전인 1930년대에 쓴 에세이를 비교했다. 수녀들은 동일한 글쓰기 지침을 따르면서도 놀랄 만큼 독창적으로 글을 썼다. 메리앤 무어의 표현을 빌리자면 그 문장들은 "인격의 방사선사진"이었다. 스노든과 켐퍼는 대단히 충직한 작가와 나열하는 작가의 차이를 기록했다. 충직한 작가의 글은 이런 식이었다. "나는 지금 도브즈 레인에서 주님을 기다리며 방랑하지만 3주만 지나면 그의 뒤를 따르리라. 가난과 순결, 순종의 거룩한 서원으로 그와 결속되리라." 나열하는 작가의 글은 이런 식이었다. "나는 그 어떤 직업보다 음악을 가르치는 일이 좋다."

두 문장 모두 문법상의 오류는 없다. 충직한 작가의 문장의 복잡함을 더 좋아하는 독자도 있고 나열하는 작가의 명료함을 더 좋아하는 독자도 있을 것이다. 하지만 전자는 글이기에 성립할 수 있는 반면 후자는 말과 글 모두가 될 정도로 단순하다. 충직한 수녀는 60년이 흐른 뒤에도 정신적 명민함을 잃지 않았고, 나열하는 수녀는 알츠하이머로 세상을 떠났다. 문체가 풍부한 사람들은 열거형으로 글을 쓰는 사람보다 알츠하이머에 걸릴 위험이 낮은 것으로 보였다. 말년에 치매에 걸린 수녀들은 견습 수녀 시절에도 작업 기억력이 더 부실했다. 어쩌면 질병이 천천히 진행되다가 뒤늦게 발현된 것일 수도 있고, 칼슘 보충이 관절염을 예방하듯 뛰어난 작업 기억력이 알츠하이머에 저항을 보였을 수도 있다. 어쨌거나 문장을 쓰기 위해서는 각 요소가 제자리에 안착할 때까지 작동하는 기억력이 필요하다.

문장은 내면에 각인되어야 한다. 한 번에 전부 흡수할 수 없을 만큼 너무 복잡해서는 안 되며 말 그대로 기억에 남아야 한다. 나는 문장 전체를 머릿속에서 그려보고 더는 이어갈 수 없을 때 글로 거칠게 옮긴다. 쓰는 이가 문장 전체를 머릿속에 붙들 수 있어야 독자도 문장을 기억할 수 있기 때문이다. 시인 마이클 도너기는 자신이 기억하지 못한다면 다른 사람도 마찬가지라는 이유로 낭독회에서 자신의 시를 외워 낭독했다. 쓰기 전에 떠올릴 수 있는 문장이라면 처음 마주하는 사람에게도 일그러짐 없이 충분히 스며든다는 의미였을 것이다.

폐의 호흡량이 말로 표현된 문장의 한계라면 뇌의 기억량은 글로 표현된 문장의 한계다. 문장 마지막의 마침표가 이 한계를 정한다. 마침표가 보일 때까지 문장의 시작을 떠올릴 수 없다면 단어들은 함께할 수 없다. 쓰는 이의 머릿속에 있는 문장 전체를 읽는 이의 머릿속에도 남기기 위해서는 '쓰는' 과정이 필요하다. 눈으로 볼 수 있다면 머릿속에서는 불가능하던 방식으로 글을 다듬을 수 있다. 그제야 비로소 단어라고 하는 까다로운 재료로 작업에 착수할 수 있다. 이때 문장은 두뇌 활동에 좋은 영양제에서 도구를 사용해 형태를 빚을 수 있는 재료가 된다. 조각가에게는 끌과 돌이, 도예가에게는 물레와 점토가, 작가에게는 자판과 화면이 있다.

큰 혼란과 작은 혼란

서체를 가지고 노는 걸 좋아하지 않는가? 세리프를 산세리프로 바꾸고, 가라몽으로 장난을 치다 버다나로 돌아갔다가, 글자 크기를 16포인트로 키웠다가 다시 줄이기도 하면서 말이다. 엄격한 누군가가 보기에 그런 행동은 책 끄트머리에 낙서하던 버릇이 디지털 버전으로 바뀐 것일 뿐, 한눈팔고 싶어서 글자를 가지고 노는 무의미한 짓에 불과할지도 모른다. 하지만 이는 습관과 부주의의 안개에 둘러싸여 자꾸만 사라지는 글을 눈에 들어오게 조작하는 과정이다. 대개 사람들은 글을 쓰고 나면 자신이 무슨 말을 했는지 다 안다고 생각하기에 단어들이 실제로 하고 있는 말에 대해서는 반쯤 눈이 멀어 있다. 그렇게 진부함과 불분명함이 시야에서 사라진다. 단어를 다시 눈에 들어오게 만들면 글을 다시 볼 수 있다.

또한 서체를 조정하는 일은 지면이나 화면에 단어가 어떤 모습으로 자리 잡는지 확인하기 위함이기도 하다. 그것이 독자에게 글을 전하는 유일한 경로일 가능성이 높기 때문이다. 타이포그래퍼는 활자가 글 전체의 어조를 바꾼다는 걸 안다(그들이 아무리 선의의 마법을 부려도 실패한 글을 구제할 수는 없지만). 아무리 머릿속에서 좋게 들리더라도 결국 단어는 독자들의 눈으로 읽혀야 한다.

목표는 독자가 길을 잃지 않도록 문장의 경로를 깔끔하게 정리하는 것이다. 어떤 과학자들은 두뇌의 문장 처리 영역에서 어떤 일이 벌어지는지 연구한다. 그들은 눈동자의 움직임을 추적하고 뇌를 검사해, 읽는 이가 문장의 의미를 헤아리기 위해 멈추는 지점이 어디인지 살핀다. 과학자들은 독자의 눈을 깜빡이고 두뇌를 버벅이게 하는 산문의 통사론적 함정을 찾아낸다. 언어학자들은 이런 함정을 '정원의 미로'라고 부른다. 산책로인 줄 알고 따라 걸어가던 독자를 자연스레 미로로 인도하기 때문이다.

문장에 혼란을 유발하는 방식은 헤아릴 수 없이 많다. 초심자가 마음을 쏟지 않는 미세한 단어가 가장 큰 혼란을 야기한다. 전치사는 접속사나 부사로 쉽게 바뀌어 읽힌다. 번지수를 잘못 잡은 'for'와 'as'는 독자를 미아로 만든다. 'since'는 '때문에'도 있지만 '그 이후로'라는 의미도 있다. 'while'은 '그럼에도 불구하고'를 뜻하지만 '그러는 동안'이기도 하다. "I wrote my speech while flying to Paris on the back of a sick bag(나는 **토사물 봉지 뒤에다** 파리로 가는 비행기 안에서 **연설문을 작성했다**)"

처럼 전치사구가 수식 대상과 너무 멀리 있어도 문제가 생긴다. 정확성을 지나치게 추구하다가 화를 부르기도 하는 것이다. 분할 부정사(split infinitive)•가 옳지 않다고 (그릇되게) 믿으며, 분할 부정사를 쓰지 않으려고 안간힘을 쓴 바로 거기에 시선이 모여 글의 흐름이 끊어진다.

문장에서 이탈한 단어는 의미를 잃어버린다. 논리학자가 'is'의 의미를 붙들고 몇 년을 보낼 수 있는 것처럼, 철학자가 문장에 그토록 집착하는 이유는 단어가 문장에서 의미를 얻기 때문이다. 단어는 품사로서 생명을 얻고 품사는 문장 속에서 살아난다. "I can swim in the river(나는 강에서 수영할 수 있다)"는 가능하지만 "I can peas in the factory(나는 공장에서 완두콩할 수 있다)"••는 불가능하다. 문장이 없다면 단어는 육지가 보이지 않는 망망대해에서 길을 잃은 나무토막 같은 신세다.

이유 없이 읽기가 지체되어서는 안 된다. 그럴 만한 가치가 있는 문장이라면 읽는 이의 눈을 붙들어 독해 속도를 늦출 수 있다. 독자가 문장 앞으로 돌아가 대명사가 무엇을 지칭하는지 확인하거나, 전치사가 어떤 의미로 쓰이는지 헤아려야 한다면 독자가 작가의 글쓰기를 도와주는 것과 다름없다. 이런 문장은 셀프 조립 가구처럼 독자에게 무급 노동을 강요한다. 생산자의 비즈니스 모델에 적합하다는 이유로 소비자를 속여

- • 부정사의 기본 형태인 'to+동사 원형' 사이에 동사를 수식하는 부사(구)를 넣어, 'to'와 동사를 분리하는 표현.
- •• 명사인 'pea'가 문장에서 잘못 자리 잡은 사례.

파는 원재료 무더기나 마찬가지다. 독자가 나사와 못을 늘어놓고 설명서와 한참을 씨름한 끝에 조립 세트에 육각 렌치가 빠져 있는 걸 뒤늦게 알아차리게 하는 짓을 해선 안 된다.

하지만 금세 해결할 수 있는 작은 혼란은 괜찮다. 리버풀대학교의 한 신경 과학 연구 집단은 피험자들의 머리에 노드를 연결하고 이들이 셰익스피어의 작품 원본과 축약본을 읽을 때의 두뇌를 각각 스캔했다. 어순을 마구 뒤섞는 셰익스피어식 문장에 어떻게 대처하는지 확인하기 위해서였다. 과학자들은 "him have you madded(그를 네가 격분케 했다)"*가 평범한 어순의 "you have enraged him(네가 그를 격분시켰다)"보다 뇌를 더 활성화시킨다는 것을 알아냈다. 독자는 규칙을 완전히 위반하지 않으면서도 살짝 비튼 문장을 좋아했다. 인간의 뇌는 "I could out-tongue your griefs(나는 당신이 슬픔을 입에 올리지 못하게 할 수 있다)"라는 표현을 볼 때 잠시 의아해하다가 그 변형에 동의한다.** 우리는 명쾌하면서도 지나치게 명백하지 않고, 이상하지만 거부하고 싶지 않은, 우리가 살아 있다는 걸 예기치 못하게 되새겨주는 문장을 원한다.

- • 'you have madded him(네가 그를 격분시켰다)'에서 목적어인 'him'을 문두로 옮기고 동사의 순서를 도치시킨 것이다.
- •• 동사로 쓰인 'out-tongue'는 셰익스피어가 『오셀로』에 쓴 표현으로, 사전에는 없는 단어지만 독자들은 'out'과 'tongue'의 의미에서 이 표현의 뜻을 유추할 수 있다고 본 것이다.

문장이라는 선물

글을 쓰는 사람은 카드 대신 단어로 마술을 부리는 근접 마술사다. 카드 마술사는 손기술과 손동작을 구분한다. 손기술은 순진무구한 겉모습으로 카드를 조작하는 능력으로, 마술사들이 가장 열심히 연습하지만 절대 들키고 싶어 하지 않는 기술이다. 손동작은 복잡한 패 뜨기, 현란한 카드 섞기, 카드를 엄지손으로 고정하고 부채처럼 펼치기, 손가락으로 카드 돌리기 같은 것들이다. 이는 마술보다 춤에 가까워서 관객에게 시각적인 즐거움을 선사한다. 어떤 마술사는 손동작이 기교를 너무 부각시켜 마술이 진짜가 아니라는 인상을 심어준다며 마뜩잖게 여긴다. 다른 한편에서는 손동작이 나쁘지 않다고 생각한다. 마술이 단순한 눈속임이 아니라 마술사의 기량에서 비롯된다는 걸 보여주기 때문이다. 그런데 양쪽 모두 동의하는 게 하나 있다. 손동작은 눈에 띄어야 하고 손기술은 눈에 띄어서는 안 된다는 것이다. 마술사는 관객의 시선을 주도하고 관객이 집중할 대상을 정해야 한다. 작가도 마찬가지다. 독자의 읽는 속도를 지체하는 것은 손동작이어야지 꼬여버린 손기술이어서는 안 된다. 기교는 보이지 않는 노동이 뒷받침될 때 효과를 발휘한다. 문장은 전부는 아니더라도 많은 부분 지나온 자취를 감추어야 한다.

여느 인간 행위가 그렇듯 글쓰기는 자기 내부의 시끄러운 이야기를 내뱉는 데서 시작한다. 하지만 종국에 글쓰기는 대우하는 행위이자, 작가가 독자에게 건네는 선물이어야 한다.

모든 선물 주고받기가 그렇듯, 주는 사람과 받는 사람은 서로에게 작은 여지를 남겨야 한다. 문장은 독자가 이해하려 하기 전에 선물 포장이 벗겨지듯 펼쳐져야 한다. 이 펼쳐짐, 끈적한 테이프를 손톱으로 뜯고, 포장지를 벗기고, 선물의 수신인이 자신이 맞는지 확인하고, 마침내 선물을 보았을 때 적당히 놀라고 감사해하는 표정을 지어 보이는 일련의 과정이 성가시기보다는 그럴 만한 가치가 있는 일이 되어야 한다. 자기 중심적인 이유로 주는 선물은 받는 이의 인내심을 시험할 것이다. 시간을 잡아먹으면서 고마워하기까지 바라기 때문이다. 하지만 선물이 유용하다고 느껴지고 너무 많은 수고를 들이지 않는다면 약간의 노고는 기꺼이 감수할 수 있다. 포장지를 벗겼을 때 자신이 바라던 물건이 나오지 않는다고 해도 그 과정이 즐겁고 주는 사람의 진심이 느껴진다면 마음이 상하지 않을 수도 있다.

많은 작가는 독자가 자신의 노고를 알아주기 바란다. 어떤 문장에 담긴 정보라는 선물은 (간혹 그럴 수 있지만) 읽는 이를 지루하거나 혼란스럽게 해서는 안 된다. 소로는 문장이 그 이면의 노력의 무게를 담되 초연하게 "벽에 등을 댄 자세로 발화되어야" 한다고 썼다.『월든』에서 그는 통나무집에서 마멋과 청설모와 전투하는 개미 군단을 관찰하며 보낸 시간을 충실하게 기록하면서도 그보다 훨씬 긴, 연필을 들고 문장을 벼리던 시간에 대해서는 조금도 언급하지 않았다.

루이스 하이드는『선물』에서 인류 문명이 선물하기를 동력으로 발전했다고 주장한다. 외딴 부족사회의 선물 경제는 꾸준히 순환하며 작동했다. 서태평양의 해양 민족들은 조개껍데기로 만든 팔찌와 목걸이를 뜻하는 '쿨라'를 교환하기 위해 다른 섬으로 위험하고도 먼 항해를 떠났다. 이들이 고유한 가치가 거의 없는 이 장신구를 귀하게 여긴 이유는 쿨라가 섬들을 돌며 형성한 관계망을 상징하기 때문이었다. 상품은 누군가의 손을 거치고 나면 가치를 잃어버리지만 어떤 종류의 선물은 많은 사람의 손을 거칠수록 가치가 더해진다. 이런 선물은 비축하거나 판매할 수 없고 끊임없이 인도되어야 한다. 하이드는 "그림 하나를 그렸다고 해서 그림 실력이 담긴 통이 비워지지 않는다"고 썼다. "반대로 사용하지 않은 재능은 사라지거나 위축된다. 그러므로 우리의 창작물 중 하나를 선물하는 것은 다음 창작을 위한 가장 확실한 방법이다."

문장은 바로 이러한 선물이다. 모방하고 넘어서려면 부족의 단어, 통사, 운율, 좋은 문장의 전범이 필요하다. 이 재료로 다시 새로운 무언가를 만들어 부족에게 돌려주면 그 부족은 그걸 다른 부족들에게 넘긴다. 진정한 선물이 언제나 그렇듯, 문장은 좋은 것을 계속 내어주게 한다.

생기 있는 명사와 엄밀한 동사
―문장에 생기를 불어넣는 법

일본의 진주만공격으로부터 사흘이 지난 1941년 12월 10일, 고뇌에 빠진 청년 토머스 머튼은 진리를 찾아 켄터키주 루이빌 인근의 애팔래치아 산속의 겟세마네 수도원에 들어갔다. 가장 금욕적인 베네딕트회인 겟세마네는 트라피스트회라고도 하는 엄률 시토회의 터전이었다. 머튼은 27년의 여생을 이곳에서 보냈다. 겟세마네 수사들은 상급자에게 보고할 때를 제외하고는 묵언을 해야 했다. 수어를 사용할 수 있었지만 하느님과 노동, 음식에 관한 대화에 한해서였다. 소음을 낸 사람들은 과실 명부에 이름이 올랐다. 이 정적에 가까운 세상에서 머튼은 일생을 글쓰기에 바쳤다.

그는 하루에 단 몇 시간만 필사실에 머물 수 있었다. 그마저도 대부분의 시간을 더는 세상에 없는 수사들의 경건한 삶을 연구하는 일과 라틴어 번역에 써야 했다. 머튼이 그만의 글을 쓸 시간을 마련했을 때도 시토회의 감시는 여전했다. 이렇듯 제한적인 환경에서도 머튼은 글을 쏟아냈다. 그는 60여 권의 책과 수백 편의 논문, 강연록, 시 그리고 10만 단어가 넘는 분량의 일기를 남겼다. 글을 쓸 시간이 턱없이 부족했기에 서두에서 단어를 낭비하지 않았고, 명확하고 담백한 문장으로 자신의 생각을 거침없이 옮겼다. 말을 극도로 아껴야 했던 그에게 글쓰기는 세상에 말을 거는 유일한 방식이었다.

추상 없이 살 수 있을까?

머튼은 작가에게 가장 어려운 기교가 너무 번드르르하거나 따분하지 않은 명료한 글을 쓰는 것임을 알고 있었다. 그는 감각이 수집한 명백한 네이디외 단절된 비현실적인 언어를 "단순한 언어화"라고 칭하며 경멸했다. 그는 플라톤 이후에 등장한 모든 서구 사상이 추상적 사고를 가장 높은 수준이라고 여기면서 함정에 빠졌다고 생각했다. 물론 세상의 혼란을 단어로는 전부 담아낼 수는 없다는 점에서 인간은 추상 없이 살아갈 수 없다. 하지만 그는 작가가 오직 산발적으로만 "형용할 수 없는 것들을 습격"할 뿐이라고 생각했다.

여느 겟세마네 수사들처럼 머튼은 지극히 추상적이면서도 지극히 구체적인 삶을 살았다. 낮에는 삶과 죽음이라는 거대한 문제에 골몰했지만, 날것 그대로의 세상을 만나기도 했다. 나무판자에 지푸라기 매트리스를 깔아 잠을 청했으며 검소하고 엄격한 채식을 했다. 한밤중에 일어나 매일 저녁기도를 드렸다. 하루 여섯 시간씩 찔레나무를 캐고 자주개자리를 타작하거나 땔감을 패는 고된 노동을 했다. 블랙베리 주스에 적신 사워도 빵 한 조각을 천천히 음미하는 순간을 들뜬 마음으로 기다리며 배를 주리기도 했다.

중앙난방이나 에어컨이 없는 수도원에서 머튼은 온몸으로 계절의 변화를 느꼈다. 겨울에는 코털이 얼어붙었고 여름에는 모직 수도복이 땀에 흠뻑 절었다. 그는 매일 떠오르는 해를 봤고 해가 지면 잠자리에 들었다. 그 때문에 해가 움직이면서 하루의 빛이 어떻게 시시각각 바뀌는지 누구보다 잘 알았다. 머튼은 동이 트기 전에 예배당에서 차분히 미사를 지낼 때의 어둠을 사랑했다. 그리고 비를 사랑하게 되었다. 산불을 막으러 밤마다 순찰을 돌던 어느 날에 쏟아지던 폭우, 재잘거리는 새들로 가득한 새장에 들어온 것처럼 침묵이 깨어지던 순간을 사랑했다.

1960년 11월, 수도원장은 머튼이 혼자만의 시간을 보내는 것을 허락했다. 머튼은 수도원에서 6백 미터 남짓 떨어진 숲속에 지은 외딴 오두막에 머물며 지붕에 떨어지는 빗소리를 들었다. 그곳에서 머튼이 가장 아끼는 작품인 「비와 코뿔소」가 탄생했다. 그는 도시의 비가 사람들을 자기밖에 모르는 어린아이처럼 만들어버린다고, 사람들이 머리에 신문지를 뒤집어쓰고 서둘러 발걸음을 재촉하게 만든다고 썼다. 모든 가치를 측정하고 비용으로 계산하며 소비하는 세상에서 비는 가치를 잃어버렸다.

비가 내리지 않는다면 작물이 마르고 강바닥이 드러나 세상이 사막으로 시들고 마는데도, 이제 비는 단순한 추상이, 대화의 공백을 채우는 만만한 소재가, 무시해도 되는 사소한 권태가 되었다. 하지만 머튼은 숲에 머물며 비에 주의를 기울여야 했다. 현대의 소음과 빛은 숲속에 내리는 비의 가차 없는 리듬을, 그 촉촉하고 새로운 반짝거림을 집어삼키지 못했다.

머튼은 인간이 돈, 지위, 명예 같은 희소한 재화를 좇느라 주위에 널려 있는 선물을 알아보지 못한다고 생각했다. 하늘의 선물인 비가 내릴 때는 하던 일을 멈추고 귀를 기울이면 그만이었다. 머튼은 이렇게 썼다. "밤의 숲에 오롯이 홀로 앉아 이 경이롭고 난해하며 완벽하게 순결한 언어, 세상 어느 것보다 가장 큰 위로를 주는 언어, 산등성이 곳곳에서 비가 스스로 만들어내는 목소리, 움푹한 골짜기 사이로 흘러가는 물길의 목소리를 소중히 여기는 것이 얼마나 위대한 일인지."

'비'는 흥미로운 명사다. 이는 실재하는 무언가—땅에 떨어지고 옷깃을 적시며 강을 부풀리고 도로를 침수시키고 길에 웅덩이를 만드는 물방울—를 묘사한다. 하지만 '비'는 추상적인 관념이기도 하다. 여기에는 우리를 향해 내려오는 온갖 종류의 물이 뒤섞여 있다. 집중호우부터 종일 내리는 비, 공기가 축축해지는 이슬비까지. 또 비는 내리면서 상태가 계속 변화하기 때문에 하위 범주들이 눈에 보이지 않게 서로 합쳐질 수 있다. 이는 '비'가 동사이기도 하다는 사실을 되새겨준다.

'비'는 하나의 개념이자 암시일 수 있다. 하늘의 먹구름을 보자 "비가 올 것 같다". 아니면 일반적인 상태일 수 있다. "종일

비가 계속되었다." 날씨 파생 상품을 거래하는 헤지펀드는 예측이 쉽지 않은 비로 인한 재정 손실에 대비하게 해준다. 비는 모호한 가능성에 불과하지만 내린다면 확실하게 몸을 적신다. '강수(precipitation)'보다 현실적이고 '가랑비(drizzle)'나 '장대비(downpour)'처럼 소리 안에 빗방울이 실려 있는 단어보다는 추상적이다.

말을 배우는 아이는 '엄마', '아빠', '강아지', '주스', '우유' 같은 명사부터 익힌다. 원숭이처럼 외마디의 후두음을 내던 최초의 인류가 처음 뱉은 단어는 아프리카 평원의 사물이었으리라. 언어학자들은 너무도 많은 언어에 비슷하게 나타나는 단어, 인류 공통의 조상이 틀림없이 사용한 것으로 추정되는 단어를 '초보존어(ultra-conserved word)'라고 부른다. 초보존어는 마음을 데우는 동사 '주다'를 제외하면 모두 명사다. '나', '우리', '손', '별', '불', '사람.'

단어를 다루는 인간의 첫 번째 본능은 이름을 붙이고 분류하는 것이다. 그것이 우리가 사물의 이름을 배우고 그들을 향해 희망의 손짓을 하면서 세상을 파악하는 방법이다. 그다음에야 세상이 그리 간단히 구분되지 않는다는 것을, 모든 것이 다른 모든 것에 번진다는 사실을 알게 된다. 그 때문에 우리에게는 동사가 필요하다. 나아가 우리는 사물이 아닌 것에도, 물리적인 존재감이 없는 상태에도 '환희'나 '후회' 같은 명사를 부여한다.

글쓰기 교본은 추상명사 사용을 지양하고 감각할 수 있는 구체명사를 쓰라고 가르친다. 구체명사는 머릿속에 이미지를 만들어 내고, 느끼거나 냄새 맡거나 만지거나 맛볼 수 있는 무언가를 환기시킨다. 명사가 구체적일수록, 삶의 소리와 감촉과 맛을 상기시킬수록 우리를 세상에 더 가까이 다가서게 한다.

미국의 문필가 존 맥피는 『소작농과 지주』에서 선조들의 고향인 스코틀랜드 서부 헤브리디스 제도의 작은 섬 콜론세이로 여행을 떠난다. 그는 거기서 "거의 모든 구릉과 해변, 밭, 절벽, 도랑, 동굴, 바위에 이름이 있다"는 것을 알게 된다. 섬의 주민은 138명에 불과했지만 지명은 천 6백 개에 달했다. 그중에는 "자루 모양 평원의 협곡", "비참한 여인들의 쉼터", "대머리 케네스네 딸의 낚시 바위", "시끄러운 앵거스가 살던 폐가" 같은 이름도 있었다. 맥피는 이 대단히 정밀한 이름들이 "언어로 땅을 스케치한다"고 썼다.

2007년 『옥스퍼드 주니어 사전』의 신판은 '실잔대(bluebell)', '미나리아재비(buttercup)', '유수꽃차례(catkin)', '말밤나무(conker)', '황화구륜초(cowslip)' 같은 자연물을 지칭하는 단어 50여 개가 삭제된 채로 출간되었다. 대신 '채팅방(chatroom)', '음성 메시지(voicemail)', '혐오증(phobia)', '요법(therapy)', '유명인사(celebrity)'와 같은 새로운 단어가 등재되었다. 5년 뒤 일군의 작가들이 삭제된 단어들을 다시 넣어달라고 출판사에 탄원했지만 소용없었다.

사전을 만드는 사람들에게 언어 사용의 책임을 지우는 것은 비가 온다고 기상캐스터를 나무라는 격일 수 있다. 하지만 세상을 호명하는 명사의 힘에 대해서만큼은 그 작가들이 확실히 옳았다. '별꽃(stitchwort)'•, '큰솔나물(lady's bedstraw)'••, '화란국화(feverfew)'••• 같은 야생화는 한두 단어로 만들어진 시처럼 우리를 순식간에 문밖으로 데려간다. 사전의 탈자연화는 삶이 자연으로부터 멀어지고 있음을 보여주는 징후를 넘어 그 자체로 하나의 현상이 되었다. 작가 로버트 맥팔레인은 우리를 실내에만 머무는 허구적인 삶 밖으로 꺼낼 방법으로 언어의 "재야생화"를 말하며 자연을 뜻하는 유서 깊은 지역어가 복원되어야 한다고 주장했다. 그는 "제대로 된 이름은 관문의 역할을 할 수 있다"면서 "좋은 이름은 신비로움으로 이어지며 지식을 살찌우고 경이를 불러낸다"고 썼다. 우리는 이름을 알지 못하는 생명체에게는 관심을 덜 기울이고 그러면서 실재에서 한발 물러서게 된다. 명사는 우리를 세계에 한발 더 다가서게 만들어야 한다.

 모두 맞는 말이지만, 구체명사와 추상명사를 분류하는 것은 그리 쉽지 않다. 돈은 동전을 가리킬 때 고민의 여지없이 구체적이지만, 증권 중개인의 컴퓨터 화면에서 요동치는 숫자일 때 기분 나쁠 정도로 추상적이다. 웃음소리는, 다른 동물은 내지 못하는 인간만의 음악이자 박수보다 더 솔직하게 터져 나와 속마음을 드러내는 이 소리는, 들을 때는 매우 구체적으로 느껴진다. 반면 웃음소리를 눈으로 보거나 붙들 수 없기에 희극배우는 이 소리가 공기 중으로 사라지지 않도록 병 속에 담

- • '바늘땀 풀'이라는 뜻.
- •• '숙녀의 침대 속 짚'이라는 뜻.
- ••• '열을 내린다'는 뜻을 가진 데이지의 일종.

고 싶어 한다. 현미경과 단층촬영 같은 현대의 기술은 인간이 감각기관만으로 다 파악할 수 없는 형상을 보여준다. 하지만 그전에도 빈대와 전파는 보이지 않았을 뿐, 우리 곁에 실재하지 않았던가?

사물에 이름을 붙일 때는 구체명사가, 개념을 명명할 때는 추상명사가 필요하다. 이 두 가지가 모두 있어야만 인간으로서 살아가는 의미를 포착할 수 있다. 바위 행성 지구는 인류의 고향이자 모든 사람들이 붙들려 있는 곳이다. 중력은 우리를 지구에 가두고, 몇 광년 이내에 생명체가 살 수 있는 다른 행성은 존재하지 않는다. 그리고 우리는 몸속에 묶여 있다. 음식, 물, 보온, 수면에 대한 기본욕구를 채우기 위해 몸을, 이 억세게 현실적인 물건을 끌고 다녀야 한다.

하지만 머튼은 이 지구에 실체가 전혀 없는 것들을 미친 듯이 쫓는 사람도 많다는 것을 간파하고 이렇게 썼다. "세상은 제트기가 하늘을 지나가고 뛰어다니는 사람이 사방에 가득한, 물리적인 공간에 국한되지 않는다. 만인의 사랑, 증오, 두려움, 기쁨, 희망, 탐욕, 잔인, 친절, 신념, 믿음, 의심이 빚어낸 선택과 책임의 복합물이기도 하다." 우리의 몸은 살과 피와 뼈로 이루어졌지만 사랑과 근심, 갈망으로도 이루어져 있다.

삶은 구체적이면서 추상적이다. 추상적인 것이 아주 구체적으로 느껴질 때도 있다. 머튼은 현대적인 삶의 대부분이 서로가 서로에게 하는 거짓말로 이루어져 있다고, 실제 세계를 무시한 채 그림자를 뒤쫓을 뿐이라고 생각하게 되었다. 우리가 행복보다 더 필요로 하는 것은 인정이고, 인정받으려는 욕구가 행복해질 기회를 파괴하고 있다. 타인이라는 태양을 맴도는 달이 되려고 애쓰지만, 결국 서로의 달이 되어 언제 걷힐지 모르는 어둠 속에서 산다. 사회적인 가면이 얼굴에 들러붙어 더 이상 살결과 보형물을 분간하지 못한다. 머튼은 이렇게 썼다. "누군가의 상상 속에서만 살아가는 삶은 정말 이상하다. 인간이 실재할 수 있는 장소가 거기뿐이라는 듯이!" 하지만 머튼은 이 이상한 삶 역시 삶이라는 것도 알았다. 머릿속에만 살아 있는 것을 가장 소중하게 여기는 때가 적지 않으니 말이다. 아무리 어렵더라도 추상은 중요하고, 작가의 일은 추상에 관해 쓰는 것이다.

추상의 사다리를 오르내리기

1938년 가을 언어학자 샘 하야카와는 위스콘신주립대학교 1학년 수업에서 하나의 개념을 고안했다. 파시즘의 선동에 경각심을 느낀 하야카와는 말이 현실과 멀어질 때 어떤 일이 벌어지는지 학생들에게 알려주고 싶었다. 그는 사회를 "거대한 협력 신경계"라고 불렀고, 언어는 사회의 생명줄이었다. 신경계가 잘 작동하기 위해서는 언어 역시 잘 작동해야 했다.

하야카와는 세상의 모든 명사와 명사구가 사다리 위에 놓여 있다는 상상을 했다. 가장 아래 단에는 구체적인 명사, 즉 '의자', '벽', '손', '발' 등이 있다. 중간 단에는 추상과 구체 사이의 특수하면서도 일반적인 단어가 있다. '식사', '담배', '찌꺼기'는 사물이면서 동시에 사물의 범주이기도 하다. 구체적이지만 낱개로 세거나 쪼갤 수 없다. '속바지'가 아닌 '옷', '포도송이'가 아닌 '과일', '만년필'이 아닌 '문구류'가 이에 해당한다. 가장 위에는 추상명사─'우울증'이나 '암' 같은 명사는 소름 끼치게 현실적이지만─가 있다. 사다리는 홈통을 청소할 때 밟고 오르는, 수직의 기둥과 수평의 단이 있는 물건을 뜻할 때 구체적이다. 하지만 하야카와의 '추상의 사다리' 개념에서는 추상적이다.

추상의 사다리는 무디긴 해도 유용하다. 특히 추상명사에 잘못이 없다는 걸 분명히 한다는 점에서 그렇다. 어떤 단어는 감각이 인지하는 눈앞의 세상과 관계 깊고, 어떤 단어는 간접 정보에 의지한다. 인간은 다른 동물과 달리 자신의 데이터 집합만이 아니라 다른 사람이 모아둔 데이터 역시 활용할 수 있다. '추상화'란 사람들이 간접 지식을 공유하는 방식으로, 미미한 차이를 무시하고 광범위한 범주를 만들어내는 것을 뜻한다. '집'이라는 단어는 주택, 아파트, 대저택, 그리고 마음이 향하는 모호한 장소까지도 넓게 아우른다. 추상화 작용이 없으면 우리는 각자가 알고 있는 것을 낯선 사람과 공유하지 못한다.

어떤 명사도 무언가를 완전히 설명할 수 없다. 명사가 구체적일수록 그 의미에 동의하는 사람이 많아진다. 하지만 구체성은 명사를 한 가지 의미에 묶어두며 사용을 제한하기도 한다. 추상의 사다리에서는 구체적인 사물이 누구나 어느 정도는 알고 있는 넓은 개념으로 연결되면서 새로운 의미가 만들어지기도 한다. 추상화는 의미를 안갯속에 빠뜨리지만 이 안개는 되레 환영받을 수도 있다. 누구나 '사랑', '기쁨', '슬픔'의 의미를 어렴풋하게 짐작할 뿐이다. 추상은 모호하지만, 그렇기 때문에 많은 것을 포용한다.

추상의 사다리의 한 단에 갇혀 쓰면 글이 너무 단조로워진다. '진실', '권력', '지식' 같은 추상명사만이 들어간 주장은 흥미를 끌기 어렵다. 감각을 회피하는 글쓰기는 둔탁해지기 때문이다. 추상화에만 의지한 감상적이거나 경건한 글은 설명하기 곤란한 감정을 단순하게 만들어 위안을 준다. 단어가 너무 일반적이어도 제대로 된 그림을 그리지 못하지만, 감각에 의지한 묘사 역시 투박하기는 마찬가지다. 어째서 그게 다른 사람에게도 의미 있는지 설명하지 않기 때문이다. 사다리 중간에 붙들린 글쓰기는 최악이다. 실체가 없는 구체성의 단어가 자리 잡고 있기 때문이다. 하지만 사다리를 오르내릴 수 있다면 독자는 핵심을 다양한 방식으로 파악할 수 있다. 구체적인 것을 통해 큰 개념을, 큰 개념을 통해 구체적인 것을 이해한다. 손에 잡히는 것이 애매모호한 것에 불을 켜면서 둘은 함께 더 밝게 빛난다.

이처럼 현실에 입각해 추상적인 개념을 정립하는 언어활동이 바로 비유다. 우리는 비유를 문학에 수놓는 장식 정도로 생각하곤 한다. 시인 마크 도티는 비유를 "의미라는 케이크에 설탕 옷 입히기"라고 표현했다. 하지만 사실 비유는 그 자체로 자연스러운 언어활동이다. 아는 것을 기준으로 모르는 것을 가늠할 때처럼, 우리는 비유를 통해 현실이라는 난해한 대상을 벽에 박아 고정시킨다. 성서는 무형의 것에 형태를 부여하려고 하기 때문에 생생한 비유로 가득하다. 불가지의 존재인 하느님은 꾸준히 다른 것에 비유되었다. 아버지, 왕, 양치기, 농부, 건설자, 도공, 양조업자, 재단사, 사자, 독수리, 표범, 나방, 잦아드는 바람, 푸석해진 목재.

엄연히 실재하지만 상상도 못 할 정도로 아찔한 것을 표현할 때도 비유가 필요하다. 지질학의 깊은 시간, 천문학의 무궁한 규모, 두뇌의 미지한 주름 같은 것들은 우리의 시야를 넘어서고 해석을 뒤흔들기 때문에 이를 파악하기 위해서는 비유가 필요하다. 그래서 우리는 이들을 지상의 규모로 축소하거나 확대한다. 우리는 인터넷의 가상 세계를 실제 세계처럼 상상한다. '웹사이트'는 우리가 방문하는 장소다. '홈페이지'는 우리가 되돌아가는 익숙한 집이자 링크를 클릭하면 가상의 책장을 넘길 수 있는 어떤 책의 출발점이다. 데이터가 무선의 허공에 떠다닐 때도 우리는 그것이 저장된 장소를 미묘하게 실재하는 '클라우드'에 비유한다.

비유는 형언할 수 없는 것에 삶의 적나라한 사실을 연결하는 것으로, 이를테면 다음과 같다. 인간은 똑바로 서서 고개를 들면 1, 2미터 높이에서 두개골의 작은 구멍을 통해 세상을 수평으로 볼 수 있다. 이동 능력이 없는 팔을 자유롭게 움직여 만지고 잡고 느낀다. 인체는 대칭 구조이기 때문에 우리는 자기 자신을 세상의 중심으로 인식한다. 두 개의 눈으로 앞을 보고, 두 개의 귀로 음향을 입체적으로 받아들인다. 우리는 우리 몸 안에 살며 우리의 눈으로 세상을 본다. 한 시점에 한 조각의 땅 위에 서 있다.

비유는 우리에게 이러한 진실들을 상기시킨다. 우리는 비유를 통해 ─ 마치 몸이 그러듯 ─ 사물에 더 가까이 또는 더 멀리 움직인다. "내가 씨름하는 이 문장은 아직 거기에 닿지 않았다"라거나 "당신의 말이 진정으로 나를 어루만졌다" 같은 문장처럼 말이다. 중력의 영향으로 우리는 좋은 것은 위쪽에, 나쁜 것은 아래쪽에 연결 짓는다. 또 추상적인 시간을 구체적인 공간으로 파악하기도 한다. "모임이 네 시간이나 길어졌다", "크리스마스가 다시 우리 곁에 다가왔다", "이제 겨우 11월에 접어들었다." 우리는 사랑 같은 감정에 심장 같은 신체 기관—예민하고 제멋대로인 위에 더 걸맞을 것 같지만—을 배정한다.

인간의 문장 처리 과정을 연구하는 과학자들은 '사랑에 빠지다'나 '웹 서핑을 하다' 같은 죽은 비유가 두뇌 활동을 거의 자극하지 못한다는 것을 밝혀냈다. 반대로 신선한 비유는 단시간에 뇌를 활성화시킨다. 신선한 비유는 독자들이 알아차릴 만큼 이상하지만 약간의 재조정으로 충분히 그럴싸하게 받아들여진다. 발견이자 재발견이며, 놀라움과 인식이 교차하는 순간이다. 철학자 맥스 블랙은 비유가 단순히 어떤 것을 다른 것에 빗대는 게 아니라, 양쪽 모두의 의미를 동시에 바꾼다고 말했다. 인간을 늑대라고 부르면 인간이 더욱 늑대처럼 보이지만 동시에 늑대도 인간처럼 보인다. 신선한 비유는 원관념과 보조관념에 모두 영향을 미친다. 낯선 것을 친숙하게 만들려는 목적에서 시작했지만 결국에는 친숙한 것도 낯설어진다.

사심이 담기지 않은 비유는 없다. 비유는 글자 그대로의 의미에 구애받지 않고, 구구절절 늘어놓지 않고도 느낌을 전달할 수 있다. 비유의 위력은 논박이 무척 힘든 것에서 온다. 작가가 부러 설명하거나 변호하지 않아도 독자의 마음에 가닿는다. 직유가 긴 고민 끝에 발견한 유사성이라면, 은유는 휘갈겨 쓴 의미다. 윌리엄 엠프슨의 말을 빌리면 비유는 "상식의 허점"을 이용하기 때문에 매력적이다. 비유는 설명이지만 주장도 눈에 띄지 않게 담고 있다.

명사, 과정에 이름 붙이기

추상명사는 글쓰기의 적이 아니다. 중요한 것은 어떤 종류의 추상명사를 쓰는가, 그리고 그것이 글쓰기의 균형을 어떻게 바꾸는가에 달려 있다. 특정 부류의 추상명사를 남발한 글은 미궁에 빠진다. 명사화된 단어가 여기에 해당한다. 명사화는 동사(때로는 형용사)를 명사로 만든다. '행동하다'가 '행동'으로, '반응하다'가 '반응'으로, '소통하다'가 '소통'으로 바뀌는 식이다. 이는 과정에 이름을 붙여 고정시킨다.

언어학자 마이클 핼리데이에 따르면 명사화는 17세기 근대 과학과 함께 등장했다. 선구적인 과학자들은 자신들의 연구를 설명하기 위해 단일한 사건을 일반 법칙으로 탈바꿈할 방법이 필요했다. 그전까지는 자연의 작용을 설명하거나 실험 과정을 기록할 때 주어와 동사로 이루어진 완성형 문장을 써야 했다. "사과가 나무에서 떨어졌다. 이 작은 구형 물체가 그것보다 훨씬 큰 지구로 끌어당겨졌기 때문이다." 하지만 명사화를 활용하면 사건은 그 과정에 이름을 부여하는 하나의 명사 안에 숨을 수 있다. "사과의 추락은 만유인력의 결과였다."

명사화는 어떤 과정이 우리가 거기에 이름을 붙일 수 있을 정도로 충분히 오랫동안 지속되었음을 의미한다. 그것은 살아 있는 사건을 사물로 바꾸어 고정한다. 과학의 언어는 세상을 일련의 사물로 보고 규명하고 분류한다. 시계를 분해해서 톱니바퀴, 기어, 저울추, 태엽을 검사하듯이, 자연의 부단한 흐름을 비활성 조각으로 낱낱이 분해한다.

또한 명사화는 많은 것을 단어 하나로 뭉뚱그린다. 그래야 다들 아는 이야기는 건너뛰면서 시간을 아낄 수 있기 때문에 과학은 명사화가 필요하다. 벌새의 사각사각하는 소리가 '날개를 빠르게 퍼덕거려' 만들어지기보다는 '빠른 날갯짓'에 의해 만들어진다고 하는 쪽이 시간을 절약할 수 있다. 하지만 명사에 너무 많은 동사를 담으려고 하면 독해는 힘들어진다. 전문가는 다 아는 내용이라도 일반인에게는 낯설기 때문이다. 그리고 의미를 아는 전문가조차도 명사가 빼곡한 문장을 좋아하지 않는다. 간결해지려다 명료함과 편의성을 희생한 셈이다.

명사화는 움직이는 행동을 움직임이 없는 사물로 전환하고 그 안에 에너지를 가둔다. 마치 문장의 백색왜성 같다. 백색왜성은 별의 잔해를 말하는데, 중력이 양성자와 전자를 너무 단단하게 압축하고 있어 한 줌 정도의 무게가 수 톤에 달한다. 명사화는 동사구의 축소된 잔해이자 과거에 학습한 지식을 욱여넣은 명사들로 무거워진 덩어리다. 하지만 여기서 말하는 지식을 독자가 습득했다고 누가 장담할 수 있을까? 독자들이 이미 알고 있기를 바라겠지만 확신할 수는 없다.

명사화는 수학 그리고 물리학, 화학, 천문학 같은 자연과학에서 출현했다. 이 영역에는 삶이나 죽음이 없고 그저 숫자, 에너지, 물질로 이루어진 건조한 우주만이 존재한다. 뉴턴 법칙에서 우주는 시계추처럼 돌아간다. 한번씩 우주적인 재조정이 일어나지만 완전히 새롭거나 돌발적인 사건은 전혀 일어나지 않는다. 의도도 감정도 없고, 받아들일 수 없는 일도 일어난다. 이런 상황을 설명하는 데는 '마찰', '반발', '가속' 같은 명사화가 이상적이다.

명사화는 과학의 위상이 높아지면서 다른 영역으로 확장되었다. 19세기에는 상대적으로 더 유연한 과학 분과인 생물학을 정복했다. 20세기에는 사회과학, 정부, 기업까지 번지며 사회의 작동 원리를 설명했다. 하지만 사회는 사람들로 이루어져 있고, 사람의 움직임은 별이나 바위나 동물처럼 예측 가능하지 않다. 우리는 변덕스러운 에너지와 자멸적인 욕망으로 가득한 모순 덩어리다. 서로에게, 심지어 자신에게마저 불가해하다. 우리는 명사가 아니라 동사처럼 행동한다.

이런 세상에서 명사화는 글에 객관성이 묻어나도록 손질하는 의례처럼 쓰일 때가 많다. 그런 글에는 '-성(-ity)', '-주의(-ism)', '-학(-ology)', '-화(-ation)' 같은 형태로 끝나는 추상명사가 가득하다. 명사는 종종 사물이 아니라 '개념', '사안', '수준'처럼 그 사물이 속하는 범주를 지칭하는 상위어와 짝을 이루기도 한다. 군더더기가 가득한 문장에는 명사나 형용사에 범주어까지 붙어 뜻이 중복된다. '시간의 기간', '원형 형태', '기상 상황'처럼. 낱낱의 명사들이 줄지어 늘어서는 합성어에서 명사는 마치 형용사처럼 쓰인다. 이론상 '공급체인재원'이나 '웹사이트콘텐츠전달플랫폼' 같은 명사 합성어는 마지막 명사를 제외한 모든 명사를 형용사로 바꾼다. 실제로 이 합성어를 읽을 때는 마지막 명사가 나올 때까지 모든 단어를 명사로 이해하다가 끝에 가서야 문자열을 해체한다.

1970년대에 시인 엘리자베스 비숍은 하버드대학교에서 글쓰기 세미나를 열었다. 긴장한 채로 수줍게 수업을 이끌던 그는 이내 학생들에게 '글을 잘 쓰기 위해 피해야 할 단어'라는 제목의 긴 목록을 대담하게 소개했다. '창의성(creativity)', '감성(sensitivity)' 등의 명사화 단어가 목록에 올랐다. 그 외에도 격식을 차린 모습으로 일상에 스며들어 우리를 현실과 떨어뜨리는 범주형 명사들—'인생 경험(life-experience)', '관계(relationship)', '측면(aspect)', '분야(area)', '잠재력(potential)', '구조(structure)', '라이프 스타일(life-style)' 등—이 있었다. 당시에는 두 단어 사이에 하이픈을 넣거나 아예 두 단어로 쓰던 'life-style'은 미국의 역사학자 크리스토퍼 래시가 1985년에 로체스터대학교 학생들을 위해 쓴 글쓰기 교본에도 금지어로 올랐다. "지겨우리만치 도처에서 쓰이는 이 표현의 매력은 어쩌면 인생이 대체로 스타일의 문제라는 점을 시사하는 데 있는지도 모른다"면서 래시는 이렇게 덧붙인다. "인생에 대해 말하려면 다른 표현을 찾을 것."

언어의 중심이 점점 명사 쪽으로 기울고 있다. 영어 사전에 오른 단어의 절반 이상이 명사이고 그 수는 매년 늘고 있다. 언어학자들은 방대한 언어 샘플인 '코퍼스(corpus)'•로 언어가 어떻게 활용되는지 추적한다. 예전에는 자료를 일일이 수집해야 했는데 이제는 모두 전자 작업으로 변환해 방대한 문장 데이터뱅크를 만든다. 도서관에 있는 책들을 펼치지 않고도 통째로 빠르게 스캔할 수도 있다. 테라헤르츠파를 활용해서 책장과 잉크의 농도, 그리고 여백을 훑으며 문자 인식기로 단어를 파악하는 것이다. 이 근대의 마법으로 우리는 작가들이 수백 년에 걸쳐 단어를 문장으로 엮은 수십억 가지의 방식들을 탐사한다. 이를 통해 영어가 명사로 넘쳐나는 것을 알게 된 것이다.

미국의 작가이자 교육자인 존 어스킨은 "명사는 독자의 마음을 사로잡는 갈고리 닻에 불과하다"고 썼다. 독자가 문장 속의 명사가 지칭하는 대상을 어렴풋한 정도로도 알 수 없다면 문장은 마음이 닿지 못하고 어긋나는 장소가 될 것이다. 반면 어떤 것을 명사로 바꾸면 구체적인 형태가 만들어진다. 명사는 독자에게 무언가 실재한다는 확신을 주려 하고, 이는 어쩌면 성공할 수도 있다. '웹사이드콘텐츠전달플랫폼'은 하나의 명사이지만 네 개의 명사이기도 하다. 그러므로 그것은 하나의 실체임에 틀림없다. 존재하는 것이다!

머튼은 '자비'나 '묵상' 같은 의미심장한 종교 명사에도 같은 일이 일어났다고 생각했다. 이런 단어들이 명사 특유의 현실성을 뒤집어쓰고 영감이나 기적을 얻기 위한 주문처럼 여겨지게 된 것이다. 얼마 가지 않아 이런 명사는 "객관적인 성질, 손에 넣을 수 있는 영적 상품… 갖기만 하면 문제에서, 그리고 불

- 언어 연구를 위해 컴퓨터가 읽을 수 있는 형태로 글을 모아 놓은 자료.

행에서 해방되는 무언가"가 되었다. '명사-말하기(nounspeak)'에는 단어의 마법적 힘을 믿은 부족 신앙의 흔적이 남아 있다. 주문처럼 단어를 읊조리면 원수의 가축들이 전염병에 걸리거나, 풍년을 만끽할 수 있다거나, 없던 것이 생겨난다는 믿음의 흔적이. 우리는 스스로 그런 원시적인 관념을 버렸고 미혹에서 벗어나 이성적으로 사고하는 현대의 회의론자라고 치켜세우고 있지만, 단어의 마법은 저주나 맹세뿐 아니라 명사에도 남아 있다.

명사가 문장을 지배하면

머튼이 보기에 명사가 빼곡한 문장은 현대 산문의 병폐였다. 그는 미국이 베트남전쟁이라는 수렁에 제 발로 걸어 들어가던 1968년에 쓴 에세이 「전쟁과 언어의 위기」에서 병든 글쓰기가 어떻게 우리를 현실로부터 단절시켰는지 보여줬다. 머튼은 뜻밖의 비유로 말문을 열었다. 바로 복음주의 기독교도 사이에서 부활한 방언 기도였다. 방언을 쏟아내며 기도하는 사람은 자신이 성령의 뜻을 전달한다고 하지만, 실은 말도 안 되는 소리를 늘어놓을 뿐이다. 방언은 반대에 직면하지 않는, 그래서 두려움이 없는 말하기다. 아무도—심지어 스스로도—자신이 내뱉은 말을 이해하지 못하므로 누구도 그 말을 부정하지도 못한다.

 머튼은 현대의 수많은 글쓰기를 방언에 비유했다. 현대의 글쓰기는 "자기 안에 갇힌 나머지 이해할 수도, 무너뜨릴 수도,

반박할 수도" 없기 때문이다. 폐쇄된 무의미의 회로 안에 갇힌 글은 어떤 응답도 허락하지 않는다. 말의 언어적 에너지로부터 너무 동떨어져서 청중에게 말을 거는 목소리의 감각을 모두 상실해버린 것이다. 저자도, 독자도 없는 이런 글은 '반언어(anti-language)'로, 형식적인 동작을 따분하게 반복할 뿐이다.

이어 머튼은 '화평', '고조', '해방'처럼 최면에 걸린 듯 단조로운 어휘로 가득한 미국 정부의 베트남 관련 성명서를 검토했다. 단어들의 생명성은 염소 소독으로 말끔히 지워진 것 같았다. 밋밋한 명사와 둔중한 통사 밑에 소름 끼치는 진실이 숨어 있었다. "적의 구조물"은 폐허가 된 마을의 불탄 오두막이었다. "베트콩"은 검게 탄 마을 주민의 시신이었다. "살상 비율"은 미군의 시신에 비해 베트남 민간인의 시신이 얼마나 많은가였다.

이 무렵 머튼은 아돌프 아이히만에 대해서도 생각했다. 당시 아이히만을 검진한 정신과 의사는 재판에서 아이히만이 상당히 정상적이라는 소견을 밝혔다. 머튼에게 이 소견은 상당히 문제적이었는데, 그도 그럴 것이 아이히만은 자신이 저지른 일에 어떤 죄책감도 느끼지 않았다. 마음껏 먹고 잘 잤으며 무미건조하고 공식적인 언어로 말을 하고 글을 썼다. 이 모습은 마치 자신의 온당함을 스스로에게 납득시키려는 것처럼 보였다.

아이히만의 재판은 1961년 봄과 여름에 예루살렘에서 열렸다. 백여 명의 홀로코스트 생존자들이 한 명 한 명 증언대에 올랐다. 증언 내용은 처참했다. 가축용 트럭에 실려 게토에 끌려간 일, 혹한의 겨울에 어두운 숲을 줄지어 통과하고, 수용소에서 노예노동을 강요당한 일, 동료 수감자들이 총에 맞고 가스실로 끌려가는 동안 끊이지 않는 죽음의 냄새를 견디며 살아야 했던 일들. 아이히만은 유리로 가려진 피고인석에 앉아 있었다. 모든 증거가 아이히만이 강제 추방을 감독했고 사형 집행서에 서명했고, 자신의 명령이 제대로 이행되었는지 확인하기 위해 수용소를 방문했음을 드러냈다.

당시 50대 중반이었던 아이히만은 벗겨진 머리에 두꺼운 안경을 썼으며 목소리는 깊고 차분했다. 그의 태도는 살짝 지친 중간 관리자 같았다. 반대 심문에서 그는 독백하듯 단조롭게 말했다. 유대인들에게 노란 별을 강제로 부착한 일에 대해 묻자 그는 공문서에 대한 경찰 규정, 경찰서장의 서명을 받기 위한 절차, 온갖 잉크색의 의미에 대해 장황하게 설명했다. 검사들이 짜증을 낼수록 아이히만의 목소리는 더 위엄 있고 무심해졌다.

이 남자는 자신을 어떻게 변호했을까? 아이히만은 난해한 명사들을 방패막이로 썼다. 그는 자기 역할을 "이주 전문가"로 설명했다. 아우슈비츠행 죽음의 열차는 "피난 수송"이었다. 어떤 일은 그의 "권한 영역"이었지만 그렇지 않은 일이 더 많았다. 아이히만은 수동태 뒤에 최대한 숨었다. "모든 일이 이주라는 목적에 맞춰져 있었다"고 말했다. "하지만 끊이지 않는 어려움이 다양한 관청에 의해 관료적 방식으로 유발되었다"고도 했다. 반제(Wansee) 회담에서 독일이 점령한 유럽 지역의 모든 유대인을 학살하기로 결정한 것에 대해서는 "다양한 형태의 가능한 해법들이 논의되었다"고만 말했다. 아이히만이 쓰는 상투적인 표현이 곧 아이히만이 생각하고 바라보는 방식이었다. 한나 아렌트가 『뉴요커』에 썼듯이 "아이히만의 머릿속에는 이런 문장들이 넘치도록 가득 차 있었다."

이런 명사투성이 언어―진부하고, 자기변호적이고, 몽유병 환자처럼 명사에서 다음 명사로 넘어가는 언어는 현대 매너리즘의 대명사가 되었다. 문장의 진부함을 측정하려면 그 안에 있는 명사를 세어보면 된다. 글 한 편이 너무 명사 위주로 되어 있다면 그것은 곧 작가가 독자를 배려하지 않고 옅게 사고한다는 방증이다. 글쓰기는 소통 수단이기도 하지만 사고 수단이기도 하다. 명사 위주의 글은 작가가 독자와 소통하고 사고할 여지를 없앤다.

명사 위주의 글은 무엇이든 주장할 수 있지만 아무것도 느껴지지 않는다. 아무도 누가 누구에게 무엇을 했는지 알려주지 않고 주도권이 있다거나 책임을 져야 한다고도 말하지 않는다. 'X가 움직이지 않는다'고 하는 대신 'X의 기능 손실이 발생했다'고 말한다. 이런 글은 세상을 조명하지 않고 오히려 세상으로부터 스스로를 고립시킨다. 작가가 의도하지 않았다고 해도 이런 글의 목표는 독자를 질리게 만들어 단어를 주의 깊게 들여다보지 않도록 하는 것이다. 글쓰기가 응당 그래야 하듯 독자의 반응을 유도하는 것이 아니라, 반응을 차단해버린다.

명사 위주의 문장은 산문의 사르가소 바다다. 사르가소해는 북대서양 환류라고 하는 원형 해류에 갇혀 있다. 이 해류 때문에 사르가소 바다로 흘러든 엉긴 기름, 플라스틱 등의 폐기물은 빠져나가지 못하고 쓰레기 섬이 만들어진다. 배가 돛에 의지해서 항해하던 시절에, 사람들은 몇 주 동안 사르가소 바다에 꼼짝없이 갇혀 바람이 몰아치기만을 기다리기도 했다. 사르가소 바다는 표층수에 변화가 일어나는 데 너무 많은 시간이 걸려서 영양분이 거의 없기 때문에 해양 사막에 가깝다. 거기서 자라는 것은 둥둥 떠다니는 사르가소 해초가 전부여서 그 이름을 따 사르가소 바다라고 불린다. 사르가소 바다 같은 산문은 밋밋하고 고여 있으며 생기 없는 명사들이 해초와 쓰레기, 타르 덩어리처럼 가득하다. 소용돌이치는 생명의 바다로부터 멀리 떨어져 자기만의 미기후에 갇혀 있다.

절차 뒤에 숨으려는 사람은 사르가소 바다 같은 문장으로 들어간다. 합리적이고 이성적으로 보이고 싶으면서도 실제 사람들—자신과 마찬가지로 살아 있고 생각하고 고통받고 생존하기 위해 고군분투하는 '불편한' 사람들—에 대해서는 전혀 언급하고 싶지 않을 때 '근대화'니 '장려책'이니 하는 껍데기 단어를 사용한다. 아무도 이들에게 이런 식의 글쓰기를 가르치지 않았을 것이다. 마치 유럽이나 미국의 강에서 행복하게 헤엄치는 다 자란 장어에게 수천 킬로미터 떨어진 사르가소 바다로 돌아가 짝을 찾고 알을 낳고 죽는 법을 굳이 알려주지 않듯이. 장어는 자신이 언제 어디로 가야 하는지 안다. 마찬가지로 작가는 언제 어디서 명사 위주의 글쓰기를 시작해야 하는지 안다. 머릿속의 스위치가 탁 하고 켜지는 것이다.

이런 종류의 불통은 지리멸렬하지만 대체로 무해하다. 하지만 머튼은 이런 글이 하품 날 만큼 멀쩡해 보여서 네이팜탄 희생자, 핵전쟁, 대량 학살의 광기까지도 무심히 흘려듣게 할 수 있다고 생각했다. 인위적으로 봉쇄된 언어 안에서는 가장 광기 어린 현실도 합리적으로 느껴진다. 명사가 문장을 지배하면 모든 생기가 빠져나간다. 생명과 인간성이 사라진 글에는 관성과 허무만 남는다. 단어가 가지고 있던 상상력 넘치는 모든 전망은 찰랑찰랑 흐르는 액체도, 쪼갤 수 있는 고체도 아닌, 명사로 군데군데 덩어리진 끈적한 곤죽이 된다. 이 죽은 아무 맛도 없지만 많이 먹으면 유독하다.

문장에 생기를 불어넣는 법

작가로서 머튼에게 일어난 최고의 사건은 겟세마네 수도원이 구원의 장소가 아닌 걸 알아차린 일이었다. 막 들어왔을 때의 황홀경이 가라앉은 뒤 노동에 짓눌리는 느낌과 함께 불면과 우울이 찾아왔다. 그 침묵에 가까운 세상에서 그는 농기구를 끄는 소리, 금속이 박힌 신발이 바닥에 끌리는 소리, 수사들이 다인실에서 심하게 코를 고는 소리에 병적으로 예민해졌다. 즐거운 순간도 여전히 있었지만 점차 그리 성스러울 것 없는 일상의 불쾌함과도 씨름해야 했다. 기분이 악화되면서 머튼의 글은 좋아졌다. 머튼은 세상과 속세의 사람들을 오만한 태도로 경멸하면서 경건함을 지나치게 추구했던 과거의 글쓰기를 반성했다. 그렇게 머튼은 작가가 인간의 모순에 진실해야 하며 인간의 모든 부조리와 부조화에 열려 있어야 한다는 결론에 이르렀다.

작가로서 머튼의 위대한 재능이 여기에 있다. 그는 저세상이 아니라 이 세상을, 죽음 너머의 순수한 빛이 아니라 지금 발 디딘 세상의 흐린 빛을 더 중요하게 여기는 종교 사상가였다. 그는 수도원 생활을 더는 견딜 수 없었다. 수도원의 수사들은 '세속에 대한 경멸'을 이상으로 삼고 세상을 슬프고 죄악이 넘치며 최대한 빨리 벗어나야 하는 곳으로 보았다. 머튼은 망토 두른 수사가 카메라를 등지고 호수를 응시하는 사진 같은, 트라피스트회 잡지 특집호를 장식하는 이미지를 증오했다. 그에게 살아 있다는 것은 심원한 의식 뒤로 숨는 게 아니라 세상에 열린 태도를 갖는 것이었다.

1960년대 중반에 머튼은 켄터키의 언덕에서 농사를 짓는 독신의 농부들과 우정을 다지며 헛간에서 홀로 생활했다. 거기서 들리는 인위적인 소리라고는 육군 기지 포트 녹스에서 총성이 울릴 때 한번씩 창문이 흔들리는 소리뿐이었다. 하지만 그는 은둔자가 되어서도 기독교도의 사명이 인류의 일원이 되기를 선택하는 것이라고 생각했다. 머튼은 한때 느낀 외로움을 새롭게 발견한 고독과 견주었다. 외로움은 무의미하고 내면을 갉아먹었지만 고독은 인생에 긴 여운을 주는 가르침을 남겼다. 머튼은 스스로를 세상의 불공정함에 분노를 가득 품은 "죄 많은 방관자"로 여겼다.

머튼은 성스러움과 인간성 사이에 있는 무인 지대에 살았기 때문에, 추상과 구체, 생기 있는 명사와 엄밀한 동사가 조화를 이루는 글을 쓸 수 있었다. 그는 오두막에서 제트기가 켄터키주 상공을 가르는 것을 보며 플로리다에서 이륙해 일리노이를 향하는 초고속 비행체의 응접실을 상상했다. 거기에는 기업 중역들이 정장을 차려입고 마티니를 마시며 기내식을 먹고 있었다. 태연하게 중력을 거스르는 동료 인간들을 그런 식으로나마 우연히 스쳐 지나는 이 신기한 세상은 작가에게, 심지어 머튼 같은 종교적인 작가에게도 가치 있는 주제였다.

머튼은 글쓰기가 분란을 자초하는 인간의 본성을 충실히 따라야 한다고 생각했다. 자비의 본질이 그러하듯 글쓰기 또한 일관성을 유지해야 한다는 강박에서 벗어나야 한다. 작가의 임무는 절대적 진리를 다이아몬드처럼 깎는 게 아니라 대화를 촉발시키는 데 있다. 문장에는 약간의 탄력이 있어야 한다. 작가는 품지 못했지만 독자는 발견할 진실이 만들어낼 분란에 열려 있어야 한다. 또한 우리를 미세한 차이에 반응하고 정직하게 의심하는 인간의 영역으로 다시 데려가야 한다. 현실은 문장으로 사냥히 거나 채찍질하기 위해 존재하는 것이 아니다. 좋은 글은 문제가 해결된 글이 아니라 살아 있는 글이며, 문제를 길들 때까지 매질하는 게 아니라 단어로 보듬고 가늠하는 글이다.

명사로 숨통이 막힌 문장에 어떻게 생기를 불어넣을까? 간단하다. 동사를 쓰면 된다. 문장에 파묻힌 동사를 발굴하고 활기로 문장을 되살리는 것이다. 줄줄이 늘어선 명사들을 해체하고 단어 수가 늘어나는 한이 있어도 동사와 전치사를 추가해 명사 사이를 적절하게 연결하자. 허술하게 조합한 명사와 동사를 동사 하나로 바꾸자. 'put emphasis on(강조를 두다)'은 'emphasize(강조하다)'로, 'give the impression(암시를 주다)'

은 'suggest(암시하다)'로, 'draw attention to(주목을 끌다)'는 'note(주목받다)'로.

간단하다고는 했지만, 명사구를 동사로 바꾸는 것은 쉬워도 환기력 있는 동사를 추가하기는 어렵다. 문장은 쓰는 건 고역이어도 읽기는 쉬워야 하지만 명사 위주의 문장은 그 반대다. 읽는 게 고역이고 쓰는 건 식은 죽 먹기다. 이런 문장을 쓰는 사람은 명사를 줄줄이 이어 붙이기만 해놓고 다른 사람들과 소통한다고 생각한다. 성의 없는 가짜 언변만 늘어놓은 게 전부면서.

영어 사전에 등재된 단어 중 동사는 7분의 1 정도다. 좋아하는 단어 투표를 해보면 동사는 거의 꼽히지 않는다. 인기 있는 것은 명사, 그중 특히 글쓰기 교본에서 그렇게나 쓰지 말라고 하는 'serendipity(횡재)'나 'mellifluousness(감미로움)' 같은 긴 추상명사나, 'effervescent(괄괄한)'나 'sempiternal(무궁한)' 같은 긴 형용사들이다. 하지만 큰 단어는 늘 실망을 안긴다. 그 자체로는 휘황찬란하지만(이를 가리키는 형용사 'luminescent' 또한 인기 있는 단어다), 너무 밝게 빛난 나머지 블랙홀로 바뀐 별처럼 주변 단어의 생기를 다 빼앗아버린다.

단어를 사랑하는 사람들, 이를테면 낱말 퍼즐이나 애너그램 애호가나 철자를 조합해 단어를 만드는 스크래블 게임 플레이어들은 명사와 형용사를 사랑한다. 하지만 문장을 사랑하는 사람들은 동사를 사랑한다. 명사는 영구적인 것에 붙이는 이름이기에 형태가 한 가지뿐이다. 그래서 모든 품사 가운데 가장 자족적이고 독특한 울림이 있다. 하지만 동사는 문장에서 역할에 따라 형태가 다양하게 변하고 때로 그 모습이 불규칙하다. 혼자서는 쓸모가 없고 명사나 형용사처럼 귀에 쏙쏙 박히지도 않는다. 하지만 다른 단어 옆에 놓이면 마치 빛과 공기가 생명을 불어넣듯 문장에 생기를 불어넣는다.

동사는 모든 것이 움직인다는 보편 법칙을 구현한다. 지구는 태양 주위를 공전하며 당신이 이 문장을 읽는 5초 동안 160킬로미터를 움직인다. 지구가 기운 채로 자전하면서 공전함에 따라 일조량이 달라지고 계절이 바뀌며 생사가 순환한다. 지구를 얇게 감싼 대기에 햇빛과 지구의 회전이 더해지면서 날씨가 만들어진다. 매일의 바람, 열기, 비의 풍미가 다르다. 이것들을 적당하게 섭취하면 생명을 유지할 수 있다.

생명은 움직임이다. 우리는 하루에 2만 3천 번 숨을 쉬고 심장은 10만 번 뛴다. 호흡하는 폐와 박동하는 심장 덕분에 세상 곳곳을 놀아다니며 길을 개척한다. 생명을 유지하는 힘은 언젠가 다 타서 없어지고 우리는 모든 생명의 근원인 흙으로 돌아간다. 거기서 생명은 다시 시작된다.

명사화를 촉발시켰던 근대과학도 이제 현실이 끊임없이 순환한다고 본다. 스위스 시계처럼 정밀한 뉴턴식의 세계 질서는 더는 없다. 과학의 법칙은 여전히 유효하지만, 이제 우리는 초기조건에 민감한 이 복잡한 시스템이 걷잡을 수 없는 혼돈을 가져온다는 것을 안다. 런던의 캣퍼드에서 날개를 퍼덕인 나방 때문에 베네수엘라의 카라카스에서 토네이도가 일어날 수 있다. 양자역학은 우주의 모든 입자가 불균형한 상태로 한없이 생성되는 과정에 있다고 말한다. 바위처럼 단단한 물질

안에서도 아원자입자는 믿기 힘들 만큼 섬뜩한 속도로 질주한다. 물질이 단단해 보이는 이유는 그 움직임이 너무 작아 눈에 보이지 않기 때문이다. 물질은 단지 물질이 아니라 사건이다. 영원히 멈춰 있는 것은 아무것도 없다. '생명'은 명사이지만 우리는 오직 동사로서만 삶을 얻을 수 있다.

머튼은 과학자가 아닌데도 이 모든 사실을 알았다. 그는 오두막의 나무 현관에서 세상을 내다보며 자연의 끝없는 움직임을, 그 동사성을 열렬히 숭배하는 개종자가 되었다. 머튼이 쓴 많은 일기의 도입부에는 그의 감각이 변하고 있는 증거가 단순하게 기록되어 있다. 머튼은 스쳐 지나는 반딧불이의 기척을, 귀뚜라미와 매미의 울음을, 지빠귀와 메추라기가 싸우는 비명을, 테다소나무와 꽃단풍이 바람에 떨리는 소리를 기록했다. 그는 눈길만 주면 누구나 알아차리는 자연의 공공연한 비밀을 자신이 발견한 것처럼 느꼈다. 그렇게 모든 순간이 새롭게 다가왔다.

천주교도인 머튼은 점차 도가 사상과 선불교를 수용했다. 이들 동양 사상에서는 만물이 일출과 일몰 같고, 그 아름다움과 짧음이 하나이며, 모든 것은 일어났다가 사라지는 것으로 여긴다. 불교가 바라보는 삶은 과거나 미래의 도달 불가능한 꿈에 집착하지 않고, 현재의 흐름 속에 있다. 동양의 신비주의와 현대의 과학이 현실은 끊이지 않는 흐름이라는 데 의견을 모았다. 명사는 이 흐름을 사물로 낱낱이 쪼갠다. 언어에 일시정지 버튼을 누르고 정지 화면에 현실을 가둔다. 동사는 다시 그것을 움직이게 한다.

능동태와 수동태

하지만 동사에 따라 생동감의 차이가 있다. 가장 흔한 동사는 영어 문장의 절반 가까이에 등장하는 be동사다. 존 클레어는 이렇게 썼다. "I am! yet what I am who cares, or knows(나는 존재한다! 하지만 내가 누구인지 누가 신경 쓰고, 누가 알겠는가)?" 이보다 생기 넘치는 문장을 상상하기는 힘들다. 냉담한 세상을 향해 한 사람의 존재를 이보다 생생하게 긍정하는 방법이 있을까? 하지만 'I am(나는 ~이다)'에서 be동사 'am'은 연결 동사로 흔히 쓰인다. 연결 동사는 'I am a smoker(나는 흡연자다)'처럼 주어가 다른 문장 요소와 동일하거나, 'I am smoking(나는 흡연 중이다)' 같이 다른 무언가와 동일한 상태에 있다고 말할 때 쓴다. be동사를 이렇게 연결 동사로 쓸 때 동사가 지닌 생동감은 줄어든다. 이때 be동사는 어떤 것이 단순히 존재한다는 사실만을 진술하기 때문이다.

미국의 언어학자 데이비드 벌랜드는 1965년에 발표한 에세이 「be동사인가, 아닌가」에서 be동사를 완전히 없앤 새로운 언어, '이-프라임(E-Prime)'을 제안했다. 벌랜드는 be동사가 수학의 등호같이 마음으로 직행하는 단어라고 생각했다. be동사는 사물에 고정적인 정체성을 부여하는, 아리스토텔레스로 거슬러 올라가는 서양식 논리의 모든 전통을 뒷받침했다. 하지만 벌랜드는 무엇도 다른 어떤 것과 정말로 같지 않다고 말했다. 생명의 본질은 변화다. be동사는 이 세상에 영원함이라는 허위를 은근슬쩍 덧씌운다. "This rose is red(장미가 빨갛다)"라고 말하는 몇 초 사이에도 장미는 이전과 살짝 다른 장미로 바뀌는 데다 빨갛다는 속성은 상대적이어서 피나 립스틱 같은 것의 음영과 색조를 비교해야만 제대로 파악 가능하다.

벌랜드는 동사를 사랑하는 과학인 생태학에서 단초를 얻었다. 생태학은 세상을 상호 의존적인 존재들이 균형을 이루기 위해 끊임없이 움직이는 상태로 본다. 그는 이-프라임이 과거와 현재에 한 가지 의미만이 있으며, 미래에도 한 가지 과정만이 있다는 듯이 말하는, 정치인들의 공허한 동어반복을 제거하는 데 도움을 줄 수 있다고 생각했다. 상담사들은 이-프라임의 힘을 빌려 우리를 너무나 비참하게 만드는 절대론적 진술에서 해방시켜줄지도 몰랐다. 자기 자신을 표현할 때 정적인 명사(나는 바보야, I'm an idiot)나 형용사(나는 너무 바보 같아, I'm so idiotic)를 쓰는 대신 역동하는 동사(나는 바보처럼 행동했어, I behaved like an idiot)를 사용하면 끔찍할 만큼 견고해 보이는 현실도 살아갈 만해질지도 몰랐다.

벌랜드가 be동사를 싫어한 또 다른 이유는 수동태와 함께 쓰이기 때문이다. 수동태는 능동태의 목적어(나는 맥주잔을 엎었다, I spilled the pint of beer)를 주어(맥주잔이 나 때문에 엎어졌다, The pint of beer was spilled by me)로 바꾼다. 글쓰기 교본이 '우려가 표출되었다'나 '불편이 초래되었다면 죄송합니다' 같은 수동태 문장을 못마땅하게 보는 이유는 발화의 능동적인 리듬을 없애고 단어의 힘을 약화시키기 때문이다. 수동태는 완만히 넘어갈 수 있는 장애물을 단단하고 튼튼한 진실처럼 제시할 수 있게 한다.

수동태는 행위자에게서 행동의 원인을 찾고 사건에 동사의 운동성을 불어넣으려는 인간의 건강한 욕구를 꺾는다. 하지만 글쓰기 교본에서 수동태를 금지한 것은 불과 백 년 정도밖에 되지 않았다. 노련한 작가는 교본의 금지 사항을 무시한다. 그들은 수동태를 드물게, 하지만 창의적으로 사용해서 문장의 정보를 강조한다. 'The experiment was conducted(실험이 실시되었다)'라고 쓰는 이유는 영어에는 특정되지 않은 어떤 행동의 실행자를 언급하는 손쉬운 방법이 없기 때문이다('we'를 쓰기도 하지만 그럴 때는 'we'가 누구인지 합의를 거쳐야 한다). 'My iPhone was stolen(내 아이폰이 도난당했다)'이라고 말하는 이유는 내 아이폰을 누가 훔쳐 갔는지 몰라서이기도 하지만, 핵심은 더 이상 나에게 아이폰이 없다는 사실이기 때문이다. 'The shells are discarded by hermit crabs(껍데기가 소라게에 의해 버려진다)'라고 말하는 이유는 이 문장이 'Hermit crabs discard the shells(소라게가 껍데기를 버린다)'와 다른 의미를 전하기 때문이다. 앞 문장에서는 껍데기가, 뒤 문장에서는 소라게가 중요하다. 수동태는 문장의 핵심을 눈에 띄게 만든다.

수동태는 능동태보다 생동감이 떨어질 수 있지만 더 진실할 수도 있다. 문장은 생동감이 느껴져야 하지만 그 생기가 우스꽝스러울 정도로 과해서는 안 된다. 우리의 삶은 수동태일 때가 많다. 현실은 우리의 의지 없이 풀려나가는, 작가 없이 쓰이는 시기이기 때문이다. 우리는 현대적인 안락함에 둘러싸여 스스로 운명을 결정한다고 확신한다. 하지만 실제로는 중간 크기의 행성에 실려 우주를 가로지르고 있는 탄소 기반의 생명체에 불과하다. 우리는 우리 의지와 관계없이 이 세상에 던져졌고, 신체의 주요 기관이 우리를 포기하면 이 세상 밖으로 내던져질 것이다. 우리의 몸은 껍데기이자, 불멸을 향한 인간의 유일한 도전이 담긴 유전자를 감싼 자루에 불과하다. 이 문장들을 처리하는 말랑말랑한 단백질 덩어리인 두뇌는 어느 날 당신이 자신의 주인이 아님을 일깨울 것이다. 때로 생명은 그저 존재한다.

문장의 온도

벌랜드는 모든 사람이 be동사를 포기하도록 설득하는 데 실패했다. 사람들은 여전히 'I see this rose as red / This rose seems red to me(나한테는 이 장미가 빨갛게 보인다)'라고 하지 않고 'Roses are red(장미가 빨갛다)'라고 말한다. 이-프라임은 잘 쓰기 너무 어려워서 유행하지 못했다. 이-프라임 초보자는 'is' 대신 'seems(-로 보인다)'나 'appears(-인 것 같다)'를 넣은 애매한 표현으로 망설이는 듯한 느낌을 가미한다. 아니면 'The sausages have cooked(소시지가 다 익었다)'와 같이 이 세상을 안정된 성질과 소유의 관점에서 인식하는 have동사를 지나치게 많이 사용한다. 벌랜드의 바람처럼 be동사가 사라진다 해도 이 세상은 열린 마음으로 만물의 변형 가능성을 인정하는 유토피아가 되지 못할 것이다. 우리는 틀에 박힌 사고와 진부한 개념에서 벗어나지 못하고 틀에 박히고 진부한 다른 새로운 방법을 찾을 뿐이다.

be동사가 없이는 미래를 상상하기가 더 어려워진다. 그리고 미래가 없으면 희망도 없다. 단순 현재형을 사용해서 'We leave for Tahiti next week(우리는 다음 주에 타히티로 떠난다)'라고 말할 수는 있지만 'We are to be wed on the beach and will be wearing flower garlands and toasting ourselves with mojito(우리는 해변에서 결혼식을 올리고 꽃 목걸이를 걸고 모히토로 축배를 들 거야)'라고 말할 수는 없다. be동사가 없으면 수많은 비유도 사라진다. "Illness is a sort of exile from the everyday(질병은 일상으로부터의 망명이다)"나 "Honey was the gasoline of antiquity(꿀은 고대의 연료였다)" 같은 이언 해밀턴 핀레이의 반짝이는 경구들도 대부분 사라질 것이다.

be동사가 들어간 문장은 평범해 보일 수도 있지만 고요한 심오함을 담고 있다. 웬들 베리는 한 에세이의 서두에 "나는 '먹는 것이 곧 농업 행위나(eating is an agricultural act)'라는 가정에서 출발한다"고 썼다. 그는 우리가 음식을 먹기 때문에 먹이사슬의 건전성을 유지하는 데 모두 책임이 있다고 생각했다. 먹이사슬의 건전성이 무너지면 우리는 다른 사람과 책임을 나눠 져야 한다. 우리는 싸구려 식품에 속아 거기에 숨은 비용—살충제에 중독된 밭, 가축에 대한 잔인함, 소농의 소멸, 그리고 이 모든 것을 가능하게 만든 무분별한 연료 소비 중심의 식생활—을 무시하고 책임을 다른 곳에 전가한다. 우리는 스스로를 육지와는 무관한 섬 같은 존재로 여기게 되었다.

베리의 문장에 있는 'is'는 음식이 지나온 그 긴 여정의 종착지가 우리의 식탁이라고 말한다. 진공 포장된 고기와 다져진 채소, 시들한 샐러드가 든 봉지를 손에 넣으려고 돈을 건네는 행위가 이상하지 않냐고 묻는다. 베리는 수렵 채집 노동을 모두 슈퍼마켓에 내맡긴 결과로, 우리를 더 허기지게 만들 뿐인 달고 짠 가짜 대용품을 먹게 된 것이 무엇을 의미하는지 묻는다.

be동사 문장은 관습에 가려진 관계를 알아차리게 하는 데 도움이 된다. 베리의 단순한 진술, "먹는 것이 곧 농업 행위다"는 우리로 하여금 살아가는 방식을 고민하게 만든다. 그 중심에는 농업에서는 균형이 중요하다는 생각, 그리고 그 균형을 유지하지 못하는 것은 일종의 질병 상태라는 생각이 자리한다. 아무리 살아가는 데 필요한 모든 것을 남의 손을 빌려 손에 넣는다 해도, 우리가 사용하는 모든 것들을 스스로 돌보지 않는다면 우리는 그릇된 삶을 사는 것이다.

현대인의 마약은 편리함이다. 우리는 눈에 보이지 않는 마법에 둘러싸여 그 부작용을 쉽게 간과한다. 스위치만 누르면 빛 또는 열이 원하는 장소로 쏟아진다. 슈퍼마켓 진열대에서 우유 한 통을 집어 들고 자동 계산대에 스마트카드를 갖다 댄 다음 말없이 가게를 빠져나온다. 손에 든 액정을 두드려서 번쩍거리는 이미지가 뜨고 나면 20분 뒤 거북이 등딱지 같은 보온 가방을 등에 짊어진 배달원이 자전거를 타고 와서는 빵빵하게 구운 도우 위에 쫄깃한 치즈를 얹은 피자가 담긴 납작한 상자를 불쑥 내민다. 이런 묘사는 세상의 기묘함을 드러낸다. be동사는 우리가 세상을 신선한 눈으로 알아차릴 수 있게 해준다. be동사는 익숙한 사물을 새로운 시선으로 보게 만드는 산뜻한 관찰과 주장이 담긴 문장을 만드는 가장 효과적인 도구다.

그렇지만 벌랜드의 말도 어느 정도 일리가 있다. be동사가 지나치게 많은 글은 맥없이 늘어진다. 벌랜드는 산뜻함 지수를 고안해서 고전 작품의 이-프라임 문장 비율을 계산했는데, 그 결과 아리스토텔레스의 점수가 가장 낮고 헤밍웨이가 가장 높았다. 블레이크, 셸리, 키츠, 예이츠의 시는 완벽한 이-프라임으로 이루어져 있다. 시는 강력한 동사를 사랑하므로.

미국의 미술사학자 어니스트 페놀로사는 고전이 된 에세이 「시의 매체로서의 한자」에서 가장 진실한 언어, 가장 진실한 시는 be동사를 피해야 한다고 주장했다. 진실한 언어는 타동사, 그러니까 직접목적어가 있는 동작 동사만을 사용한다. 연결 동사마저도 동작에 기원이 있다. 'is'는 '호흡하다'를 뜻하기도 하는 아리아어 'es-'에서, 'be'는 '되다'를 뜻하는 인도유럽어 'bhu-'에서, 'was'는 '머물다'를 뜻하는 고대 게르만어 'wes-'에서 왔다. 페놀로사는 문장의 일부를 다른 일부와 단순히 연결하기 위해 연결 동사를 사용할 경우 모든 동사의, 그리고 생명 자체의 역동적인 현실을 부정하게 된다고 생각했다.

페놀로사는 중세의 폭압적인 논리가 사고 활동을 일종의 벽돌 공장으로 여겼다고 썼다. 벽돌 공장에서는 아이디어가 벽돌로 구워지고 단어로 이름표를 단다. 문장 쓰기는 벽돌로 벽을 쌓는 일인데, 이때 'is'는 흰색 회반죽, 'is not'은 검은색 회반죽 역할을 한다. 이런 단어로 'A ring-tailed baboon is not a constitutional assembly(알락꼬리여우원숭이는 제헌의회가 아니다)' 같은 문장을 쌓을 수는 있다. 하지만 이런 문장은 그게 무엇인지, 또는 무엇이 아닌지 정도로 현실을 붙드는 것에 그친다. 페놀로사는 셰익스피어가 'is'에 대한 이런 중세의 강박에서 우리를 해방시키고, 자연을 "광대한 힘의 저장고"로 여기는 풍요로운 타동사를 활용하는 법을 알려주었다며 그를 높이 평가했다.

셰익스피어가 동사를 창의적으로 사용했다는 점에 대해서는 페놀로사의 말이 맞다. 셰익스피어는 "uncle me no uncle(숙부라는 소리는 집어치우다)", "gentle his condition(그의 지위를 신사로 만들다)"과 같이 명사와 형용사를 항상 동사로 바꾼다. "heaven-kissing hill(하늘에 닿을 듯한 언덕)", "earth-treading stars(땅으로 떨어질 듯한 별들)", "lazy-pacing clouds(나른하게 흘러가는 구름)", "fen-sucked fogs(습지에서 빨아올린 안개)"와 같이 셰익스피어의 복합형용사에는 동사적 연출이 살짝 가미된다. 그리고 언어학자 조너선 호프의 지적대로 셰익스피어는 무생물에 생명을 불어넣는 표현을 사랑했다. "당당한 말발굽과 그를 받아내는 대지(proud hoofs in the receiving earth)"라는 표현에서 형용사 'proud(당당한)'와 'receiving(받는)'은 죽은 조직으로 이루어진 말발굽과 생물이 아닌 대지에 동사적인 활동성을 부여한다. 대지가 발굽에 밟히기만 하는 게 아니라 발굽을 '받아들이기(receive)'도 하는 것이다. 셰익스피어는 다른 품사를 사용할 때도 동사를 핵심에 두었다.

페놀로사는 자연에 '고립된 사물로서의 엄정한 명사'도, '추상적인 움직임으로서의 순수한 동사'도 존재하지 않는다고 생각했다. 사물이 행위와 만나는 것이 자연이다. 표의문자인 한자는 명사와 동사, 그림과 음악을 하나로 합친다는 점에서 시적이면서도 진실에 가깝다. 표의문자에서는 추상명사도 구체적이다. 단어가 그림이기도 하기 때문이다. 春[춘]은 녹색 새싹 위로 떠오르는 태양이다. 東[동]은 나뭇가지에 걸린 태양이다. 雪辱[설욕]은 눈 속에 덮인 미움이다. 聽[청]은 귀, 눈, 마음 그리고 흐트러지지 않는 마음에 주의를 기울이는 선이다.

2천여 년 전 진나라 황제의 재상이었던 이사(李斯)는 한자를 간소화시켰다. 그는 전제군주의 위력을 십분 활용해서 시제, 인칭, 법, 관사, 불규칙동사를 모두 없앴다. 한자는 한 음절로 된 문자였으므로 그때부터 중국어 문장은 단어를 주어, 동사, 목적어 순서로 제대로 배열하기만 하면 되었다. 가령 "사람이 말을 본다"라는 문장은 세 개의 한자로 이루어진다. 처음에는 '두 다리 사람[人]'이 주어로, 그다음에는 '달리는 다리와 그 위에서 움직이는 눈[見]'이 동사로, 세 번째로는 '네발 달린 말[馬]'이 목적어로 온다. 중국어는 추상 관념을 구체적인 그림으로 바꾸기를 좋아한다. 또한 중국어에는 인간의 막연한 기대와 바람을 짧게 압축한 속담이 가득하다. "옥처럼 귀해지려고도, 돌처럼 흔해지려고도 하지 말라", "만권의 독서는 만 리를 여행하는 것과 같다", "실 한 가닥으로는 밧줄을 만들지 못하고, 나무 한 그루로는 숲을 이루지 못한다", "간교한 토끼는 굴이 셋이다."

페놀로사가 보기에 단어가 이룰 수 있는 가장 진실한 형태는 주어, 동사, 목적어로 이루어진 문장이었다. 선조가 이러한 고전적인 통사를 받아들인 이유는 세상의 작동 원리 때문이었다. 고전적인 통사는 활력이 있는 사물이 활력이 덜한 사물에 영향력을 미치는 방식을 자연 그대로 보여준다. 자연에서는 힘이 행위의 주체에서 대상으로 이동한다. 번개는 구름에 있던 전기에너지가 대기로 방출되는 것이다. 빛은 복사에너지가 우주에서 가장 빠른 속도로 한 장소에서 다른 장소로 움직이는 것이다. 열은 원자 단위의 운동에너지가 어떤 본체에서 또 다른 본체로 이동하는 것이다. 중력은 질량이 서로 다른 사물들 사이를 끌어당기는 힘이다. 인간의 의지 역시 세상을 향해 어떤 식으로든 영향을 미친다는 점에서 타동사적이다. 인간이 일으킨 변화가 종종 의외의 결과를 가져오거나 자멸을 초래하기도 하지만.

하지만 페놀로사가 뭐라고 말했든 우리는 타동사만으로는 살아가지 못한다. 동사는 번개의 섬광 같은 동작만이 아니라 분위기, 기분, 직관도 다룬다. 미국의 작가이자 영문학자 버지니아 터프트는 『솜씨 좋은 문장』에서 다양한 종류의 동사가 다양한 수준의 열기를 품고 있다고 주장한다. 우리는 동사 사이를 오가면서 온도조절기의 다이얼을 올렸다가 내린다. 'We light a fire(우리가 불을 밝힌다)'처럼 타동사는 목적어에 영향을 미치기 때문에 가장 뜨겁다. 다이얼을 한 단계 낮추면, 'We meet(우리는 만난다)', 'I sneeze(내가 재채기한다)', 'He flinche(그 남자가 움찔한다)'같이 영향을 미칠 목적어가 필요 없는 자동사가 나타난다. 'look(~처럼 보이다)', 'feel(~를 느끼다)' 같은 동사는 열기가 훨씬 떨어진다. 그중 가장 차가운 것은 be동사다.

문장의 온도를 높여야 할 때도 있고 낮춰야 할 때도 있다. 연결 동사는 문장의 온도를 낮추고 차분하게 만든다. 'It was mid-autumn and the leaves were on the turn(완연한 가을이었고 나뭇잎이 색깔을 바꾸는 중이었다).' 하지만 열기가 적은 동사를 너무 많이 쓰면 글이 얼어붙는다. 타동사는 여기에 다시 열을 끌어올린다. 'The young man was drinking some milk(젊은이가 우유를 마시고 있었다)' 같은 be동사 문장은 마시는 행위를 활기 없는 동작으로 바꿔버린다. 하지만 'The young man padded barefoot towards the fridge, took out a pint of milk, sniffed it gingerly, grunted approval and then slugged it straight from the bottle(젊은이가 냉장고에 맨발로 조용히 다가가서 우유 한 통을 꺼내고 조심스럽게 킁킁 냄새를 맡더니 이 정도는 괜찮다는 듯 감탄사를 내뱉고는 통에 입을 대고 그대로 들이켰다)'라는 문장은 독자가 문장을 읽는 시간과 비슷한 시간이 걸리는 행동을 연속으로 늘어놓는다. 노련한 글은 움직이다가 멈추고, 그러다가 다시 움직이며 완급을 조절한다. 이런 글은 안정된 정체성으로 세상 속에 우리의 좌표를 이해하게 해주는 한편으로, 그 정체성에 열기를 불어넣어 변화를 만들어낸다.

가정법, 두 번째 삶이 열린다

사회학자 리처드 세넷은 손 부상 때문에 일찍 음악을 그만두지 않았더라면 첼리스트가 되었을지도 모른다. 세넷은 첼로

신동이었고 뉴욕의 이름난 줄리아드음악학교에서 교육을 받았다. 치열한 경쟁의 장에서 벗어나자마자 런던으로 간 세넷은 그곳의 음악가들과 연주를 하면서 깜짝 놀랐다. 리허설을 할 때면 동료 연주자들이 내 생각은 이렇다거나 이렇게 하자고 말하는 대신 '나라면 이렇게 했을 것 같아요'라는 말로 완곡하게 의견을 내곤 했던 것이다.

세넷은 동료들이 사람들을 부드럽게 살피는 표현에 마법적인 효과가 있다고 생각했다. 이런 말은 "정해진 형태가 없는 상호적 공간", "이방인과 함께 거주하는 공간"을 만들어냈다. 거대한 도시에 이방인을 내던지거나 온라인상의 캐릭터 뒤에 숨어 서로에게 예의를 차릴 것을 요구하는 세상에서 동료들이 만들어낸 공간은 세넷을 구했다. 사회계약을 통해 타인의 존재를 인정하는 이런 형식적인 믿음의 공동체에서 인간은 공통분모를 만들어야 한다. 서로를 좋아할 필요는 없겠지만, 유쾌하지 못한 충동은 혼자 간직하는 편이 낫다. 세넷은 "사람들이 어느 정도 힘을 빼고 행동하면 사회적 엔진이 부드럽게 작동한다"고 결론 내렸다.

영어 동사에는 시제와 상 외에도 직설법, 명령법, 가정법 같은 '법(mood)'이 있다. 법은 사건의 필연성이나 가능성, 현실성을 알려준다. 글쓰기 교본은 명쾌한 직설법을 선호한다. 직설법은 어떤 일이 일어났다고 말하는 가장 표준적인 방법이다. 하지만 세넷이 지적했듯 직설법을 남발하면 실제로 일어났거나 확실히 일어날 일만 맹목적으로 따르는 부작용이 생긴다. 사실만을 무뚝뚝하게 전달하는 직설법은 사회성이 떨어진다는 인상을 남길 수 있다. 내가 하는 말은 틀림이 없으니 그걸 당신이 받아들일지 말지는 알아서 하라는 듯이.

오늘날의 과열된 공론장에서는 직설법이 판을 친다. 노이즈 마케팅을 노리고 작성한 공격적인 기명 칼럼이나, 수준 미달의 댓글에 담긴 무의미하고 자멸적인 분노에는 법조 동사*가 들어설 틈이 없다. 지금은 믿고 싶은 것이 곧 진실이 되는 시대다. 코미디언 스티븐 콜베어는 증거와는 무관하게 직관으로 파악하는 진실을 가리켜 '트루시니스(truthiness)'라는 단어를 만들었다. 이러한 확증 편향에는 종종 '진짜 세계'에 대한 호소가 뒤따르는데, 세계는 특권이 만들어낸 허황한 온실로, 실상 아무도 동의하지 않고 뉘앙스를 삭제한 동어반복이나 다름없는 사실을 직시하라고 강요한다. 확증 편향을 부정하는 사람은 그곳에서 살기를 거부하는 것과 마찬가지다.

어지럽고 종잡을 수 없는 현실을 파악하려면 직설법보다 더 엄밀한 언어가 필요할 것이다. 매기 넬슨은 『아르고호의 선원들』에서 이렇게 썼다. "말끔함에 미친 문화에서 때로는 헛소리로 뒤범벅된 상태도 있다는 것을 어떻게 설명할 것인가?" 과거에는 가능했을지 몰라도 우리는 더 이상 직설법의 형태로만 살지 않는다. 우리가 과부하된 데이터와 무한한 선택지가 놓인 세상에서 배운 게 있다면, 그것은 수십억의 삶, 수십억의 다

---

* 'will(~일 것이다)', 'can(~할 수 있다)', 'may(~해도 좋다)', 'should(~하는 것이 좋다)' 등으로 다른 동사가 추측, 가능, 허락, 조언 등의 뜻을 가지도록 도와주는 동사.

채롭고 타당한 현실들이 모두 동시에 펼쳐지고 있다는 것이리라. 진짜 세계는 단 하나이고 우리는 모두 그 안에서 함께 살아야 한다.

내 학생들은 수업이 끝남과 동시에 자리에서 일어나지도 않은 채 핸드폰을 들어 다른 수십억의 삶에 무슨 일이 벌어지고 있는지 확인한다. 학생들이 복도를 걷는 동안 천장에 달린 무선 장치가 그들의 핸드폰으로 알림을 땡 하고 보낸다. 학생들은 만질 수도 없는 비공간 속에서 살아간다. 학생들은 이곳에서 삶을 헛된 공상처럼 여기는 태도를 배우고, 저 멀리 어딘가에 더 나은 삶이 펼쳐지고 있다는 기분을 안다. 밀란 쿤데라의 소설 『삶은 다른 곳에』가 떠오르는 대목이다.

학생들에게는 자신의 당혹감을 정직하게 드러낼 동사가 필요하다. 이런 동사는 우리에게 선택지가 있다는 것을, 삶은 다른 어딘가가 아닌 지금 살고 있는 일상에 있다는 것을, 미래가 힘들고 혼란스러울 수 있지만 스스로 만들어가야 한다는 것을 일깨울 수 있다. 이런 동사는 불확실함 위에—마우스 클릭으로 접하는 온갖 추측성 뉴스 또는 확증 편향의 논리를 가지고—거짓된 명료함을 덧씌우는 대신, 불확실함을 최대한 명료하게 말할 수 있도록 도울 것이다. 이 불확실성이 없다면 자유도 가능성도 없다. 오직 우울한 운명론이, 현실에 대한 망연자실한 굴복만 남을 뿐이다.

가정법은 얼마 되지 않은 양의 단어로도 일어나지 않은 일에 대한 가능성과 바람직함을, 필요성과 현실성을 표현할 수 있게 해준다. 법조 동사도 같은 역할이지만, 가정법은 이 대안적인 현실을 우아할 정도로 간결하게, 조동사나 관계사절을 쓰지도 않고 불러낸다. 'lest(~할까 봐)'는 군더더기로 보일 때도 있지만 'lest he get upset(그가 불쾌할까 봐)'은 'so that he doesn't get upset(그가 불쾌하지 않도록)'보다 간결하다. 가정법은 문장을 너무 짓누르지 않으면서 추측할 수 있는 층위를 더한다. 아직은 가능성에 지나지 않은 일을 그럴싸하게 만든다. 법조 동사 'could(~할 수 있다)'와 'might(~했을 수도 있다)'가 너무 많이 쓰인 글은 흐리멍덩하다. 이에 반해 가정법은 깔끔하고 확실하게 보인다. 선형적으로 흐르는 시간에서, 현실의 아집에서 부드럽게 빠져나와, 그럴 수도 있거나 그랬을 수도 있는 두 번째 삶이 열린다. 살아보지 않은 삶 역시 삶이기에.

토머스 핀천의 소설 『메이슨과 딕슨』은 독립 전쟁 직전에 미국을 탐험한 측량사 찰스 메이슨과 제러마이어 딕슨의 이야기를 들려준다. 이들은 분쟁이 잦은 미국의 국경을 확정하기 위해 '메이슨-딕슨 라인'을 그었다. 이 선의 목적은 땅에 걸린 마법을 풀어, 아무것도 존재하지 않는 자연에 직선을 긋고, 핀천의 표현에 따르면 "가정법의 영역"이라고 부르는 땅을 길들이는 것이었다. 오하이오강 계곡의 선주민들은 "숫자가 매겨진, 아무런 꿈도 없는 직설법"의 세계와는 눈에 보이지 않는 막으로 분리된 채 가정법의 영역에서 살아간다. 핀천에게 가정법은 가능성을 품고 살아가는 삶, 길들여지지 않은 현실을 의미한다. 이는 측량사들이 선을 그음으로써 파괴된다. 미국은 그 땅이 "가정법적 희망들이 묻힌 매립지"임을 잊어서는 안 된다. 이 희망들만이 우리를 "헐벗은 필멸의 세계, 그리고 절망으로부터" 구해준다.

가정법은 우리가 인생의 곡절을 지나치게 깔끔하고 작고 고통스러운 신발에 쑤셔 박지 않기 위해 필요하다. 가정법을 잘 활용하면 세상을 다채로운 방식으로 바라볼 수 있다. 그리고 바로 여기에 가정법뿐만 아니라 모든 형태와 법으로 쓰이는 동사가 가진 힘이 있다. 동사는 살도록 강요받는 삶뿐만 아니라 살 수도 있었을 삶을 채색하기 위해 존재한다. 명사는 사물에 걸맞은 단어를 찾아내고 동사는 단어를 가지고 자기만의 세상을 엮어낸다.

동사는 무슨 일이 일어났는지 말하기 위해서만이 아니라 현실의 여러 가지 다른 층위를 통과하기 위해서도 필요하다. 동사는 사건뿐 아니라 소문, 추측, 꿈, 욕망과도 관계가 있다. 어떤 친구는 내게 어떤 것에 대한 자신의 관점이 바뀌었다고 말하면서 "마음을 바꾸는 건 생각에 간헐적으로 일어나는 돌발사고"라고 했다. 맞는 말이다. 그리고 이렇게 불가역적으로 탈선하는 생각이 바로 동사가 존재하는 이유다. 동사는 세상의 가변성뿐만이 아니라 마음의 가변성 역시 담는다.

문장은 사물에 이름을 붙이는 명사와, 그 사물에 대해 무언가를 전달하는 동사가 결합한 것이다. 문장에 필요한 것은 그것뿐이고 나머지는 모두 선택 사항이다. 명사와 동사를 올바른 자리에 놓으면 다른 단어는 그 주위에 알아서 자리를 잡는다. 명사와 동사의 형태를 다양하게 변형함으로써 우리는 문장에 삶과 가까운 결과 질감을 입힐 수 있다. 핵심은 동사의 열기를 너무 많이 식히지 않으면서 현실의 층위를 쌓아 올리는 것이다. 복잡하지만 난해하지 않게, 넘치지 않고 딱 필요한 만큼 단순하게.

명사는 문장을 잠잠하게 가라앉히고 동사는 문장을 움직인다. 문장에는 언제나 명사와 동사를 적절히 섞여 있어야 한다. 당신이 무엇을 어떻게 말하고자 하는지에 따라 조합이 결정된다. 제2차 세계대전이 발발하고 1년이 지났을 때 버지니아 울프는 일기에 이런 반항적인 문장을 썼다. "Thinking is my fighting(사고는 나의 투쟁이다)." 구체적인 주어와 강렬한 동사를 좋아하는 글쓰기 교본은 썩 달가워하지 않을지 몰라도 이 문장에는 낮게 일렁이는 힘이 있다. 어째서일까? 소유격 한정사 'my'를 제외한 나머지가 동사와 동사에 가까운 단어들이기 때문이다. 동사는 형태가 어떻든 문장에 생동감을 더한다. 명사로 무겁게 내리누른 문장은 언제나 나쁘다. 하지만 동사는, 당신으로 하여금 문장의 주어가 무엇을 하는지 말하게 만들어 당신이 절대 그 뒤로 몸을 숨길 수 없는 동사는, 언제나 바람직하다.

일상을 경이롭게, 경이를 심상하게
─간결한 단어로 경이를 말하는 법

1939년 9월, 열 살 소년이 런던의 이스트엔드에서 시골로 피난을 떠났다. 읍내 학교에서 소년은 새와 짐승에 대한 에세이를 써 오라는 과제를 받았다. 피난 온 도시내기 소년은 "내가 쓰려고 하는 새는 올빼미입니다"라는 문장으로 말문을 열었다. "나는 올빼미에 대해서 아는 게 별로 없습니다. 그래서 내가 고른 짐승으로 넘어가겠습니다. 그건 소입니다. 소는 포유동물입니다. 오른쪽, 왼쪽, 위와 아래, 여섯 개의 면이 있습니다. 뒷면에는 털이 달린 꼬리가 있습니다. 소는 꼬리를 가지고 파리가 우유에 빠지지 않도록 쫓습니다. 소의 머리는 뿔을 기르기 위해, 소의 입은 어딘가에는 달려 있어야 하기 때문에 있습니다. 뿔은 들이받기 위해, 입은 음매음매 울기 위해 있습니다… 소는 배가 고프면 음매음매 하고, 소가 아무 소리도 안 낼 때는 뱃속에 풀이 가득합니다."

다음 달 이 에세이는 BBC의 9시 뉴스에서 피난민 소식을 전할 때 낭독되었다. 뉴스를 보고 있던 고위 공무원 어니스트 가워스는 이 어린 작가가 올빼미와 소에 대한 전문성은 상당히 떨어지긴 하지만, 자신이 하려는 말을 정확히 알고 있다고, 적어도 관공서가 남발하는 모호한 추상어로 자기 글을 망치지는 않았다고 생각했다. 소에게 여섯 개의 면이 있는지는 미심쩍지만 소년의 표현대로 소의 입은 어딘가에는 달려 있어야 하고, 소는 입으로 음매음매 소리를 낸다. 사실이 있는 그대로 표현되었다.

1948년 가워스는 『간결한 단어들』을 출간했다. 공무원들을 위한 글쓰기 교재로 널리 쓰인 이 책은 '이에(hereto)'와 '여기(herewith)' 같은 표현을 많이 쓰지 말고, '귀하의 문서 수령이 확인되었습니다' 또는 '해당 사안은 종결된 것으로 간주하셔도 좋겠습니다'와 같이 쓸데없이 복잡한 표현 또한 피하라고 가르쳤다. 이 책은 일반 독자에게도 인기를 얻어 정부간행물 출판국에서 발행한 책 가운데 가장 빠른 속도로 판매되었다. 이 책은 독자들에게 명료하고 간단하고 진솔하게 글을 쓰는 법을 알려주었다. 그 예시로 이 소년의 에세이가 실렸다.

가워스는 글이 "한 사람의 생각을 다른 사람에게 전달하기 위한 수단"이라고 생각했다. 권리와 의무를 혼란스러워 하는 시민을 상대로 글을 쓰는 공무원에게는 나쁘지 않은 조언이다. 하지만 작가는, 선율이 있고 기억에 남으며 삶을 윤택하게 하는 글을 쓰고 싶은 사람은 이 말에 썩 도움을 받지는 못할 것이다. 열 살짜리 소년의 에세이는 충분히 명료하지만, 사실을 있는 그대로 전달하는 칙칙함이 얼마 안 가 거슬리기 시작할 것이다.

'간결한 영어'라는 이상 뒤에는 플라톤으로 거슬러 올라가는 글쓰기에 대한 불신이 있다. 이 이상은 글이 글쓴이의 생각 외에는 아무것도 담지 않은, 독자의 무릎에 사뿐히 놓이는 투명한 그릇이어야 한다고 주장한다. 유리를 통해 들여다볼 때 유리를 알아차리듯이 단어를 알아차려야 한다는 것이다. 조지 오웰은 『나는 왜 쓰는가』에서 이 생각을 한마디로 정의했다. "좋은 산문은 유리창 같다."

전에 거기 있었던 것처럼, 스타일

하지만 유리가 항상 눈에 보이지 않는 것은 아니다. 오웰이 산문을 쓰던 1946년 영국의 유리창을 떠올려보자. 매연과 석탄 먼지 때로 얼룩지고, 집 안은 눅눅한 데다 아직 이중창이 도입되지 않아서 김과 서리로 뒤덮이고는 했으리라. 공습 총격이나 포격 때문에 금이 가거나, 사람들을 유리 파편에서 보호하기 위해 종이와 깨짐 방지용 코팅지를 덕지덕지 붙였을 수도 있다. 그러니 유리창은 투명한 글쓰기에 대한 비유로 어울리지 않을지도 모른다.

유리창 산문 이론에는 영국인의 청교도적 자부심이 보인다. 이른 아침에 조깅을 끝내고 찬물 샤워로 몸을 씻어내듯, 깨끗하고 군더더기 없는 문체가 독자를 정화시킨다는 의미가 있다. "깨끗한 언어의 큰 적은 불성실"이라고 오웰은 말했다. 그는 간결한 글은 간결한 말하기와 어울리고, 불성실한 글은 "먹물을 내뿜는 오징어처럼" 지루한 관용구를 뱉는다고 여겼다. 나쁜 생각은 나쁜 산문의 동반자다. 거짓된 생각은 거짓된 단어를 뜻한다.

이 중에는 맞는 말도 있지만 문장 쓰는 법을 익히는 좋은 방법은 전혀 아니다. 유용한 글쓰기 조언보다는 도덕적 가르침에 가까운 것으로, 그간 비축한 지혜와 진정성에 더 매달릴 것을 강요한다. 또 이것은 글 쓰는 사람이라면 자신이 하려는 말이 무엇인지 항상 알고 있다는 것을 전제한다. 단지 기술이 부족한 것인데도 게으르고 불성실한 탓에 나쁜 글을 쓰는 거라고 몰아세운다. 당신이 나에게 블랑망제 푸딩을 주문해도 허접한 쓰레기밖에 내줄 수 없는 것은 내가 게으르거나 불성실하기 때문이 아니다. 블랑망제에 설탕, 옥수수 가루, 끓인 우유가 들어간다는 것 정도는 알고 있지만 정확히 어떻게 만드는지는 모르기 때문이다.

그리고 항상 어떤 말을 하기 전에 스스로 무슨 말을 할지 분명히 알고 있어야 하나? 오히려 고전적인 수사법이 더 유용할 수도 있다. 좋은 문장이 어떻게 들리는지 공부하고 그것을 모방하는 방식으로 글을 쓰는 것이다. 감각의 한정적인 저장소를 축내는 대신 무(無)에서 감각을 불러일으키는 식으로 글을 쓰는 것이다. 셰익스피어는 중등학교인 그래머스쿨에서 이런 글쓰기를 배웠다. 단어가 의미로 굳어지기 전에 소리와 모양으로 단어를 파악하면서 언어를 장식하는 기술을 무턱대고 외웠다. 수사학자들은 글의 의미가 단어를 유리창처럼 보이지 않게 함으로써 만들어지는 게 아니라, 단어를 맛보고 즐기며 도달할 수 있는 무언가라고 생각한다. 성실하려 하지만 살짝 옆으로 비껴가고, 진실하려 하지만 빗맞히듯 에둘러 타격한다. 수사학자는 창밖의 현실을 멍하니 응시하려고만 하지 않는다. 단어를 통해 현실을 만들어낸다.

그러니 알고 보면 오웰은 별종이다. 그의 유리창 이론에 찬성하는 작가는 거의 없다. 작가들은 아무리 사실에 기반한 글이더라도 창의적이어야 한다고 생각한다. 어순을 통해 의미가 스스로 만들어지게 내버려두는 것을, 말을 하면서 동시에 하고 싶은 말을 찾아내는 것을 좋아한다. 정신분석학자 애덤 필립스가 자신은 냉정한 프로이트 이론을 싫어하며 단어 자체를 사고실험의 장으로 활용하기를 좋아한다고 밝혔듯 작가들은 "개념보다 문장에 더 관심이 많다". 그리고 대다수의 작가들은 경제성에 치중한 언어가 지나치게 화려한 산문만큼이나 부자연스럽다는 걸 안다. 간결한 문체로 글을 쓰려면 그 요령을 배워야 한다. 간결한 문체도 하나의 문체일 뿐이다.

윌리엄 피네건은 서퍼로서의 자전적 삶을 담은 『바바리안 데이즈』에서 서핑의 미학이 각각의 파도가 제시하는 과제를 얼마나 차분하게 해결하는가에 달려 있다고 말한다. 서퍼는 물리학의 모든 분야가 그를 향해 당신이 곧 넘어질 거라고 악을 써댈 때 모든 요소를 자연스러워 보이게 연출함으로써 자신만의 스타일을 만든다. 우아하게 서서 파도의 벽을 타고 오르며 춤을 추다가, 파도가 부서지기 직전에 마치 완벽한 위치에 마침표를 찍듯 라이딩을 멈춰야 한다. 피네건은 "태연한 힘, 압박감에도 굴하지 않는 잠언적인 우아함, 이것이 우리의 이상이었다"라고 썼다. "높이 솟구친 파도 안쪽으로 들어가서 깔끔하게 빠져나와라. 전에 거기 있었던 것처럼 행동하라."

피네건은 완벽한 단어의 형태에 대한 많은 작가들의 고독한 집착, "특수한 형태의 편집증"에 신이 나서 만들어내는 묘사를 "서퍼의 미학"이라고 부른다. 서핑은 관람 스포츠가 아니기 때문에 서퍼는 자기만족을 위해 파도를 타는 완벽한 방법을 추구한다. 서퍼는 큰 파도가 있는 곳으로 너무 멀리 나가 있어 뭍에서 잘 보이지 않고, 다른 서퍼들은 각자의 보드 위에서 너무 바쁜 나머지 서로를 주의 깊게 살필 겨를이 없다.

서핑에 비하면 글쓰기는 관람 스포츠에 더 가깝지만 그래도 여전히, 간결한 스타일리스트들 사이에는 글쓰기에 들인 자신의 노고를 인정받고 여기에 보상이 뒤따르기를 바라는 욕구를 드러내서는 안 된다는 암묵적인 분위기가 있다. 서퍼가 대단한 노력 끝에 태연한 파도타기 능력을 성취한 것처럼 간결한 문장에 들인 노력이 잘 보이지 않는 듯하다. 작가가 서퍼처럼, 전에 여기 있어본 사람처럼 보이는 글을 쓰려면 많은 품이 든다. 그래도 서퍼들이 스타일이 서핑의 전부라는 걸 알듯, 간결한 스타일리스트들은 스타일이 글의 전부라는 점을 안다.

간결한 스타일리스트는 무결하고 소심한 쪽보다는 조금 틀리더라도 과감한 쪽이 더 낫다고 생각한다. 그래서 나도 과감한 주장을 해보겠다. 간결한 영어 문체를 구사한 최초의 대가는 성경을 영어로 번역한 윌리엄 틴들•이라고. 틴들의 글은 철자를 요즘 식으로 바로잡기만 하면 현대의 독자에게도 상당히 편안하게 읽힐 것이다. 과장된 'thee'**와 'verily'***를 남용하는 킹 제임스 성경보다 훨씬 더. 킹 제임스 성경의 많은 부분은 틴들의 성경에서 가져온 것이다. 짧고 단순하면서도 아름다운 문장을 쓰고 싶다면 틴들이 그 방법을 알려줄 것이다.

이따금 나는 일하는 곳 바로 건너편에 있는 리버풀대성당에 조용히 들어가서 예배당 뒷자리에 앉는다. 내 신앙생활은 오래전에 막을 내렸지만, 나는 주임 사제가 틴들의 아름다운 문장을 리버풀 억양으로 부드럽게 전하고, 그 문장이 원형의 신도석에 울려 퍼지는 소리를 듣는 일을 좋아한다. 한편 도심의 버스킹 무대에는 무선 헤드셋 마이크를 차고 서서 신약성서를 읽는 남자가 있다. 그의 비음 섞인 목소리가 낮게 울리고, 행인들은 한번씩 무례한 말을 던지며 그를 주저하게 한다. 하지만 이런 모진 환경에서도 성서의 리듬감은 살아 있다. 나는 이따금 그 남자의 낭송을 들으려고 괜히 상점 앞을 어정대곤 한다.

나는 이 남자가 누군가를 연상시킨다고 생각해왔는데 얼마

- 16세기 영국의 신학자. 14세기 영국의 종교개혁자 존 위클리프에게서 영향을 받아 코이네 그리스어 성경 원전을 영어로 번역했다. 성경을 영어로 번역해 민중에 보급함으로써 종교개혁이 가능하다고 믿었기에 성경 번역에 힘썼으나, 당시 성경을 번역하거나 민중이 읽는 것을 엄격히 금한 로마 교황청의 박해를 받아 1536년에 화형을 당했다. 영역본 성경 중 가장 널리 알려진 킹 제임스 성경의 70퍼센트가 틴들의 성경을 바탕으로 했다.
- ** 'you'의 옛말.
- *** 'truly'의 옛말.

뒤에 떠올랐다. 그는 〈찰리 브라운의 크리스마스〉에서 누가복음을 낭송하던 소년 라이너스 반 펠트의 성인 버전이었다. 당시 혀 짧은 소리를 내던 일곱 살짜리 아역 배우 크리스토퍼 셰이도 성경의 말씀을 잘 이해하지는 못했다. 하지만 라이너스가 학교 무대의 중앙으로 걸어나가 조명을 낮춰달라고 부탁한 뒤 성탄 이야기를 낭송하는 장면은 시청자들의 눈물을 자아낸 것으로 유명하다.

"And there were in the same region shepherds abiding in the field, and watching their flock by night(그리고 바로 그 지역의 들판에는 밤새 양 떼를 지키는 목자들이 있었다)." 큰 소리로 낭송한 틴들의 문장은 어째서, 상한 마음을 달래주고 형언할 수 없는 슬픔을 어루만지며, 나처럼 신앙심이 없는 사람마저도 눈물을 흘리게 만드는 걸까? 틴들의 문장은 강렬하면서 순하고 동사석으로 깔끔하면서 감정이 풍부하다. 이상한 일이지만 지옥 불을 연상시키는 대목에서마저 활기와 온유를 겸비하고 있다. 틴들은 이런 글을 쓰는 데 목숨을 걸었고 그러다가 결국 목숨을 잃었다. 그가 화형을 당하고 1년 뒤인 1537년에 완성된 킹 제임스 영어 성경이 왕의 명령으로 모습을 드러냈는데, 그중 3분의 2가 틴들의 번역이었다. 한때 대청*이나 밀가루 포대 속에 낱장씩 숨겨 영국에 밀반입했던 불사의 문장들은 죽기를 거부했다.

• 십자화과의 두해살이풀.

소리를 발산하는 문장

틴들의 글에는 힘주어 고조하는 연설 같은 효과가 있다. 틴들이 태어난 글로스터셔는 순회 설교자들의 종교적인 금언을 비롯해 다양한 형태의 격언으로 유명했다. 그래서 틴들도 일반적인 대화에서 살짝 힘을 준 "이 땅의 소금(the salt of the earth)"이나 "전능하신 분(the powers that be)", "눈 깜짝할 사이에(in the twinkling of an eye)" 같은 생생한 표현에 능숙했다. 격언이 그러하듯, 틴들은 구어의 리듬과 박자를 유지하면서도 글의 품위를 한 단계 높였다.

틴들의 성서는 본디 소리 내 읽히기를 염두에 둔 것이었다. 낭송할 때도 듣기 좋지만 묵독할 때 머릿속에서 울리는 소리 또한 좋다. 소리 없이 책을 읽은 역사가 얼마나 오래되었는지는 아무도 모른다. 성 아우구스티누스는 『고백록』에서 밀라노의 주교 암브로시우스가 입술을 움직이지 않고 책을 읽는 모습을 보고 경악했다고 했다. 플루타르코스도 율리우스 카이사르와 알렉산드로스대왕에 대해 똑같은 말을 했고, 그리스 비극의 등장인물은 소리 없이 편지를 읽었지만 당시로서 묵독은 아우구스티누스가 경악할 만큼 보기 드문 일이었다.

묵독에 감추어진 숱한 기적들 중 하나는 묵독에 남아 있는 낭독의 흔적이다. 묵독가는 글을 읽을 때 아주 미세한 것까지 신경을 기울인다. 때로는 말을 막 내뱉으려는 때처럼 목구멍의 근육까지도 미세하게 움직인다. 아무리 글을 빨리 읽는다고 해도 두뇌가 성대에 신호를 보내고 머릿속으로 그 단어를 들으면서 발성을 하는 과정이 생략되지는 않는다. 악보를 눈으로 훑으며 음을 떠올리는 음악가처럼, 이들은 눈만이 아니라 귀와 입으로도 읽는다. 명사가 많은 글이 읽기 어려운 이유는 소리가 잘 들리지 않기 때문이다. 그런 글은 말의 자연스러운 활기 없이 상투적인 표현을 늘어놓을 뿐이다. 문장은 소리를 발산해야 한다.

나는 문장을 소리 날 때와 같은 모습으로 쓰는 것을 좋아한다. 가급적 'No.'나 'Ltd.' 같은 축약어를 피하고 숫자도 백까지는 소리 나는 그대로 쓴다. 그렇게 쓰지 않으면 독자가 아주 잠깐 이 표기를 어떻게 읽어야 하는지 생각해야 하기 때문이다. 나는 '1939-1945 전쟁'처럼 독자가 '-부터 -까지'라고 바꿔 읽어야 하는 자리에 하이픈을 넣지 않는다. 뒤로 기운 사선(/)은 독자가 '슬래시'라고 읽어야 하기 때문에 피한다. 내 행동이 좀 이상한가? 하지만 난어를 들을 수 없다면 어떻게 문장의 박자를 가늠할 수 있을까.

뜻하지 않게 걸리적거리는 많은 소리는 낭독으로 해결할 수 있다. 낭독을 하면 자신이 쓴 내용을 다시 확인할 수밖에 없기 때문이다. 혼자서라도 자신이 쓴 글을 큰 소리로 읽다 보면 작가는 단어를 쓰고 지키는 일에 까다로워진다.

그렇다고 자기 글을 스스로 낭독하는 것이 만능 해결책은 아니다. 자신이 쓴 글을 소리 내어 읽을 때는 글이 하려는 말을 잘 알고 있기 때문에 강세와 속도와 높낮이를 알아서 조절하고 강조하면서 문장의 의도를 더 보강한다. 이 모든 것이 불투명함과 모호함을 걷어내는 강력한 장치들이다. 그러니 견딜 수만 있다면 다른 사람에게 문장을 대신 읽어달라고 하는 게 낫다. 그 사람이 어떤 단어에 걸려서 넘어지면 다시 손을 보자. 거기가 잘못된 곳이다.

문장은 최대한 말과 비슷해야 한다(문장이 말과 전혀 다르다는 걸 잊지만 않는다면). 말의 느슨한 형태, 그 리듬감 있는 굴곡, 호흡을 위한 멈춤을 따르면서도 글 특유의 단단한 형태를 갖춰야 한다. 틴들의 문장이 딱 그렇다. 글과 말 사이의 이 달콤하고 비옥한 지면에 안착한다. 신성의 위엄과 일상어의 편안함을, 예배의 장중함과 말의 소탈함을 두루 담아낸다. 문장은 머릿속에서 울려 퍼지면서도 글답게 다듬어져야 한다.

틴들은 말맛이 느껴지는 산문을 쓰는 법을 알았다. 바로 짧은 단어를 쓰는 것이다. 성서의 고대 히브리어와 그리스어가 그렇듯 틴들이 주로 쓰던 고대영어에는 긴 단어가 거의 없다(고대영어 단어가 항상 짧았던 것은 아니다. 단어가 굴절하며 음절이 추가되었기 때문이다. 하지만 고대영어에서 유래해 틴들의 시대에 쓰이던, 어미가 잘려 나간 영어 단어들은 대개 짧았다).

노르만정복* 이후 수세기 동안 프랑스어, 라틴어, 그리스어 단어 수만 개가 영어로 유입되었다. 이 단어들은 고대영어의 단어보다 길고 고상한 편이다. '결론'은 'end' 대신 'conclusion'으로, '도움'은 'help' 대신 'assist'로, '땀'은 'sweat' 대신 'perspire'로, '고인'은 'dead' 대신 'deceased'로. 하지만 이 단어들은 영어에 경제적인 정확성 역시 더했다. 'orthodox(그리스정교회 정통파를 신봉하는)'나 'imperceptible(도무지 감지할 수 없는)'

같은 단어는 과거에는 여러 단어가 필요했던 표현을 하나로 줄였다.

지금도 고대영어는 로망어**보다 훨씬 많이 쓰인다. 수적으로는 로망어 단어가 더 많은데도 그렇다. 고대영어는 대명사, 관사, 전치사처럼 문장의 기본 접착제 역할을 하기 때문에 고대영어 단어가 없다면 영어 문장을 쓸 수 없다. 그리고 고대영어만을 사용해서 글을 써보는 연습을 해보는 것도 좋다. 고대영어가 원초적 세계를 중심으로 삶을 영위하던 문해 이전 사람들의 언어이기 때문이다. 가족과 부족, 그리고 우리가 어린 시절부터 알고 있는 밤과 낮, 추위와 어둠, 숨과 생명, 고기와 빵, 배고픔과 목마름같이.

틴들은 라틴어의 아득함보다는 고대영어의 견고함을 더 선호했다. 그에게 '자유'는 'liberty'가 아니라 'freedom', '형제의'는 'fraternal'이 아니라 'brotherly', '민중'은 'peoplc'이 아니라 'folk', '적'은 'enemy'가 아니라 'foe'였다. 그렇다고 고대영어만 고집하지는 않았다. 때로는 히브리어 단어 하나를 번역할 때 고대영어와 라틴어에 영향을 받은 영어 두 가지로 모두 썼다. '혈육'은 'kindred'와 'relation', '집'은 'house'와 'habitation', '인사'는

- • 1066년 노르망디공국의 윌리엄 1세가 영국을 정복한 사건. 이후 노르만왕조가 영국의 지배층을 차지하면서 그들이 쓰는 프랑스어가 영어에 대거 유입되었다. 그래서 노르만 정복은 그때까지 쓰이던 고대영어가 종말하고 중세영어 시기가 시작된 기점이 되었다.
- •• 라틴어에서 분화해 발달한 언어. 프랑스어, 이탈리아어, 에스파냐어, 포르투갈어 등을 말한다.

'greeting'과 'salutation'으로.

 대체로 짧은 단어로 문장을 쓸 때 기분 좋은 부수 효과가 따른다. 소리의 패턴이 더 풍부해지는 것이다. 말은 몸을 통해 표현된다. 턱과 치아와 입술을 움직이며 몸으로 단어를 느낀다. 소리가 담긴 이 공기덩어리는 우리가 숨 쉬고 맛보고 입맞춤하는 것과 동일한 기관을 통해 만들어진다. 우리는 입술을 다물고 허밍을 하거나 목구멍을 닫거나 혀를 사용해 자음이라고 하는 반 정도 막힌 소리를 낸다. 그리고 입을 벌려 모음이라고 하는 막히지 않은 소리를 낸다.

 모음은 말의 기본단위다. 모음이 없다면 자음은 완전한 소리를 내지 못한다. 모든 목소리는 내쉬는 숨이다. 그리고 이 호흡이 만들어내는 막히지 않은 모든 소리가 모음이다. 따라서 모음은 자음보다 목소리에 중량감이 더 실린다. 노련한 가수는 종종 모음만으로 노래를 연습한다. 감정의 힘이 모음에 실리는 것을 알기 때문이다. 오페라의 아리아 가수는 모음을 오랫동안 노래하며 자신의 호흡에 선율을 띄운다.

 시인은 이처럼 강렬하고 다채로운 모음의 소리를 사랑한다. 돈 패터슨은 시가 모음을 부각하기 때문에 일상 언어와 다르다고 말한다. 시의 음악성은 낱말의 모음에 담긴 인장(引張)에서, 그리고 단어가 서로 결합하면서 율동하는 리듬에서 만들어진다. 우리는 운율의 뚜렷한 효과는 쉽게 알아차리면서 모음의 미세한 마법은 자주 놓친다. 시는 느낌으로 전해지는데, 우리는 주로 모음의 소리들이 입안에서 만날 때 시를 느낀다. 단어는 지면 위에서만 평평하다. 묵독하는 사람의 머릿속에서,

낭송하는 사람의 입안에서 단어는 견고하게 살아 있다.

대부분의 유능한 작가들은 모든 단어를 중요하게 만드는 기본적인 방법을 알고 있다. 바로 같은 단어를 성의 없이 반복하지 않는 것이다. 단어의 반복은 부주의한 글쓰기의 흔한 증상이다. 하지만 같은 소리의 반복이 같은 단어의 반복보다 더 문제적이라는 걸 아는 작가는 드물다. 세심한 작가는 단어의 의미만이 아니라 단어의 핵, 그러니까 단어 안에 살아 있는 소리를 의식한다.

나란히 배치하기

틴들의 문장에서는 모든 단어가 마치 땅에 힘차게 때려 박은 말뚝처럼 제 몫을 톡톡히 한다. 그러면서도 "주 안에서 우리는 살고 움직이고 존재한다"처럼 사랑스럽고 반짝이는 짧은 표현으로 짜여져 따뜻하게 연결된 느낌을 준다. 틴들의 문장이 아주 잘 읽히는 것은 단어 하나하나가 독립적으로 살아 있으면서도 피붙이처럼 서로 연결되어 있기 때문이다. 단어는 모두 개별적으로 유의미하지만 함께 모일 때 부분의 합 이상의 효과를 낸다.

시인들은 모음의 소리에 변화를 줌으로써 단어를 분리하는 방법을 알고 있다. 또 같은 모음으로 시작하는 단어, 두운, 리듬을 이용해 단어를 연결하는 법도 안다. 시에 비해 눈에 띄지 않지만 산문을 쓰는 작가도 단어와 통사의 형태를 반복하면서 문장을 만든다. 유사한 생각을 유사한 형태로 배치하는 통사적 반복이 대구(對句)다. 가령 품사는 같은 품사와 짝을 짓는 경향이 있다. 부사는 부사와, 형용사는 형용사와, 전치사는 전치사와, 관사는 관사와, 명사는 명사와. 해변의 모래 알갱이는 "하나하나로는 지극히 작지만 모여 있으면 무수히 방대하다(infinitesimally small in the singular yet immeasurably vast in the plural)".

틴들의 대구 패턴은 인위적인 것과 자연적인 것의 절묘한 조화처럼 느껴진다. "물어라, 그러면 얻게 될 것이다. 구하라, 그러면 찾을 것이다. 두드려라, 그러면 열릴 것이다." 이 패턴은 재미있는 형태를 넘어 문장에 율동감을 주고 의미를 부각한다. 고대 수사술의 핵심은 바로 이런 단어를 가지고 빛을 내는 패턴을 만드는 것이었다. 틴들은 단어를 반복하면서도 말의 형태나 품사를 바꾸는, 그리스인이 '폴립토톤(polyptoton)'이라고 부른 기법을 좋아했다. "나는 낯선 땅의 낯선 이였다", "오늘 하루 우리에게 하루치의 빵을 주십시오", "심판당하고 싶지 않으면 남을 심판하지 말라."

작가이자 음악가 데이비드 팀스는 잉글랜드와 웨일스의 경계에서 어린 시절을 보낸 틴들의 뼈에 웨일스어의 일부가 새겨졌으리라고 짐작했다. 모든 켈트어가 그렇듯 웨일스어 단어에는 따뜻한 친화력이, "한 단어가 동료들과 빚어내는 평화"가 있다. 어떤 단어의 끝이 다음 단어의 앞과 음향상의 마찰을 일으킬 때 웨일스어는 이를 부드럽게 변형할 수 있는 해법을 내장하고 있다. 웨일스어는 음악성을 위해 't'를 'd'로, 'c'를 'g'로 부드럽게 다듬어 소리를 굴린다(그래서 '웨일스에 오신 것을 환영합니다(Welcome to Wales)' 표지판은 'Croeso i Cymru'가 아니라 'Croeso i Gymru'라고 읽는다). 시인 귀네스 루이스의 말처럼 웨일스어는 "모서리를 부드럽게 넘길 줄" 알아서, 단어들이 서로 부대낄 때 "분자들의 일부를 문질러서 털어낸다". 화자는 단어들이 사람들의 귀에 내려앉는 방식에 마음을 쓴다. 웨일스어는 합의를 중시하는 언어, 사람들이 속마음을 털어놓지 못하면 배를 불태워버리는 작은 협곡 마을의 필수품이다.

글로 표현된 단어를 보는 것에 익숙해서인지 우리는 단어를 일정한 여백을 두고 다른 단어와 떨어져 있는 자율적 단위라고 생각한다. 하지만 말에서 단어는 황급히 다른 단어를 향해 내달리며 이어지는 소리들이다. 1929년 미국의 선교사 프랭크 로바크는 필리핀 민다나오섬의 라나오호수에 사는 모로족을 만났다. 로바크는 모로족의 언어를 표기할 문자를 만들어 그들에게 읽고 쓰는 법을 가르치고 싶었다. 하지만 모로족인 중 누구도 그에게 단어의 시작과 끝이 어디인지 알려주지 못했다. 이들은 '어디로 가세요?'가 'Andakasoong?'인 것만 알았지 '가다'에 해당하는 단어가 무엇인지 몰랐다. 로바크는 시행착오를 거치며 'anda'가 '어디', 'ka'는 '당신', 'soong'이 '가다'라는 것을 알아냈다.

말은 침묵으로 구분되는 단어들이 아니라 호흡의 멈춤으로 구분되는 소리의 흐름이다. 먼저 우리는 단어의 핵, 자음과 모음으로 이루어진 음향 에너지 덩어리를 듣는다. 그리고 난 뒤 단어가 아니라 단어가 만들어내는 유동적인 구절을 듣는다. 말은 '억양 단위(intonation units)'라고 하는 2초 정도 지속되는 소리로 분출되는데, 이 억양 단위는 핵심 단어 하나를 강조하고 나서 그다음 2초간의 분출로 넘어가기 전에 살짝 쉬는 것으로 마무리된다. 말은 이 작은 묶음으로 나뉘어져야 이해가 가능하다.

글에서는 억양 단위가 그렇게 중요하지는 않다. 독자는 청자에 비해 단어를 파악할 시간이 더 충분하기 때문이다. 하지만 글로 쓴 문장도 단숨에 읽을 수 있는 작은 표현들로 나뉘면 더 쉽게 잘 읽힌다. 이렇게 쓰인 글은 억양 단위들이 더 정교하고 공들여 결합되어 있다 해도 말처럼 자연스럽게 음악적인 정확성을 뿜어 낸다. 2초짜리 구절들로 나뉘는 문장은 소리를, 마치 누군가 말하는 것 같은 소리를 낸다.

병렬과 종속

틴들은 억양 단위를 병렬(parataxis, '나란히 배치함'을 뜻하는 그리스어에서 온 말이다)로 연결한다. 이는 'and(그리고)', 'but(그러나)', 'then(그러더니)', 'so(그렇게)' 같은 평범한 단어나 문장부호만을 사용해서 절을 그냥 연결한다는 뜻이다. 그 반대는 관계절과 종속절을 주절에 결합하는 종속(hypotaxis, 아래에 배치함)이다.

병렬은 평범하고 부가적이며 평등하다. 각 절은 동등한 무게감을 가지며 문장에서 떼어놓아도 말이 된다. 종속은 미세한 뉘앙스가 있고 층을 이루며 위계적이다. 종속절은 주절에 속해 있고, 문장도 전체로 볼 때만 의미가 있다. 라틴어는 종속을 선호한다. 고대 히브리어와 그리스어 그리고 고대영어는 병렬을 선호한다. 틴들의 성서에는 우아하게 너울대는 'and'가 많다. "당신의 형제가 죽었다가 되살아났으므로, 잃었다가 되찾았으므로(For this thy brother was dead, and is alive again; and was lost, and is found)."

종속은 절을 섬세하게 연결해서 독자가 서로 다른 위계의 문장을 통과하도록 이끈다. 종속은 신중하고 사려 깊으며 침착하다는 인상을 준다. 순진하거나 무방비한, 냉철한 지성에 의해 여과되지 않은 말을 부주의하게 발설해서 체면을 구기지도 않을 것 같다. 젊은 학자 시절, 나는 카페인과 감자칩만큼 종속을 달고 살았다. 내 문장들은 이렇게 말하는 것 같았다. "나를 봐, 내 절들은 차분하게 위계에 맞춰 나열되면서 균형을 이루고 있다고!"

작가는 자신이 이런 종류의 글을 쓸 때 공을 들이는 것처럼 독자 역시 주의 깊게 글을 읽어주기를 바란다. 그런데 그 정도 요구를 할 만큼 독자와 친한가? 그렇지 않다면 낯선 사람에게는 병렬이 듬직한 동아줄이다.

병렬은 머리를 싸매게 하지 않으면서도, 단순한 말의 리듬이 눈덩이처럼 천천히 불어난다. 대부분의 화자와 청자는 머릿속에 종속절을 담아두지 못한다. 그래서 작가는 다음 문장이 나오기 직전에야 단서를 제시하는데, 그 많은 구어와 문어의 문장들이 'but'으로 시작하는 것이 이 때문이다. 수월한 병렬 전개는 글의 마무리 단락에 적합하다. 미세한 부분들이 완결되고, 독자가 끝을 향해 속도를 낼 수 있게 해주기 때문이다.

병렬은 읽기만 쉬운 게 아니다. 실제로 절 사이를 튼튼하게 연결한다. 비평가 에리히 아우어바흐는 자신의 책 『미메시스』에서 "그가 눈을 떴을 때 충격을 받았다"나 "그는 눈을 뜨자마자 충격을 받았다"보다 "그는 눈을 떴고 충격을 받았다"에 더 큰 힘이 있다고 했다. 절을 그저 나란히 두면 독자는 알아서 연결 고리를 만들어야 한다. 병렬은 단순하다. 어린이 작가들은 다른 방법을 배우기 전에 가장 먼저 'and'로 모든 단어를 연결한다. 이것은 독자가 할 일을 많이 남긴다는 점에서 독자를 어른으로 대하는 일이기도 하다. 상관관계가 반드시 인과관계가 아닐 수 있지만, 때로는 나란히 놓이기만 해도 충분하다. "나는 치킨 마드라스를 먹고 아팠다."

종속은 차이를 곱게 걸러 절을 분리시키고, 병렬은 단어를 따뜻하게 보듬어 절을 한자리에 모은다. 틴들의 성서에 그토록 자주 등장하는 'and'는 고대 히브리어에서 절의 첫 단어에 붙는 'waw'라는 소리였다. 갈고리를 뜻하는 'waw'에 해당하는 셈족의 상형문자는 텐트의 쐐기 모양을 닮은 Y자 형태였다. 병렬은 단어를 연결할 뿐만 아니라 세상의 모든 것이 쐐기처럼 단단히 연결되어 서로에게 딱 맞추어진다고 보는 사고방식이기도 했다.

병렬은 하나의 스타일이자 내면의 상태다. 『일리아스』와 『오디세이아』 같은 서사시처럼 성서의 문체는 병렬적이다. 하느님 또는 여러 신들이 모든 생명을 굽어보는 가운데 만물이 유기적으로 또는 마법적으로 연결되어 있다고 보기 때문이다. 우리는 더 이상 그런 단순한, 결합된 세상에 살지 않지만, 다시 그런 곳에서 그런 마음으로 살아볼 가치가 있을지도 모른다. 관대하고 너그러운 작은 단어, 'and'의 과용이 독자에게 꽤 부담스러운 일이라는 걸 의식하기만 한다면.

 단순한 문체에서 병렬이 자주 보이는 이유는, 작가가 문장을 쓸 때 실제보다 덜 똑똑해 보이는 걸 개의치 않기 때문이다. 작가는 시시콜콜한 차이로 산문을 혼탁하게 만들지 않기로 한 것이고, 이는 오히려 자신의 똑똑함을 암묵적으로 공언하는 행위다. 작가 역시 이 세상이 그리 간단하지 않은 것을 알고 있지만, 문장들이 이어지는 동안은 단순하다는 듯 행동한다. 현실의 덤불 가운데 작은 은신처 같은 공터를 만들고 거기서 함께 주위를 둘러보자고 제안하는 것이다.

 세상을 주의 깊게 관찰하고 눈에 보이는 것을 병렬의 형태로 조합할 자신이 있을 때 최악의 서툰 글은 사라진다. 진부하게 들릴까 봐 섶을 믹은 작가가 쓴 혼탁한 글은 혼탁하고 진부한 글이 된다. 꼬인 생각의 실타래를 풀거나 기형이 된 논리를 매만지는 가장 좋은 방법은 본 것을 그대로 말하고 독자가 그것들을 알아서 연결하게 두는 것이다.

 애덤 고프닉은 젊은 작가 시절 단순한 평서형 문장을 적어놓고 그 문장들이 자신을 어디로 데려가는지 지켜보는 것만으로도 자신이 얼마나 멀리 닿을 수 있는지 알 수 있었다고 말했다. 그렇게 돌파구를 찾았다고. "당신이 어디를 가려고 하든 문장의 힘은 단순한 부가적 관찰에서 비롯되기" 때문이었다. 그는 자신의 글의 도입부에 이렇게 적었다. "나는 예술 연구소 학생이다. 그리고 프릭아트 레퍼런스 도서관에서 파트타임으로 일한다." 이 평이한 병렬은 다음에도 계속 그런 식으로 이어졌다. 그는 이 순진한 목소리를 "호의적인 태도, 그러니까 약간 멍청해 보이기, 아니면 자신을 지킬 생각이 없어 보이기, 위험을 무릅쓰고 새로운 재료 앞에서 기꺼이 눈이 휘둥그레지는 태도"라고 불렀다. 좋은 글은 눈길은 매서워도 마음이 열려 있을 때 나온다.

단순한 문체가 병렬적인 이유는 병렬이 단어를 적게 사용하는 데다 최대한 단어 수를 줄여서 만들어지기 때문이다. 오웰은 "단어를 줄일 여지가 있다면 언제든 줄여라"라고 조언했다. 영어에는 표현을 가지치기하고 단어를 썰어내는 방법이 얼마든지 있다. 정중히 에두르는 표현만 피해도 단어를 절약할 수 있다. '불치병에 걸리다'는 '죽어간다'로, '운명을 달리했다'는 '죽었다'로, '생명의 손실'은 '죽음'으로.

부정문을 좀 더 단호하게 표현하면 단어와 음절의 수를 줄일 수 있다. '아무 일도 할 수 없다'는 '불가하다'로, '필요가 없다'는 '필요 없다'로, '성공하지 못했다'는 '실패했다'로. 불필요한 단어가 덕지덕지 붙은 문장으로 독자의 시간을 뺏는 것은 인색한 행동이다. 단어 줄이기는 독자에게 건네는 보이지 않는 선물이다. 그리고 당신 말고는 누구도 그 일을 알아차리지 못하기 때문에, 고마움을 기대할 수는 없는 일이기도 하다.

하지만 그게 다가 아니라, 단어를 줄이는 것 역시 글쓰기다. 우리는 단어를 추가할 뿐 아니라 덜어내면서도 의미를 만들 수 있다. 우리에게 가장 익숙한 컴퓨터 자판인 백스페이스는 적으로 위장한 친구다. 미켈란젤로는 다비드가 거친 대리

석 덩어리 속에 줄곧 숨어 있었다고 말했다. 여기에서 예술은 불필요한 돌을 제거하여 내부로부터 다비드의 몸을 해방시키는 수단이었다. 그 조각 작품의 흠결 없는 디테일, 휴식의 순간을 지나서 움직임의 시작을 암시하는 긴장된 목, 손등에 불거진 혈관, 몸통의 뒤틀림, 엉덩이의 굴곡 모두가 오로지 쪼고 파고 깎아내서 만들어졌다. 단어를 덜어내는 일에도 이와 같은 창조성이 있다. 마치 자신은 미처 깨닫지 못했지만 발견되기를 기다리던 의미를 해방시키는 일과 같다. 소스를 줄이듯 글을 정제하는 일은 문장의 진정한 풍미와 본질을 끄집어낸다.

건축가 미스 반 데어 로에는 이 진실을 가장 단순하고 가장 적절한 형태로 표현했다. "적을수록 풍부하다." 코코 샤넬은 이 정도로 간결하지는 않지만 "우아함은 거부하는 것이다"라고 말했다. 『닥터 지바고』에서 보리스 파스테르나크는 "오직 불필요한 것만이 부도덕하다"고 썼다. 노인은 종종 말을 장황하게 늘어놓는 사람으로 그려지지만 원숙한 작가는 그렇지 않다. 성숙할수록 절제해서 쓰는 경향이 있기 때문이다. 작곡가 스티븐 손드하임은 일흔 살에 이렇게 말했다. "'적을수록 풍부하다'는 어렵게 얻은 교훈이다. 나이가 들수록 거기에 주목하게 된다. 그래서 많은 작곡가들이 말년에 현악사중주를 작곡하는 것이다."

형용사라는 잡초

간결한 스타일리스트들은 부사와 형용사를 삭제해야 할 단어로 뽑았다. 이 품사들이 핵심을 표현하지 못했다는 작가의 불안을 그대로 노출하기 때문이다. 또는 너무 약해서 독립적으로 서지 못하는 동사나 명사를 지탱하거나, 동사나 명사가 그 자체로 충분히 센데도 굳이 힘을 더 실으려고 한다. 아마추어 소설 속의 평행 세계에서는 라디오가 '시끄럽게' 쿵쾅대고, 손을 '부드럽게' 어루만지고, 인물들이 '태평하게' 어슬렁댄다. 한편 놀라움은 '예기치 못했고', 화염이 '타오르고', 주먹은 '쥐어져 있다'(쥐어지지 않은 주먹은 그냥 손이다).

가장 질 나쁜 죄인은 동사의 정도를 한정하는 정도 부사다. 그중 최악은 '엄청나게'나 '극도로' 같은 단순한 강조 부사인데, 다행히 강조 부사는 수백 년에 걸쳐 쓰임이 줄어드는 추세다. 제인 오스틴의 소설에 등장하는 숱한 'very'는 당대인처럼 익숙해지기 전까지는 현대인에게는 어색하게 들린다. '몹시 빠르게'나 '너무 정신없이' 같은 이중 부사구도 '거의 항상' 불필요하다.

자기 주장에 자신이 없는 작가들은 얼버무리는 부사어('주장하건대', '일반적으로')나 엄포를 놓는 부사('분명히', '확실히'), 또는 둘 다를 써서 속내를 드러낸다. 지속성이나 빈도를 나타내는 부사('통상', '아직', '줄곧')는 그 부사의 의미를 자체적으로 시사하는 동사가 있다면 삭제할 수 있다. 완벽한 현재 시제를 쓴다면 '현재로서는'은 필요하지 않다.

무(無)에 존재의 특질을 부여하기

롤랑 바르트는 형용사를 혐오했다. 이 미움은 사적인 이유였다. 1968년 파리의 고등연구 실습원에서 학생들을 가르치던 그는 학생들의 68혁명이 탐탁잖았다. 그는 소르본의 구호 같은 연설보다 공들여 정확히 쓴 글을 더 선호했다. 바르트는 파리를 떠나 모로코에서 오랜 시간 학생들을 가르쳤다. 커밍아웃을 하지 않은 게이였던 그에게 탕헤르와 마라케시의 술집과 사우나는 해방구가 되었다. 그는 "'이것'도 '저것'도 정교한 형용사로 되돌려지지 않는 곳, 나를 변호할 주석을 붙일 필요가 없는 곳"에서 자유를 느꼈다.

그는 반-자서전(anti-memoir) 『롤랑 바르트가 쓴 롤랑 바르트』에서 "형용사를—내 안에서, 나의 내부와 타인들 사이에서—폐지하고 싶은" 욕망에 대해 쓴다. "형용사화하는 관계는 이미지의 편에, 지배의 편에, 죽음의 편에 있다"고. 바르트에게 누군가를 깊이 사랑하는 일은 그 사람을 묘사하면서 판독하거나 소유하려 들지 않는 것이다. 비위를 맞추기 위해서든 상처를 주기 위해서든, 다른 누군가에게 붙여진 형용사는 그 사람을 통제하고, 뚜껑 열린 유리 진열장에 갇힌 곤충처럼 꼼짝 못하게 만든다.

바르트의 눈에는 모든 언어가 이런 식이었다. 배꼽이 때를 모으듯 클리셰와 멍청한 표현을 모았다. 똑같이 낡은 단어들이 똑같이 낡은 통로를 거쳐 생각을 찍어냈다. 그리고 상습범, 형용사가 이 첩첩이 쌓인 현실의 원고지 더미에서 가장 죄가 많은 범인이었다. 형용사는 바르트가 쓰던 문화 비평에서 만성적인 재앙이었다. 음악과 회화처럼 형언할 수 없는 예술을 비평하는 사람들은 단어가 떨어지면 형용사를 찾아 헤맸다. 가장 게으른 비평가는 요란한 최상급에 의지했다. 그건 언어와의 주도권 싸움에서 패배를 인정하는 것과 마찬가지였다. 그런 단어는 음악의 한 구절처럼 절대 묘사만으로는 부족한 무언가를 묘사하려고 했다.

바르트는 에세이 「아프리카의 문법」에서 1950년대의 알제리 독립 전쟁 기간 동안 프랑스 신문에 실린 언어를 탐구한다. 언론은 알제리와 프랑스가 운명 공동체이고, 프랑스인에게는 여전히 미개한 사람들을 통치할 의무가 있다고 선언하며 정부의 야만적인 반란 진압을 옹호했다. 바르트는 언론의 언어가 안정성과 영속성을 암시하기 위해 동사보다 추상명사를 선호했다고 지적한다. 하지만 그러면서도 추상명사가 글을 지루하게 만들지도 모른다는 우려 때문에 형용사나 부사로 활기를 곁들였다. 그래서 독립은 "진실해졌"고, 열망에는 "진정성이 담겼"고, 운명은 "불가분하게 연결되어 있었"다. 이렇게 더해진 단어들은 "명사에 덧입혀진 과거의 실망을 없애고, 명사를 새롭고 무고하며 신뢰할 만하게 제시했다".

하지만 이 구조 작전은 곧 파멸을 맞았다. "활기를 북돋우는 형용사"는 쓰이는 속도만큼 빠르게 진부해져서 "본질의 형용사"가 되었다. 이 형용사들은 더 이상 명사를 수식하는 기능을 하지 않았다. "독립은 독립적일 수밖에 없고, 우정은 친밀할 수밖에 없으며, 협력은 만장일치일 수밖에" 없으므로. 이제 이 형용사들은 "무(無)에 존재의 특질을 부여하려는" 부질없는 노력을 더할 뿐이었다.

형언할 수 없는 것을 묘사하는 일

무에 존재의 특질을 부여한다는 말은 형용사를 어떻게 쓰지 않을 것인가에 대한 훌륭한 요약이다. 훈화 말씀에는 시간을 낭비하는 삽질에 더해 남성적인 목적의식을 할당하려는 의도가 다분한 '강건한', '선제적인', '전략적인' 같은 공허한 강조어가 가득하다. '구성 부품', '사전 계획', '개인 소지품'처럼 명사에 동어반복처럼 들러붙는 형용사도 조심해야 한다. 하나로는 눈에 띄지 않지만 쌓이면 글의 숨통을 막는 '어떤', '다양한', '아무' 같은 공간 채우기용 단어도 마찬가지.

이런 점에서는 바르트가 옳았다. 형용할 수 없는 것에 대한 글은 생각 없이 형용사 사이를 붕붕 떠다니다가 옹색하고 노력 없이 얻은 의견의 냄새를 풍기며 끝나곤 한다. 책 광고와 리뷰에는 '원기 왕성한', '뇌리에서 떠나지 않는', '권위 있는' 같은 진부한 단어들과 '놀랍도록 진실한'이나 '기막히게 완성도가 높은' 같은 부사-형용사 세트가 가득하다. 아무도 소리 내 읽어보지 않았기 때문에 이런 표현이 내는 삐거덕거리는 소리를 알아차리지 못했을 것이다.

와인 저술가는 포도주가 몸에 남기는 찰나의 인상을 묘사하려 애쓰면서 형용사에, 또는 업계에 만연한 '크리미하다', '비스킷 향이 난다', '후추 향이 난다', '토스트 향이 난다', '꽉 차다' 같은 기술 용어에 의지한다. 음식에 관한 글은 상투적인 형용사를 적게 사용하는 편이다. 음식은 묘사가 용이하기 때문이다. 음식에서는 맛뿐만 아니라 냄새, 온기, 쫄깃함, 바삭함, 바스러짐, 수분감, 질척함이 느껴진다. 덜 익을 수도 있고 타버릴 수도 있다. 하지만 와인은 맛과 향 또는 '아로마(aroma)'라고 하는 냄새보다 더 모호한 무언가밖에 없다. 와인을 묘사하려면 묘사 친화적인 세계를 뒤져서 쓸 만한 비유를 찾아내야 하지만 그래도 여전히 실패할 수 있다. 와인 시음 노트는 각종 형용사로 범벅이라는 인상을 준다. 마치 소리를 그림으로 표현하려 하거나 냄새의 사진을 찍으려는 시도처럼.

하지만 형용사에 대한 바르트의 혐오는 어쩐지 편향된 것 같다. 명사는 형용사만큼이나, 어쩌면 그 이상으로 주제넘는다. 묘사보다는 명칭을 쓰지 않기가 더 어렵기 때문이다. 도저히 읽을 수 없는 글의 가장 큰 문제가 흰 곰팡이처럼 핀 부사나 형용사인 경우는 거의 없다(이런 건 최소한 빨리 걷어내기라도 할 수 있지만 잘못 쓰인 전치사는 문장 전체를 궁지에 빠뜨린다). 부사와 형용사가 역할을 제대로 인정받지도 못하고 억울한 누명을 뒤집어쓰는 이유는 잘 쓰인 부사와 형용사가 눈에 잘 띄지 않기 때문이다. 부사와 형용사는 가장 단순한 글에서도 유용하다. 우리 눈에 띄는 것은 너무 과할 때뿐이다.

'어디서도'나 '위층에서'처럼 사건이 벌어진 장소나, '어제'나 '더 많이'처럼 시기나 빈도를 설명하는 부사는 반드시 필요하다. 부사는 글을 장식하지만 글을 단순하게 만들기도 한다. 라틴어계 동사는 '구동사'라고 불리는, 영어에서 흔히 보이는 동사와 부사의 결합('illuminate(밝히다)'를 'light up'으로, 'extinguish(끄다)'를 'put out'으로, 'surrender(포기하다)'를 'give up'으로)이 될 수 있다. 한 단어를 두 단어로 대체하지만(나쁜 점), 구체적인 동사를 사용할 수 있고 음절 수가 줄어든다(좋은 점).

간결한 스타일리스트가 부사를 쓰지 말라고 할 때는 형용사에 접미사 '-ly'를 추가한 부사의 한 종류를 한정해서 말하는 것이다. 하지만 이런 부사는 전체의 3분의 1 미만이다. 문장의 'first', 'back', 'away', 'well', 'not', 'never', 'abroad'의 품사가 무엇인지 파악이 안 된다면 아마 부사일 것이다. 현대 영어에는 고대영어에서 유래한, 형용사와 형태가 같은 단순형 부사가 많고, 이런 단어들은 단음절인 데다가 대부분 맥 빠지는 '-ly'가 없다.

틴들은 부사에 인색했다. 그의 문장 "내 혼은 죽음에 이르도록 무겁다"는 킹 제임스의 "내 혼은 죽음에 이르도록 지극히 슬프다"보다 잘 읽힌다. 부사 '지극히(exceeding)'가 오히려 문장의 효과를 떨어뜨리기 때문이다. 마찬가지로 킹 제임스는 "실로 영은 의지가 충만하다"에서 '실로(indeed)'를 넣었지만 틴들은 쓰지 않았다. 하지만 강조하고 싶을 때에는 단순형 부사를 꽤 자유롭게 사용한다. "그들은 심히(sore) 두려워했다", "그의 자비는 깨끗이(clean) 사라졌나?", "나는 아주(right) 일찍 일어날 것이다."

때때로 형용사는 문장에 정확성을 더한다. 많은 형용사는 그 자체로 의미가 완전한데, 이는 비교급이나 최상급이 없고 부사로 강조할 수도 없다는 뜻이다. 약간 결혼한 상태나 아주 죽은 상태일 수는 없다. 나무로 된 바닥은 지금보다 더 나무이거나, 다른 나무 바닥보다 더 나무이거나, 가장 나무일 수 없다. 스쿼시공은 당구공보다 더 둥글지 않다.

명사를 묘사하는 형용사가 도를 지나칠 때도 있지만 그래서 뭐가 문제란 말인가? 와인에 대한 글은 헛수고일 수도 있지만 와인을, 그러니까 와인이 주는 즐거움, 그것이 자아내는 분위기, 맛, 슬픔을 묘사하고 싶은 유혹에 빠지게 해 우리를 바보로 만드는 건 와인의 잘못이다. 그렇다고 형언할 수 없는 것을 묘사하기를 그만두어야 할까? 이는 우리를 절망으로 이끄는 속삭임이자 언어에 내재된 활기를 거부하는 것에 다름없다. 인간은 언제나 언어의 범위를 넘어서는 데까지 묘사의 에너지를 확대하고 싶어 할 것이다.

앞서 나온 인용문에서 바르트가 '새로운', '무고한', '신뢰할 만한' 같은 형용사를 사용했다는 점에 주목하라. 그리고 형용사를 "가장 빈약한 언어적 범주(the poorest of linguistic categories)"라고 부를 때마저 두 개의 형용사를 사용한다는 점도. 이렇듯 형용사는 잡초처럼 완전히 뿌리를 뽑을 수 없다. 다만 길들일 뿐이다. 그렇다고 해서 잡초를 길들이려고만 해서는 안 된다. 정원사가 잡초를 미워하는 것은 인간 중심으로 설계되어 단정하게 다듬어진 정원의 기하학적 형태를 위협하기 때문이다. 하지만 단정함이라는 협소한 개념을 내려놓으면 잡초의 넘치는 활력은 금세 찬탄의 대상이 된다. 잡초는 낫으로 자르고 농약을 뿌려도 바로 다시 자란다. 잡초는 자연의 방탕한 무질서를 대변한다.

  형용사에는 장식적인 활기가 있다. 잡초처럼, 형용사는 태생적으로 단정하지 못하고 가끔 추하며 늘 통제 불가능하다. 간결한 스타일리스트는 정원사가 잡초를 전멸하듯 형용사에 낙인을 찍는다. 잡초가 자신이 생각하는 순수성의 개념을 교란하기 때문이다. 하지만 터를 잘못 잡았을 뿐 누군가에게는 잡초가 야생의 아름다움일 수 있듯, 올바른 장소에 놓인 형용사는 야성적인 아름다움을 뿜어낸다.

  형용사는 명사를 더 구체적이거나 생생하게, 또는 구체적이면서 생생하게 만들어야 한다(부사도 동사에 대해 이와 마찬가지다). 로리 리가 코츠월드에서 보낸 어린 시절을 회고하며 "우리는 밤색으로 채색된(marooned)• 생활을, 교통의 부재와 자연에 의해, 밤색으로 채색된 삶을 살았다"고 말할 때 두 번 반복되는 분사는 완벽하다. 수식어로도 사용되는 분사는 항상 동사의 에너지를 뿜어낸다. '달음질치는 물', '부서진 심장', 잃어버린 영혼', '도망친 사자'처럼. 리의 "밤색으로 채색된"은 전이된 표현이자 명사에 '잘못' 붙어 만들어진 형용사다. 인간에서 사물로 전이된 형용사는 추상적이거나 생명이 없는 것에 행위성과 목적성을 불어넣는다. '잠들지 못하는 밤'(잠들지 못하는 건 밤이 아니라 불면하는 존재다)이나 '어색한 침묵'(어색함을 느끼는 건 침묵이 아니라 침묵하는 사람들이다)처럼.

      • 주로 쓰이는 의미는 '고립된'이지만 여기서는 직역해 저자의 의도를 드러냈다.

삶이 어떻게 밤색으로 채색될 수 있겠는가? 하지만 이 표현은 동사의 에너지와 무력함을 있는 그대로 드러내기에 정확하다. 젊은 로리 리는 밤색으로 채색된 삶을 살았다.

모든 문체가 그렇듯 간결한 문체의 목적도 무질서하고 임의적인 무언가를 질서 있고 신중해 보이게 만드는 것이다. 올바른 단어를 선택하기는 어렵고, 최초의 노력은 항상 어설프고 지나치게 힘을 주게 마련이다. 바르트는 스포츠에 대한 에세이에서 "스타일이란 무엇인가?" 하고 질문한다. "스타일은 어려운 동작을 우아한 몸짓으로 만들고, 리듬을 숙명으로 이끈다. 스타일은 용감하되 무질서하지 않은 것, 자유의 외형에 필연성을 입히는 것이다." 단어가 더 이상 자리를 잡으려 애쓰는 것처럼 보이지 않을 때, 자유의 외형에 필연성이 입혀진다. 형용사나 부사가 자리를 잡으려면 이 철칙을 따라야 한다. 올바른 단어는 올바른 자리에 있을 때만 올바른 단어다.

구두점, 잠시 멈추어 호흡을

다시 통사로 돌아가자. 간결한 스타일리스트가 때때로 형용사와 부사를 경멸하는 이유는, 문장이 억지 꾸밈이 아니라 어순을 통해 살아나기 때문이다. 간결한 문체는 단어의 배열에서, 그리고 이 배열이 문장을 마침표까지 끌고 가는 방식에서 힘을 얻는다. 불필요한 강조어는 여정을 지체시킨다. 간결한 스타일리스트들은 같은 이유로 지나치게 남발한 구두점을 싫어한다. 문장의 끝까지 이어지는 동력을 끊어놓기 때문이다. 두점 간의 가장 빠른 경로는 직선이다.

구두점의 문제는 아무도 지금은 존재 이유를 알 수 없다는 것이다. 구두점은 작가와 인쇄공들이 독자에게서 해석의 권위를 빼앗으려다 생겨났다. 고대 문헌은 심지어 가장 기본적인 구두점, 그러니까 단어를 구분하는 구두점도 필요 없었다. 빈칸 없이 단어를 죽 늘어놓았던 것이다. 띄어쓰기는 엘리트 독자에게서 단어를 마음대로 해석할 권리를 빼앗아 노예인 필경사에게 넘겨준다는 뜻이기도 했다.

구두법을 개척한 이들은 교회에서 낭독할 성서를 옮겨 적던 아일랜드의 수사 겸 필경사들이었다. 초기 기독교 교회는 고대 문헌을 주로 읽던 엘리트만이 아니라 모든 계급에서 신도를 모집했다. 아일랜드 성직자들은 문자를 배우지 못한 사람들에게 성서를 어떻게 낭독시켜야 할지, 쉼표를 어디에 남겨야 자신들이 부여한 '진정한' 의미—물론 그들이 부여한 의미—가 파악될지 고민에 빠졌다. 아일랜드어는 로망어가 아니었기 때문에 4세기 후반에 완성된 불가타 성서의 라틴어는 아일랜드 수사들이 쓰던 언어와 비슷한 데가 없었다. 이 생경함 때문에 수사들은 성서의 언어를 문어로만 여겼다. 이때부터 글은 말보다 눈을 통해 마음으로 직진하는 독립적인 존재로 인식되기 시작했다. 수사들은 빈칸 없는 붙여쓰기를 폐기하고, 단어 사이를 띄어 도해 표기를 추가했다. 이것이 구두점으로 자리 잡았다.

최초의 구두점은 중세의 기본적인 음악 표기법인 '네우마(neume)'에 의지했는데, 이는 호흡을 뜻하는 그리스어 '프네우마(pneuma)'에서 온 말이다. 초기 구두점은 노래할 때 음악 기호가 도움을 주듯 낭독자에게 언제 호흡을 해야 할지 알려주었다. 고문헌에서의 쉼표와 줄표는 잠시 멈춰서 숨을 쉬라는 의미이기 때문에—그때는 문장이 지금보다 훨씬 길었기 때문에 호흡은 중요한 문제였다—결혼식에 뿌리는 쌀알처럼 곳곳에 흩어져 있었다. 여전히 구두점에는 잠시 멈추어 호흡하라는 의미가 담겨 있다. 독자는 이를 통해 활자화된 단어를 머릿속에서 말소리로 옮긴다. 하지만 이제는 새로운 역할이 더해졌다. 구두점은 문장구조를 드러내고, 구절을 구분하고, 묵독을 할 때 혼란을 덜어준다.

노르웨이 작가 칼 오베 크나우스고르는 자신의 첫 자서전에서 아도르노의 청년기 저작을 읽을 때의 아찔함을 묘사한다. 그는 이 난해한 사상가의 글에 있는 모든 마침표가 "산악용 징처럼 박혀 있다"고 찬탄과 분노를 섞어 말한다. 이 때문에 크나우스고르는 숨이 가쁘면서도 자신의 명석함에 취한 듯한 기분을 느꼈다. 아도르노가 쓴 한 문장의 끝에 도달하는 것이 그에게는 작은 승리였다.

아도르노는「구두점」이라는 에세이에서 구두점이 언어와 음악의 가장 닮은 점이라는 주장을 펼쳤다. 아도르노가 구두점에서 소리를 들은 것은 그가 작곡가이기도 했기 때문인지도 모른다. 느낌표는 심벌즈가 챙 하며 부딪히는 소리, 물음표는 음악의 업비트, 콜론은 지배적인 7도 화음이었다. 아도르노는 가독성이 최고 가치가 된 시대가 오면 가장 묘한 뉘앙스를 가진 기호인 세미콜론이 사라질지 모른다며 걱정했다. 한 면을 가득 채우는 단락―아도르노가 즐겨 쓰는 그런 부류―에 대한 두려움 때문에 글쓰기가 단순한 정보 전달에 치우친 "프로토콜 명제"로 위축될지 모른다고. 세미콜론의 소멸에서 시작된 일이 "모든 혼합을 제거한 합리성이 무능함을 승인"하는 결과를 빚을지도 모른다고.

화려한 문체를 선호하는 작가들은 구두점을 아도르노와 비슷하게 여긴다. 글에 활기를 불어넣는 주석과도 같은 음악 표기법의 일종으로. 간결한 스타일리스트에게 구두법은 필요악이며, 통사로는 해결되지 않을 때 의지해야 하는 구석이다. 간결한 스타일리스트들의 이상은 쉼표를 비롯한 구두점을 쓰지 않고도 명쾌하면서 꽤 긴 문장을 쓰는 것이다. 이들은 아도르노가 가장 좋아하는 기호인 세미콜론에 대한 각별한 반감이 있다. 조지 오웰은 세미콜론을 "불필요한 중단"이라고 일축했다. 도널드 바셀미는 "개의 배에 있는 진드기처럼 추히디"고 생각했다. 사뮈엘 베케트는 소설 『와트』에서 세미콜론이 "흉측하다"고 표현했다(이미 하나를 쓰고 난 후 하나를 더하기 직전에 한 말이지만). 리처드 휴고는 "세미콜론은 천치가 아니고서는 구두점으로 명시할 필요가 없는 관계를 나타낸다"고 투덜댔다.

내 생각에 이들이 짜증을 내는 이유는 세미콜론이 단순히 통사나 호흡에 필요한 기호라기보다 더 미세한 단절을 끼워 넣기 때문인 듯하다. 쉼표와 줄표 같은 다른 기호들은 말의 자연스러운 멈춤을 반영한다. 하지만 세미콜론은 15세기 말에야 베네치아의 인쇄공이 고안한 구두법의 후발 주자다. 작가와 독자가 서로 생면부지인 새로운 인쇄 문화에서 콜론과 쉼표 사이의, 좀 더 미세하게 조율된 멈춤을 찾다가 탄생했다.

나는 오웰 등의 작가와 달리 세미콜론이 노이로제 같은 쉼표일 뿐이라고 생각하지 않는다. 나름의 쓰임이 보이기 때문이다. 하지만 세미콜론은 때때로 단어 배열을 공들여 개선하지 않고 문장을 성의 없이 연장해서 생각을 쑤셔 넣게 해준다. 아니면 지워버리거나 다시 쓰는 게 더 좋을 문장을 어설프게 구제한다. 또는 강력한 강세를 찾아내지 않고도 절을 끝낼 수 있는 손쉬운 해결책이 되거나. 지루한 훈화 말씀은 동사가 독자를 문장 끝까지, 그리고 다음 문장까지 이끌어갈 정도로 강력하지 않을 때 세미콜론을 사용해서 절을 이어 붙인다. 콜론도 그만큼 죄가 많다. 이 역시 반창고를 간간이 붙여서 힘없는 통사를 땜질하기 때문이다. 이런 구두점들은 차라리 죽게 내버려두는 게 최선인 문장을 구태여 연명시킨다.

메리 올리버는 한 낭송회에서 구두점이 없는 자신의 시 「흰 나비 일곱 마리」를 소개하며 모든 작가에게 구두점 할당량이 있다며 우스갯소리를 했다. 정해진 양을 일생 동안 드문드문 나눠 쓰지 않으면 어느 날 난데없이 "세미콜론은 이제 그만!"이라고 말하는 목소리를 들을지도 모른다고.

나는 구두점이 전시의 식량과 연료처럼 배급된다는 상상을 좋아한다. 작가들에게는 구두법 기호 각각에 대해 일정량의 배급표가 주어진다. 세미콜론의 수는 석유만큼 인색하다. 자동차가 없어도 대부분 잘 지내듯 세미콜론이 없어도 별문제가 없기 때문이다. 쉼표는 차나 설탕처럼 세미콜론보다는 관대하게 배급된다. 사치품은 아니지만 무한히 공급된다는 듯이 행동해서는 안 되기 때문이다. 마침표만은 배급에서 열외일 것이다. 마침표 없이 문장은 존재할 수 없으므로.

마침표, 견고하게 닻을 내린다

간결한 문체의 가장 간결한 문장에는 오직 마침표가 있다. 우리는 어떤 기호보다 마침표를 사랑하는 법을, 마침표가 모든 단어들이 부표 삼아 굳세게 나아가는 목표 지점이라고 생각하는 법을 배워야 한다. 마침표는 독자에게 짧은 휴식 시간을 주고, 문장의 요점이 마무리되었고 의미가 완성되었다고 느끼게 한다. 벨기에 출신의 프랑스 시인 앙리 미쇼는 우리 삶의 유한성이 이 "죽음이 집어삼키는 점"에 집약되었다고 보았다. 프로이트는 우리의 죽음이 사언 덕분이라고 말했다. 그러면 문장의 죽음은 삶의 종결만큼이나 자연스럽다. 한 문장이 죽어야 다음 문장이 시작될 수 있다. 마침표는 좋은 죽음을, 자연스럽고 고통이 없으며 명쾌하고 재생의 힘을 가진 죽음을 선사해야 한다.

  세미콜론은 취향의 문제지만 마침표가 필요하다는 것은 자명한 사실이다. 어째서 마침표가 필요한지, 마침표를 어디에 둬야 하는지, 그 바로 앞에는 무엇을 놓을지 같은 기본 뼈대를 모른다면 문장 하나를 제대로 쓰기 힘들다. 마침표는 작가의 안전장치이자 독자의 친구이며, 명료함과 리듬, 안도감을 선사한다. 마침표가 명료함을 주는 이유는 바로 앞 단어들을 자족적인 완결체로 탈바꿈시키기 때문이다. 다양한 위치에 놓인 마침표가 단어를 크고 작은 덩어리로 자르고, 속도와 음악에 변화를 주며 리듬을 만든다. 그리고 다음 문장이 시작되기 전에 잠시 생각을 멈추고 숨을 고를 수 있게 하며 독자를 안도시킨다. 마침표가 점점 힘을 잃는 시대에 어느 때보다 이런 이야기가 필요하다.

　나 같은 구세대 컴퓨터 사용자를 알아내는 확실한 방법이 있다. 나는 마침표를 찍고 나면 항상 스페이스를 두 번 누른다. 한 편집자가 이게 얼마나 짜증 나는지를 알려주기 전까지 수년 동안 이렇게 했다. 타이포그래퍼들은 이걸 진짜 싫어하는데, 지면에 빈 공간이 물이 흘러내리는 모양으로 이어지기 때문이다. 이걸 '리버링(rivering)'이라고 한다. 스페이스를 두 번 치는 습관은 기계식 타자기로 타이핑을 배운 사람에게서 자주 보인다. 비전동 타자기는 활자의 폭이 동일해서 글씨 하나하나가 같은 공간을 차지했고, 그러다 보니 특히 'i'와 'l' 같은 얇은 글씨 주위에는 공간이 많이 남았다. 그 바람에 문장 사이 간격이 특별히 도드라지지 않았고, 그래서 그 앞에 완전히 끊어진다는 의미로 스페이스를 두 번 눌러 새로운 시작을 알렸다.

　활자의 폭이 동일하다는 것은 마침표의 폭이 글씨만큼 넓은 거대한 검은 방울이라는 의미이기도 했다. 전동 타자기, 그 다음에는 워드프로세서가 글자 비율에 맞춰 공간을 매기는 활자체를 도입한 뒤에야 비로소 마침표는 작은 점이 되어 더 이상 그 뒤에 스페이스를 두 번 누를 필요가 없게 되었다. 그 결과 한때 타자기를 사용했던 내가 보기에는 마침표가 덜 중요해졌다. 타자기에서는 마침표가 맨 아래 줄 시프트 키의 왼쪽 두 번째에 있어서 잘 보인다. 키보드에서는 이상하게 생긴 아이콘과 축약 기호가 있는 기능(FN) 키(나는 30년 동안 컴퓨터를 썼는데도 아직 기능을 익히지 못했다) 옆에 자리 잡고 있어서 더 조신한 편이다. 문장의 핵심이 이제는 잠깐 잊었다가 나중에 생각나서 덧붙이기 쉬운 한낱 점에 불과해졌다.

여기에 위협 요소가 하나 더 등장했다. 문자와 온라인 채팅상의 가벼운 수다다. 대화창 왼쪽과 오른쪽에서 뿅 하고 나타나는 말풍선 대화가 중심을 이루는 시각언어에서는 마침표의 쓸모가 거의 없다. 한 줄짜리 문자는 종결을 알리는 구두점이 필요 없다. 우리는 마침표 대신 '보내기'를 누른다. 긴 문자에서는 마침표 대신 행을 바꾼다. 행 바꿈은 중세의 '풍크투스(punctus)'처럼 모든 상황을 일시 정지하는 역할을 맡는다. 이런 문자의 마무리는 말줄임표나 이모티콘이 담당한다.

마침표를 생략하면 한결 즉흥적인 분위기가 만들어진다. 대답은 무심해 보이고 농담은 날것 같다. 젊은 사람들은 문자에 마침표가 있으면 너무 똑 부러지거나, 무뚝뚝하거나, 자신에게 수동 공격을 한다고 느끼기도 한다. 소셜 미디어에서는 분노에 차 강조하는 느낌을 주려고 모든 단어 사이에 마침표를 넣기도 한다. '다. 끝. 났어.' 하지만 마침표의 역할은 주장의 종지부가 아니다. 한 문장이 떠난 자리에 다음 문장이 시작되도록 살짝 다이얼을 움직이는 일이다. 문장의 끝은 문장의 시작이기도 하니까.

어느 때보다 많은 사람들이 문장을 쓰고 있다. 1960년대에 마셜 매클루언은 우리가 언젠가는 글이라고 하는 결함이 많은 매체를 거치지 않고도 인식을 직접 소통할 수 있으리라고 상상했다. 가톨릭 개종자였던 그는 고도로 발달된 기술 매체가 "통합된 하나의 감각중추"와 "보편 우주적인 의식"을 만들어낼지 모른다고 기대했다. 매클루언은 컴퓨터가 성령의 계시를 명료한 언어로 전하며 전 세계적인 오순절을 가져오리라고 믿었다. 미래에는 성 아우구스티누스의 천사들처럼 말을 거치지 않고 직관적으로 생각을 주고받을 수 있으리라고.

이 믿음의 좀 더 온건한 변주는 음성인식이 키보드를 소멸시키리라는 전망이다. 글쓰기는 고되고 소모적인 작업이다. 말하기처럼 간편하고 자연스러운 방법이 있는데 왜 굳이 글을 붙들고 씨름해야 하나? 마셜 피셔는 2002년 『하퍼스』에 실은 에세이에서 머지않아 타이핑이 기억 뒤편의 어렴풋한 감각으로 남을 것이라고 주장했다. "작가는 목소리로 글을 작성하는 동안에도 나무 의족을 긁는 환자처럼 여전히 책상에 대고 손가락을 두드릴 것"이라고.

그런데 정반대의 상황이 벌어졌다. 글이 의식으로 통합되거나, 음성인식으로 대체되기는커녕 성행하게 된 것이다. 불과 30년 전으로 거슬러 올라가봐도 교실이나 강의실 밖에서의 글쓰기는 흔치 않았다. 카페에서 손가락으로 바삐 노트북을 두들기는 사람은 전혀 없었다. 수업 중에 책상 밑으로 능청맞게 문자를 보내는 학생도 없었다. 일상의 헤드라인 뉴스를 SNS에 업데이트하는 사람도 없었다. 수표책에 서명을 흘려 쓰거나, 다이어리에 새로운 약속을 기록하는 기이한 사람들만 있었을 뿐, 대부분의 글쓰기는 전문가의 몫이었다.

그 사람들은 자기들이 시대의 꼬리 칸에 타고 있음을 알지 못했다. 그들은 그 긴 시대, 글이 쓰인 시점으로부터 한참 뒤에 읽히는 것이 당연하던 시대의 마지막 세대였다. 지금의 글은 순식간에 전달해서 즉각적인 반응을 얻기 위한 목적이 대부분이어서 약간씩 지연되는 대화에 가깝다.

우리는 말을 과대평가하는 시대에, 글이 곧 말이라고 여기는 시대에 살고 있다. 전 세계 사람들이 익숙한 손가락 춤을 추면서 이메일을 타다닥 치거나 친구에게 문자를 보내며 글을 쓰고 있다. 통근 열차부터 침대까지 모든 곳에서 벌어지는 일이다. 우리는 이야기하듯 글을 쓴다. 동시다발적으로 진행되는 백 가지 대화의 배음을 어떻게든 밀어내면서. 타인의 글이자 말 위에 자신의 글이자 말을 얹는다.

"내가 무슨 말을 하는지 알아?"

리듬과 운동성이 너무 떨어진 나머지 문장이 머릿속에서 노래처럼 울려 퍼지지 않는 글쓰기는 실패한다. 하지만 구두점을 찍지 않은 문자-말은 정반대의 이유로 실패한다. 너무 말처럼 들리기 바란 나머지 글이라는 사실을 망각해버리기 때문이다. "내가 무슨 말 하는지 알지?"라고 독자를 향해 감정을 담아 몸짓을 하지만 독자가 모른다고 대답할 시간적 여유를 남기지는 않는다.

글은 대화도, 상대의 반응을 기다리는 말풍선 속 문자도 아니다. 글쓰기는 다른 누군가가 옆에 있든 없든 그런 것과는 상관없이 정보를 저장하고 전달하는 일이다. 문장은 단어들에 더 이상의 설명이 필요 없는 완결된 형태를 부여해야 한다. 문장은 그 자체로 작은 의미의 섬이다. 작가는 비행기를 타고 섬을 떠나고 그곳에 다른 누구도 거주하지 않는다. 그렇게 우리는 홀로 글을 쓴다. 멀리 떨어진 장소에 있는 생면부지의 사람들에게 말을 건네는 언어의 힘을 믿으면서.

그러므로 마침표가 필요하다. 마침표가 있는 문장은 전화를 걸거나 받을 일이 없다. 작가는 말처럼 독자에게 즉각적인 영향을 미치지 못하고 뒤에 숨어서 아주 우회적인 영향력을 행사한다. 말은 생명의 원천인 공기가 배에서 입술로 이동하며 내는 진동이다. 목소리는 육체가 호흡한다는 증거, 그 순간 살아 있는 인간이 다른 누구에게 무언가를 전달하려 애쓰고 있다는 청각적 증거다. 아름다운 목소리는 활자화된 언어가 할 수 없는 방식으로 청자를 진정시키고 혼을 빼놓는다. 낭랑한 목소리는 방 안의 날씨를 바꿀 수 있다.

호메로스의 작품에서 등장인물들은 서로에게 "날개 돋친 말(epea pteroenta)"을 한다. 이 말은 몸과 몸 사이를 날아서 청자에게 박힌다. 또 다른 번역어는 "깃털 달린 말"이다. 이것은 새의 깃털이 아니라 화살의 깃털, 표적을 향해 직선으로 날아가는 다트처럼 상대를 향해 직선으로 날아가는 깃털이다. 단어들은 가슴에 의미로 모여 밖으로 나가려고 안달하다가, 새장에 있던 새처럼, 또는 활시위에서 튕겨 나온 화살처럼 치아의 봉인을 풀고 타인의 귀로 날아간다. 날개 돋친 말은 청자에게 마법을 건다. 화자는 잠시나마 신이 된다.

당신이 글을 쓸 때 이런 일은 일어나지 않는다. 사실 아무 일도 일어나지 않는다. 막대한 문장의 무더기에 새로운 문장을 추가하는 일은 언덕 위의 돌무지에 돌 하나를 얹는 것과 다르지 않다. 당신은 아무도 지켜보지 않는 가운데 인류 공동의 노력(돌덩이 쌓기 또는 문장 쓰기) 중 하나에 가담하기로 동의한 것이다. 이 행동은 그 자체가 보답이다. 박수갈채는 기대하지 마시라. 당신은 누군가 읽는다는 보장 없이도 기꺼이 계속 글을 써야 한다. 투덜거려 봐야 소용없다. 당신에게 그러라고 한 사람은 아무도 없었으니까. 글쓰기의 보상은 실재하지만 멀리 유예되어 있고 대부분은 확실하지도 않다.

글에는 화살처럼 날카롭지 않더라도 누군가를 겨냥하고 있다는 느낌, 연설의 분위기가 있어야 한다. 이런 대화체의 느낌을 줄 하나의 방법은 물음표로 문장을 끝맺는 것이다. 이 방식은 작가가 아무리 자문자답을 한다 하더라도 중력의 중심을 독자 쪽으로 이동시킨다. 하지만 너무 남발하면 마치 틱처럼 느껴지거나 호주인들이 평서문의 끝을 의문문처럼 끌어올리는 억양처럼 읽힌다. 문장은 독자의 존재를 가정해야 하지만 계속 대답을 요구할 수는 없다. 그래서 생명에 마지막이 필요하듯 생각을 마무리하는 마침표가 필요하다.

무조건적인 돌봄

문장은 마침표를 통해 자립할 힘을 얻는다. 마침표가 찍힌 문장은 작가가 독자를 향해 귀를 열어두고 있지 않아도, 문장의 의미를 해명하려 들지 않아도 세상에 나갈 수 있다. 심지어 애매모호한 상상 속의 독자를 제외하면 독자마저 필요치 않다. 문장을 잘 쓰는 일은 누군가를 돌보는 일, 다른 사람을 위해 고통을 감내하는 일과 맞닿아 있다. 하지만 이는 특별한 종류의 돌봄이다. 사랑하는 특정한 대상에게 가지는 공감이 아니라, 어느 미래에 우리가 여기 존재한 증거를 맞닥뜨릴지 모를 미지의 인류를 위하는 마음이다. 이렇게 쓰인 문장은 고마움이나 조언을 구하지 않고, 스스로를 모두가 원하는 방식으로 즐기도록 또는 무시하도록 내어놓는다.

만든 사람으로부터 떨어져 나온 이런 무조건적인 행위가 없다면 사회는 작동하지 못하고 인생은 살 만한 가치를 잃어버릴 것이다. 마을 광장, 도시 공원, 공공 산책로에도 이런 종류의 마음이 담겼다. 이 공간들은 모두가 사용하도록 그 자리에 있으며 소리 없이 이야기한다. 잘 만들어진 문장에는 이와 같이 타인을 향한 묵묵한 배려가 스며 있다. 마음을 쓰는 것이다.

내가 있는 곳의 건너편에 있는 성당도 이런 식으로 마음을 쓰는 곳이다. 신도와 이교도에 상관없이 모두를 환대하고, 이들에게 어떤 명령이나 지시도 내리지 않는다. 사람들은 성당을 이색적인 방식으로 사용한다. 지하실 지붕 위에 만들어진 광장에서는 즉석 축구 경기가 펼쳐진다. 야외 기둥 받침대에서 음식을 펼쳐놓고 먹는다. 입구로 향하는 계단에는 항상 같은 남자가 필라델피아 아트뮤지엄 계단을 뜀박질로 오르내리던 록키 발보아처럼 끝없이 뜀박질을 한다. 성당은 신앙이나 헌신을 요구하지도, 손가락을 펼쳐 놀리며 밝게 춤을 추거나 참여해서 의견을 말하라고 요구하지 않고 사람들을 성전으로 초대한다. 나는 세상이 악을 쓰며 물건을 강매하는 것처럼 느껴질 때 성당에 가서 잠시 홀로 앉아 있는다. 성당은 그저 그곳의 고요함과 나의 고요함을 가만히 포개기만을 요구한다.

우리에게는 이렇게 견고하게 닻을 내린 공간, 말없이, 바라는 것도 없이 우리에게 마음을 내어주는 공간이 필요하다. 우리에게는 이런 문장도 필요하다. 마침표의 통제하에 만들어진 작은 휴식은 일상을 지나치게 공유하고 무작위한 감정을 발산하는 시대에 더 귀하게 느껴진다. 성당의, 또는 문장의 배려로 우리 마음속에는 은신처가 새겨진다. 일상의 소음과 재촉에 다시 휩쓸리기 전에 쉬어갈 수 있는 감각과 질서가 이곳에 있다.

세상에게: 나는 떠납니다

1972년 4월, 영화배우 조지 손더스는 바르셀로나 인근의 해변 마을에 있는 호텔 방에 투숙했고 넴뷰탈* 다섯 병을 복용했다. 손더스는 맑디맑은 네 문장이 적힌 쪽지를 남겼다. "세상에게: 나는 지겨워져서 떠납니다. 살 만큼 산 것 같아요. 이 달콤한 시궁창에 대한 걱정은 당신에게 맡깁니다. 행운을 빌어요." 손더스는 서른 단어도 안 되는 글에서 살아 있는 목소리를 만들어냈다. 마침표는 총탄 구멍처럼 깔끔했다.

* 안락사에 사용되는 진정 약물.

자살 유서를 타인을 배려하는 성당에 견주는 게 이상해 보일지 모르겠다. 하지만 좁은 의미에서 손더스의 유서는 그랬다. 손더스의 문장은 독자의 반응을 요구하는 태도로 더럽혀지지 않았다. 유리병에 넣고 바다에 던진 편지 같았다. 모든 성공적인 글은 "세상에게"로 시작한다고 말할 수도 있겠다. 말을 끝까지 삼키는 한이 있어도 말이다. 손더스의 말년은 난장판이었다. 영화인으로서 경력이 끝났고 경제적으로 파산했다. 네 번째 결혼은 두 달을 넘기지 못했고 자주 폭음했다. 많이 아팠다. 하지만 손더스의 유서는 그가 영화에서 보여준 모습만큼이나 흠잡을 데 없었다. 고상한 매너가 있었고, 거슬리지 않을 만큼 냉소적이었으며, 자기만의 방식으로 관대했다.

문장을 쓰는 사람은 독자와 옥신각신하지 않는다. 이들은 돌이킬 수 없는 '완성품'을 하사하는 상냥한 독재자들이다. 이들은 문장을 종착지에 도달하게 해야 한다. 숙련된 작가는 온라인에서 주고받는 정제되지 않은 문장뿐만 아니라 교정을 거쳐서 출판된 많은 문장을 읽고 흡수한다. 글을 쓸 때면 전에 읽은 문장들이 머릿속에서 조용히 활동한다. 그 문장들에는 어떤 공통점이 있을까? 어떤 면이 독자의 대뇌피질에 달라붙어 활기 있게 박동하는 걸까? 적절한 장소에 도착해 단어와 어우러지면서 음악을 만들어내는 마침표다.

매끄럽고 수월하게 종착지를 향해 움직이는 간결한 문장을 쓰기 위한 최고의 방법은 중요한 내용을 뒤에 배치하는 것이다. 이렇게 배열된 문장은 더 신중해 보여서 기억에 남는다. 당신이 말을 멈췄을 때 그 마지막 말이 청자의 마음에 남듯이 문장의 가장 강한 강세는 맨 마지막의, 강세가 있는 음절에 주어진다. 그래서 'to'나 'of'처럼 가벼운 단어로 끝나는 문장은 순하게 느껴질 수 있다. 마지막 음절에 강세가 있는 문장은 특별한 박력이 있기 때문에 단락을, 특히 마지막 단락을 마무리하는 좋은 방법이다. 여기에는 짧은 단어가 효과적이다. 호흡을 끊고 목소리를 중단시키는 강한 자음으로 끝나는 단어라면 더 좋다. 'I binned that brainless book(나는 그 멍청한 책을 버렸다).'

영어 문장 끝에 있는 단어들은 보통 술어(본동사와 그 보어)들이다. 술부에는 다음에 이어지는 문장이 전제하는 정보가 들어가는데, 약한 문장은 다음에 새로운 내용이 주어진다는 법칙을 어긴다. 주어가 술어보다 더 강해서 문장은 반향을 남기지 못하는 무미건조한 소리로 끝난다. 무언가가 '생각해볼 만한 흥미로운 요소'라거나, '마음에 새겨둘 만하나'거나, '세계화 사회에서 점점 의미가 커지고 있다' 같은 술부는 옹알이와 다를 바 없다. 어디에도 갖다 붙일 수 있기 때문이다.

오웰이 에세이 「정치와 영어」에서 지적했다시피 공장에서 찍어낸 듯한 이런 표현이 작가를 유혹하는 것은 "그럭저럭 들을 만하기" 때문이다. 이런 표현은 무해하게 느껴지는 음절로 살을 입혀서 문장이 곧장 마침표에 곤두박질치지 않게 해준다. 프랜시스 크릭과 제임스 왓슨이 "이 구조에는 생물학적으로 상당히 흥미롭고 진기한 특징이 있다"는 말로 『네이처』에 DNA 이중나선의 발견을 발표할 때처럼, 이 술어는 너무 내성적이고 크릭과 왓슨의 중대한 발견과는 너무 걸맞지 않아서 오히려 오만하게 느껴질 정도다. 하지만 대체로 약한 술부는 그냥 약하다. 문장의 마지막을 장식한다는 부담에 사로잡히지만 감당하지 못하는 무게에 눌려 쪼그라든다.

나도 한때 마음을 쓰는 척하는 문장을 조금 썼다. 이런저런 것이 '대단히 문제적이다' 또는 '그 어느 때보다 중요하다' 또는 '오래전부터 필요했던 논쟁이다'. 나는 저자가 마음을 쓰는 척해야 한다는 학술 에세이의 전제에 결함이 있다고 생각한다. 실존주의자들은 이걸 '나쁜 믿음'이라고 불렀다. 본성에 맞지 않는 사회적 역할을 수용하면서 다른 선택을 할 여지가 없다고 스스로를 속이고 있기 때문이다. 사르트르는 파리 드 플로르 카페에서 『존재와 무』를 쓰던 중 웨이터의 무례한 접대를 받았고 그 웨이터를 나쁜 믿음의 전형으로 삼았다. 사르트르는 웨이터가 배우나 예술가를 꿈꾸기 때문에 무례하다고 상상했다. 그가 하고 싶은 일이 웨이터 일뿐이라는 듯이 부르주아 게임을 해야 했지만 그의 쌀쌀맞은 표정 때문에 속내가 탄로나버린 것이다.

내 문장의 빈약한 종결부는 가면 쓰기에 실패한 파리의 웨이터 같았다. 나는 문장을 늘리기 위해 단어를 덧붙이고 뻔한 소리로 몸집을 키웠다. 다른 사람의 질문에 고민하는 척하다 한정된 수의 단어를 내는 게임을 했다. 그리고 사르트르가 마주친 웨이터처럼 간파당하고 말았다. 올바른 장소에 마침표를 찍고 적절히 멈춘 문장은 글이 독자에게 어떻게 가닿을지 고민한 흔적이 남아 있다. 이런 문장은 그저 지면을 채우기 위해서가 아니라 이렇게 끝나는 게 운명인 것처럼 느껴진다.

진실함과 노련함

오웰은 간결한 문체를 실존주의적 진실을 내포한 칼처럼, 현대의 나쁜 믿음을 잠재우는 만병통치약처럼 여겼다. 하지만 진실이 간결한 문체를 만들어내는 관건이라는 생각은 허황한 신화다. 간결한 문체의 관건은 기술이다. 오웰이 평범하게 갖춰 입은 문장으로 우리에게 전하는 이야기는 이렇다. 그는 사립 초등학교 시절 기숙사 침대에 오줌을 쌌고 승마용 채찍으로 맞았는데 너무 심하게 맞아서 채찍이 부러질 정도였다. 버마에서 경찰로 근무하던 시절에는 미친 듯이 날뛰는 코끼리를 총으로 쐈다. 기차를 타고 잉글랜드 북서부의 위건으로 떠나던 중 기차 창밖으로 악취 나는 하수관을 막대기로 찌르는 한 여자를 봤고 차창을 사이에 두고 여자의 절망 어린 삶에 대해 어두운 표성을 주고받았다. 이후 오웰의 전기 작가들은 이 모든 일화에 의문을 던졌다. 하지만 올바르게 배열된 올바른 단어들은 진실된 말처럼 들린다. 노련한 작가들은 진실함과 노련함이 느껴지는 방식으로 단어를 배열할 줄 안다. 실제로 자신에게 그런 것들이 전혀 없더라도 말이다. 휴 케너는 "어떤 것도 거짓말을 유익하게 전달하는 수단으로써 간결한 문체를 능가하지 못한다"고 썼다.

오웰의 산문은 입맛에 따라 자신의 글쓰기 규칙을 무시하고 있긴 하지만 아름다운 걸작이다. 그가 마지막으로 쓴 글은 병원 공책에 남긴 문장으로 "나이 50이 되면 누구나 자신에게 걸맞은 얼굴을 갖게 된다"였다. 듣는 순간 뇌리에 박혀버리는 이 문장은 사실 조금만 생각해보면 불공평하고 사실과는 다른 주장을 담고 있다. 오웰의 모든 작품은 영원한 진리처럼 읽히지만 알고 보면 별 의미 없는 문장으로 가득하다. "결국 우리는 통조림 식품이 기관총보다 더 치명적인 무기임을 깨닫게 될지 모른다." 그렇지 않았다. "국제 스포츠는… 총성 없는 전쟁이다." 총성 없는 전쟁은 전쟁이 아니다. "책을 쓰는 일은 고통스러운 질병을 오래 앓는 것처럼 끔찍하고 진 빠지는 투쟁이다." 그런데도 계속 이어진다.

오웰은 대의와 입장을 지지하는 많은 글을 썼다. 전통적인 잉글랜드 펍의 보존, 공원 울타리와 잔디밭의 출입을 금지하는 융통성 없는 사람들에 대한 반감, 샌들을 신고 다니는 채식주의자에 대한 아니꼬움, 차를 내릴 때는 우유를 마지막에 넣어야 한다는 자신만의 열정적인 확신 등. 하지만 오웰이 정말로 신봉한 것은 문장뿐이었다. 그는 작가였으므로 그래야 마땅할 것이다.

윌리엄 개스는 문장을 거기에 걸맞은 진지함으로 대하는 사람들을 "다른 사람들의 믿음을 얻고 싶어 하는 거짓말쟁이"라고 일축한다. 소설가와 시인은 중요한 것은 단어뿐임을, "독자가 피곤하고 산만한 머리로 읽게 될 울림이 있는 음절"만이 유일한 진실임을 안다. 그렇다면 아무 글이나 쓰고 사실이라고 우겨도 된다는 걸까? 아니, 문장 밖이 아니라 안에서 진리를 찾아야 한다는 뜻이다. 당신이 끼고 사는 게으른 편견과 생각들을 모두 내려놓고, 문장으로 하여금 당신이 할 생각이 없는 말과 듣고 싶지 않은 말을 당신에게 털어놓게 해야 한다. 단어와 배열이 그 일을 할 것이다.

'true'는 형용사로 쓰이지만 무언가를 진실되게 만들거나 입증한다는 의미의 동사이기도 하다. 목수와 공학자는 어떤 물건을 반듯하게 만들거나 용도에 맞게 평평한 형태로 만든다는 의미로 'true'나 'true up' 같은 표현을 쓴다. 'We still have to true up the end face on the cylinder(우린 실린더의 단면을 더 평평하게 다듬어야 해)'라는 식이다. 간결한 문체는 글을 진실하게 만드는 작업이라고 할 수 있다. 진실처럼 보이게 만듦으로써 진실을 만들어내는 것이다.

일상을 경이롭게, 경이를 심상하게

이쯤 되면 전혀 간결하지 않은 것을 말하기 위해서 간결한 언어를 사용할 수 있다는 걸 알았을 것이다. 간결한 문체로 글을 쓰는 법을 배우면 세상의 기이함을 충실하게 표현할 수 있을지도 모른다. 틴들이 간결한 단어들로 구사한 세상은 현실에 발을 담그면서도 경이로 가득하다. 그가 어린 시절을 보낸 세번강 옆의 베일 오브 버클리 평지에서는 사람들이 양을 치고 양털을 깎고 강에서 양모를 씻고 실을 잣고 옷감을 짜고 염색하면서 세월을 보냈다. 이는 성서의 은유—씨를 뿌리고, 포도밭에서 땀 흘려 일하고, 양을 잃고, 푸른 초원을 그리워하는 것과 같이—처럼 소박하고 목가적인 삶이었다.

성서에서는 많은 일이 야외에서, 사막에서 산에서 강에서 들판에서 일어난다. 여기서 공포를 유발하는 폭풍, 홍수, 한파,

폭염 같은 극한의 상황은 일상의 일부다. 하느님을 믿는 사람들은 작물에 필요한 비를 뿌리는 구름을 경외심을 가지고 바라보며 그 속에 하느님이 거하신다고 상상한다. 그들은 한철 장마가 지난 뒤에 풀이 빠르게 시드는 모습에서 인생의 무상함을 읽는다.

지붕이 없는 곳에서는 생명이 기적처럼 느껴진다. 그래서 발람의 나귀가 말하기 시작한 순간이, 예수가 무화과나무를 저주로 죽인 순간이 똑같이 평범한 문장으로 표현되면서도 완벽한 의미를 품고 있다. 간결한 문체는 그 모든 것을 끌어안는다. 일용할 양식과 성령을, 우박 폭풍과 메뚜기 떼를, 매일같이 떠오르는 태양의 기적과 죽었던 나사로가 살아나는 기적을. 간결한 문장은 범속한 것을 진지하게, 진중한 것을 가볍게 채색한다. 일상을 경이롭게, 경이를 심상하게 만든다.

틴들은 간결한 표현으로 특출한 것을 말했다. 그의 번역에서 통사는 단순하지만 의미는 낯설어서, 평범하게 시작했다가 예기치 못한 방식으로 마무리되는 문장들로 가득하다. "천국은… 겨자씨 한 알 같으니", "위선자여, 먼저 네 눈 속의 들보를 빼내라", "우리는 온 세상 사람들과 천사들의 구경거리이므로." 문장에서 내용과 형식이 싸울 때는 항상 형식이 이긴다. 형식은 튀어나온 것을 길들이고 이 세상의 기이함에 논리를 부여하여 그것을 현실로 만든다. 간결한 문체의 힘은 단순한 표현과, 마음속으로 쑥 하고 밀려든 충격적인 생각 사이의 긴장에서 나온다.

틴들의 산문은 명료하다기보다 뇌리에 박힌다. 그리고 이 강렬한 인상은 문장의 명료함보다 훨씬 더 소중하다. 아니, 어쩌면 그것이 최고의 명료함이다. 간결한 문체는 기억에 남는 형태로 서술된 문장이며 이해가 되고도 남을 정도로 충분히 머릿속에 남아 있다 보니 우리가 이를 사후적으로 명료하다고 규정하는 것일 뿐이다. 이 모든 것의 교훈은 평범함이다. 이상하고 충격적이며 이단적인 말이 하고 싶거든, 믿을 수 있는 것의 한계를 넓히고 아름다운 동시에 이성을 마비시키는 온갖 부조리한 세상을 더 진실한 태도로 대하고 싶거든, 가장 평범한 단어를 가장 평범한 어순으로 표현하라.

세상을 노래하는 문장들
─숨이 차지 않는 긴 문장을 쓰는 법

 제2차 세계대전이 막바지로 향할 무렵 컬럼비아대학교 대학원생이었던 루돌프 플레시는 어째서 많은 영어 문장이 그렇게 읽기 힘들어졌는지 생각했다. 나치를 피해 이주한 오스트리아 난민이었던 플레시는 영어를 모국어로 쓰지 않았기에 오히려 문제에 간단히 접근했다. 플레시는 연방 정부의 인구총조사 자료에 따르면 미국의 작가는 7만 명이며, 이는 제화공이나 어부보다 많은 수라고 지적했다. 이들 대부분은 소설이 아니라 소득 신고서 작성법이나 플러그 연결법을 썼다. 플레시는 이 중 많은 글이 '횡설수설(gobbledygook)'(그는 이 단어를 자신이 발명했다고 주장하지만 『옥스퍼드 영어 사전』은 이와 다른 입장이다)한다고 느꼈다.
 플레시는 글쓰기가 원래는 단순한 기술인데 쓸데없이 복잡해졌다고 생각했다. 대부분의 대학 작문 수업은 복잡한 문장 도식을 제시하며 학생들을 혼란에 빠뜨렸다. 마치 요리 수업을 부야베스와 크레페 수제트같이 까다로운 음식으로 시작하듯 말이다. 플레시가 보기에 글이 분명해지는 비결은 말을 모방하는 것이었다. 사람들은 대화를 나누며 서로를 이해했다. 대화가 어렵거나 지루할 때 청자는 얼굴을 찡그리거나, 멍한 표정을 짓거나, 기울어지는 머리를 손으로 받쳤다(물론 모든 화자가 이 신호를 알아차리는 것은 아니다). 하지만 작가는 대답을 기대할 수 없는, 심지어 얼굴을 찡그리며 나가버리는 최소한의 응답도 기대할 수 없는 독자를 상대로 글을 쓴다. 독자가 작가를 책망하는 방법은 눈에 보이지 않는 무심함뿐이다. 독자에게는 목소리가 없다. 그가 할 수 있는 일은 책을 덮는 것뿐이다.

긴 문장과 가독성

작가는 자신의 글이 그가 부재할 때 읽힌다는 것을, 그래서 가능한 모든 혼란을 없애야 한다는 사실을 계속 기억하려고 애써야 한다. 안 그러면 자꾸 잊어버리니까. 플레시는 이를 잊지 않을 최고의 방법이 문장을 짧게 쓰는 것이라고 생각했다. 짧은 글은 더 많은 마침표를 의미했고 이는 멈추어서 숨을 고를 틈이 많아지고 의미가 훼손될 가능성이 줄어든다는 뜻이었다. 그는 작가들에게 문장을 스물다섯 단어 이하로 쓰라고 조언했다. 그가 제시하는 이상적인 단어 수는 열일곱, 『리더스 다이제

스트』에 실린 문장의 평균 길이였다.

플레시는 짧은 단어를 사용하라고 권하기도 했다. 긴 단어를 써야 한다면 파생어보다는 합성어가 나았다. '찻주전자(teapot)' 같은 합성어는 짧은 단어 두 개로 나뉘기 때문에 독자가 쉽게 파악할 수 있다. 파생어는 어근에 접두사나 접미사를 붙여서 만드는데, '의미(sign)'가 '의미하다(signify)'에서 '의미화(signification)'가 되는 식이다. 이런 파생어는 분해하려면 더 많은 정신적 노력이 필요하다. 플레시는 파생어를 어근 단어로, 아니면 최소한 접사가 적은 단어로 바꿀 것을 제안했다. "사람에 대해 말할 때는 어근 단어가 많은 간결한 문장을 사용하라"고도 조언했다.

플레시는 문장의 단어와 음절을 계산해 한 편의 글에 독해 용이도 점수를 0점(독해 불가)부터 100점(가장 쉬움)까지 부여하는 공식을 발명했다. 또 다른 가독성 전문가 로버트 거닝은 플래시의 공식과 경쟁하는 평가 시스템인 '안개 지수'를 고안했다. 글 한 편이 얼마나 친절한지, 그러니까 얼마나 안개 없이 맑은지 파악하려면 세 음절 이상인 단어의 평균수에 한 문장에 있는 단어의 평균수를 더한 다음 0.4를 곱한다. 안개 지수가 6인 글은 아이도 이해할 수 있지만 16인 글은 대학원생 정도나 파악할 수 있다.

가독성 컨설팅이라고 하는 새로운 전문 분야는 이렇게 탄생했다. 거닝의 회사인 리더빌리티어소시에이츠는 포드와 아메리칸항공에 안개 지수 계산 시스템을 가르쳤다. 거닝과 그의 조수들은 한 무리의 해결사처럼 등장해 회의록부터 업무용 메모에 이르는 회사 문헌의 가독성을 감사했다. 거닝은 제너럴 모터스를 위해서 독해 용이도 계산기를 만들었는데, 이 다이얼이 달린 셀룰로이드 카드는 글의 명료함을 측정하는 계산자처럼 작동했다.

AP통신은 플레시를 자문으로 섭외했고 UPI통신은 거닝을 고용했다. 당시 미국 신문은 전체 이야기를 기나긴 하나의 문장으로 요약하며 말문을 트는 것을 좋아했다. 이는 남북전쟁부터 이어진 관행이었다. 당시에는 기자들이 전장에서 모스 전보로 기사를 보내는 동안 통신이 중단되는 일이 잦았다. 그래서 기자들은 논점을 전부 한 문장짜리 첫 단락에 늘어놓는 '빨랫줄 머리기사'를 작성했고, 그게 관습으로 자리 잡았다. 플레시와 거닝은 언론인의 문장을 짧게 만들려고 노력했지만 크게 성공하지는 못했다.

거의 모든 작가가 한 문장에 너무 많은 내용을 집어넣는 실수를 한다. 그 뿌리에는 할 말이 너무 많고 독자도 자기만큼이나 여기에 관심이 있다고 생각하는 해묵은 착각이 있다. 그들은 글쓰기가 모든 것을 쏟아내는 일이 아님을, 만물을 쓸어 담아 문장이라고 하는 쓰레기통에 비워내는 일이 아님을 곧잘 잊는다. 글은 문장을 읽어나갈 독자의 속도에 맞추어 할 말을 신중하게 조금씩 풀어내는 것이다. 그런데 왜인지 우리는 마침표를 찍고 다시 시작하라는 명백한 해결책을 무시한다.

'가독성'은 그릇된 표현이다. 횡설수설하지 않는 이상 모든 글은 읽을 수는 있으므로 가독성이 있다. 독자는 글이 말하는 주제가 흥미롭다면 안개에 싸인 산문을 기꺼이 더듬거리며 헤쳐갈 것이다. 고전학자는 상형문자나 선형문자 'B'를 해독하려 들고, 학자는 자신을 매료하는 주제에 대해 동료가 쓴 골치 아픈 글을 읽는다. 다른 선택지가 없기에 어쩔 수 없이 읽어야 하는 글은 더 형편없어지는 경향이 있긴 하지만, 그래도 여전히 문자 그대로의 뜻대로 가독성은 있다. 가독성이 있다는 것은 어떤 와인을 마실 만하다고, 어떤 사람을 좋아할 만하다고 말하는 것과 같이, 글이 잘 넘어간다는 뜻일 뿐이다(물론 최소한의 요건이다).

대부분의 글에서 가독성은 건강한 시장 압력을 행사한다. 거닝은 『하퍼스』와 『애틀랜틱 먼슬리』의 주 독자층이 대학원생이지만 기고되는 글의 평균 안개 지수는 고등학생 수준임을 확인했다. 가장 가독성이 낮은 잡지는 『플레이보이』였고, 그래서 거닝은 『플레이보이』의 높은 판매 실적이 "글 외의 다른 요인"에서 온다고 봤다. 거닝은 잡지 편집자가 자신이 고용한 작가보다 안개 지수가 높은 문장을 쓴다는 점도 확인했다. 작가로서는 이미 허세로 망가져 있었지만 독자로서는 그리 호락호락하지 않았던 것이다.

"다른 사람이 읽을 글을 쓸 때는 다른 사람의 입장에서 생각하라"는 합리적이지만 실행하기 힘든 규칙이다. 우리 안에서 독자와 작가는 서로 동떨어져 있기 때문이다. 하지만 이 규칙은 다행히 가독성이 엉망인 문장을 쓰는 사람조차도 가독성이 높은 글을 읽는 쪽을 선호함을 의미한다. 선명한 글을 쓰는 사람들은 전혀 그렇게 쓰지 못하는 이를 포함한 많은 독자들의 주목을 받는다.

인간다운 혼란

문장이 점점 짧아지고 있다. 영어 산문이 처음으로 만개한 17세기 초에는 한 문장의 평균 길이가 45단어였다. 이 길이는 18세기까지 유지되다가 19세기 들어 30단어로 감소했고, 지금은 20단어대다. 짤막한 광고 카피부터 글자 수가 제한된 트윗에 이르기까지, 짧은 글에 포위된 영어 문장은 글자 수를 줄이고 마침표 사이의 간격을 좁혔다. 지난 2백 년간 이어진 거대한 문장 줄이기 추세는 지금도 여전한 듯하다.

1980년대부터 초기 워드 프로그램들이 독해 용이도 측정 시스템을 시작했다. 이제 가독성 평가는 전자 알고리즘으로 외주화되어 지나치게 긴 문장을 순식간에 잡아내 글을 안갯속에 빠뜨린 죄를 묻는다. 미국의 보험약관과 안전 매뉴얼 집필자는 성인의 읽기 능력치가 플레시식 독서 연령으로 13세 정도라고 보았다. 일부 정부 사이트는 절대 25단어가 넘는 문장을 쓰지 않겠다고 선언했다.

이 모든 상황 때문에 가독성은 복잡하면서도 단순해 보인다. 복잡해 보이는 것은 어려운 계산으로 추출되기 때문이다. 단순해 보이는 것은 가독성이 소수점 넷째 자리까지 내려가는, 일견 정확해 보이는 점수로 환원될 수 있기 때문이다. 알고리즘 시대의 인간은 모든 변수를 계산할 수 있다면 일관된 성과를 보이는 모델을 설계할 수 있다고 믿는다. 인간 대신 사고하는 이 복잡한 공식은 사실 전후 기업 세계의 패러다임이다.

어쩌면 내가 너무 깔보면 안 되는 건지도 모르겠다. 앱은 인간을 체스 경기에서 이기고 스크래블 초보 단계에서 박살 낼 수도 있다. 문장 쓰기라고 나보다 나을 수 없다고 어떻게 장담하겠는가? 모든 글은 알고리즘을 어느 정도 따른다. 마이크로소프트 워드의 자동 교정 기능을 발명한 딘 하하모비치는 이 기능이 성공한 이유가 타이핑이 "약간의 창의성이 가미된 단순노동"이기 때문이라고 말했다. 자동 교정 기능은 문장의 첫 번째 단어를 대문자로 바꾸고, 연이어 잘못 넣은 대문자를 잡아내며, 'teh' 같은 흔한 오자를 'the'로 바로잡고, 심지어 긴 단어를 완성하기도 한다. 이 중 어떤 작업도 인간 대신 문장을 써주는 것은 아니지만 유용하다.

신식 신경망 컴퓨터는 자동 교정보다 많은 일을 한다. 인간이 시작한 문장을 컴퓨터가 자동으로 완성하는 것이다. 이 문장 완성 소프트웨어는 핸드폰과 태블릿의 터치스크린을 타이핑하면서 구동된다. 터치스크린은 뭉툭하고 작은 손가락들이 가상 키보드를 제대로 두드리지 못한 실수를 바로잡아준다. 이 소프트웨어는 저장 용기와 유사한 데이터 세트에 수천 권의 책을 보관하고 있어서 훗날 문장을 쓸 때 참고할 수 있다. 밀스앤드분(Mills and Boon)*의 소설은 통사가 단순하고 베끼기가 쉬워 숱하게 활용된다.

신경망은 신경 통로를 강화함으로써 학습을 하고 인간의 뇌처럼 시간이 지날수록 지혜를 갖춘다. '공항에서 만나자'가 성립한다면 공항 대신 사무실이나 호텔을 넣어도 된다는 걸, 그

• 1908년에 설립된 영국 최고의 로맨스 소설 전문 출판사.

리고 '공항에서 만나자'가 '정원에서 먹자'와 유사한 형태라는 걸 추론할 수 있다. 신경망은 글감을 뉴스 보도문으로 완성하고, 사람이 쓴 것 같은 트윗을 작성하고, 심지어는 괜찮은 소네트를 지을 수도 있다.

그래서 어쩌면 문제는 알고리즘이 아직 충분히 영리하지 않은 것인지도 모른다. 'is' 남용을 감지해 더 강력한 동사를 제안하는 프로그램은 어떨까? 아니면 문장의 길이가 얼마나 들쭉날쭉한지 알려주고 긴 문장을 나누는 법을 제안하는 프로그램은? 정녕 'simply'를 또 쓰고 싶은지(이건 나의 나쁜 습관이다) 캐묻는 프로그램은? 글쓰기는 대부분 단순노동이고 수정 기능은 대부분 어색한 표현과 게으른 반복을 짚어주는 작업이다. 그래서 알고리즘은 유용하다. 범속한 일을 처리하면서 알고리즘으로 할 수 없는 글쓰기의 오묘한 구석에 몰두하는 자유를 준다.

하지만 그 오묘한 구석이 핵심이다. 몇 가지 가독성 검사를 통해서만 작성된 문장은 절대 충분히 좋은 문장이 되지 못할 것이다. 글은 알고리즘으로는 해결할 수 없는 결함이, 인간다운 혼란이 있어야 진정으로 읽을 만하다. 우리 안의 무언가는 단어에 산수를 적용한다는 생각이 떨떠름하다. 단어는 숫자와 달리 움직이고 상처 내고 분노하고 혼을 빼고 꼬드기고, 아무것도 없는 곳에서 믿을 만한 생각과 감정의 세상을 만들어내기 때문이다. 그러니 이 약간의 창의성이 전부다. 문장의 이면에는 반짝이는 총기가 있어야 한다. 그곳에 문장을 문장이게 하는 그 오묘한 능력이 담긴다.

가독성 자체에는 어떤 잘못도 없다

어떤 면에서 가독성 연구는 반박 불가능하다. 문장의 평균 길이가 늘어날수록 이해하기는 어려워진다. 가장 유능한 독자도 긴 단어들이 들어찬 긴 문장의 행렬을 그리 달가워하지 않는다. 한 문장이 25단어를 넘으면 세 번째 절에 접어들거나, 주절을 지나 두 번째 구로 진입한다. 부담을 느낀 독자의 기억력은 무너지기 시작한다. 대략 아홉 살 때부터 인간의 눈은 지면을 이리저리 훑으며 단어의 약 4분의 1 정도를 읽는다. 긴 문장은 건너뛰기 힘들고 더 많은 작업 기억을 필요로 한다. 그래서 읽기 더 힘들다. 또는 잘 읽히게 쓰기 힘들다. 긴 문장을 굳이 힘겹게 헤쳐나가기 위해서는 그만한 이유가 필요하다.

언젠가 텔레비전에서 본 제빵 경연에서 한 심사 위원은 형편없는 케이크를 가리켜 칼로리만큼의 가치가 없다고 말했다. 나는 그 말에 딱히 동의하지 않는다. 형편없는 케이크도 어쨌든 케이크니까. 하지만 글쓰기에 적용해보면 이런 식의 치환은 타당하다. 긴 문장은 거기에 들어갈 정신적 노동을 정당화할 수 있어야 한다. 그 많은 단어가 제 몫을 하는 경우는 결과적으로 거의 없다.

나는 이 교훈을 늦게 배웠다. 수년간 부러 난해한 단어를 고르지 않고 효과적인 통사를 사용하는 걸로 충분하다고 생각했다. 일상적이지만 장황한 단어를 상습적으로 사용할 때 독자가 읽어야 할 음절이 늘어난다는 것을 간과했다. 문장 속의 모든 단어를 이해할 수 있고 어순이 분명하다 해도 이런 문장은 여전히 고약하다.

　또 나는 복잡한 사유를 담기 위해서는 복잡한 문장이 필요하다고 줄곧 생각했다. 하지만 사유가 복잡할수록, 독자에게 긴 단어와 표현으로 부담을 주지 않는 것이 훨씬 중요하다. 그래야 독자가 정신적 에너지를 사유 자체에 쏟을 테니 말이다. 니체, 카프카, 베케트처럼 '어려운' 작가의 문장은 아동을 대상으로 하는 『미스터 맨』 시리즈의 문장만큼이나 간결하고 분명할 때가 많다. 이들의 문장은 의미를 헤아리기 어려울지는 몰라도 읽기 자체는 수월하다. 글의 형식적 난해함이 심오함의 증표라는 증거는 어디에도 없다(이런 증거가 발견된다면 쉽게 쓰기를 어려워하는 우리 같은 사람이 위안을 받을지 모르겠지만). 긴 문장은 납득하기 어려운 주장들이 어지럽게 파묻힌, 정돈되지 않은 무덤일 가능성이 높다.

　가독성 연구는 이 문제에 대해서 명쾌한 답변을 내민다. 긴 문장 자체에는 아무런 잘못이 없다는 것이다. 중요한 것은 임의로 지정한 하나의 긴 문장이 아니라 문장의 평균 길이다. 긴 문장과 긴 단어는 짧은 문장과 단어와 적당히 섞여 있기만 하면 괜찮다. 그런 긴 문장은 안개의 징후이지 원인이 아니다. 나쁜 문장이라는 질병을 진단하는 문체 의사는 장황한 문장을 걱정스러운 신호로 보지만, 가독성이 좋지 않은 원인을 다른 데서 발견할지 모른다. 나쁜 문장은 길어짐으로써 더 나빠지긴 하지만, 어차피 처음부터 상태가 나빴다.

문장의 사이 공간

긴 문장은 나름대로 쓸모 있다. 짧은 문장을 나열하려면 주어와 본동사가 매번 필요하기 때문에 오히려 하나의 긴 문장이 더 간결할 수 있다. 정반대의 이유로, 그러니까 독자가 저자의 생각을 따라올 수 있도록 단어를 넉넉히 쓴 긴 문장이 더 유용할 때도 있다. 플레시는 "간소화하는 것이 종종 길어지는 것을 의미한다는 걸 아는 것이 지혜의 시작"이라고 썼다.

플레시는 간결한 언어의 비결이 "사이 공간(in-between space)"에서 온다고 생각했다. 우리는 대화할 때 잠시 말을 멈추고 요약하면서 청자에게 말을 소화할 여유를 준다. 분명한 글은 "엑셀시어로 포장된 무거운 물건"이다. 엑셀시어는 깨지기 쉬운 물건이나 가구를 포장할 때 쓰는 나무 조각 완충재의 상표명이다. 플레시는 간결한 대화처럼 간결한 글은 무거운 문장 사이에 엑셀시어 같은 단어들을 사고의 완충재처럼 사용해야 한다고 생각했다.

이는 물론 간결한 문체의 정설인 "단어를 줄일 수 있으면 줄여라"와는 상충된다. 정설이 맞긴 하지만 늘 타당한 것은 아니다. 문장은 필요 이상의 단어 사용을 삼가야 하지만 필요가 무엇을 의미하는지는 그리 간단한 문제가 아니다. 대체로 글은 말의 잔가지를 덜어내야 한다. 하지만 문장 안의 모든 단어가 똑같이 중요하게 느껴진다면? 그런 글은 독자가 한 번에 소화하기 힘든 방대한 정보를 지나치게 빠르게 내보낸다고 볼 수 있다.

언어학자들은 내용어와 기능어를 구분한다. 내용어는 명사, 동사, 형용사, 부사처럼 중요한 의미를 품은 단어다. 기능어는 전치사, 관사, 대명사, 접속사처럼 문장을 연결하는 작은 단어다. 영어 문장의 리듬은 이 차이에서 비롯된다. 문장을 낭독하거나 묵독할 때 내용어는 강조하고 기능어는 가볍게 넘기기 때문이다.

말은 글에 비해 통사가 더 복잡하다. 절이 더 짧고 이 절을 연결하기 위해 기능어를 많이 쓰기 때문이다. 반면 글은 절이 길고 내용어가 많아서 밀도가 높다. 말은 문장이 복잡한 대신 단어가 단순하고, 글은 문장이 단순한 대신 단어가 복잡하다. 언어학자 마이클 할리데이는 "말의 복잡함이 현란하게 움직이는 안무 같다면 글의 복잡함은 물질의 밀도가 만들어낸 결정체 같다"고 말했다. 특히 학술적인 글이 밀도가 높아 종종 장황하다는 비난을 사는데, 올바른 지적이라고 하기는 힘들다. 무거운 단어를 사용하는지는 몰라도 그런 단어들이 등장하는 문장은 낭비 없이 밀도 높게 다져져 있기 때문이다.

이런 부류의 문장은 고목 같은 단어를 덜어내는 동시에 필수적인 단어를 더하면서 가독성을 높일 수 있다. 복잡한 생각을 길고 느슨한 문장으로 확장함으로써 생각을 길게 입 밖으로 늘어놓는 말하기를 흉내 내는 것이다. 명사화한 긴 파생어를 제거하는 대신 그 자리에 더 많은 단어를 사용한다는 의미다. 그렇게 하면 글이 너무 빡빡하다는 느낌을 덜 수 있다. 느리게 굴러가는 생각의 기차는 더 많은 선로를 필요로 한다.

이렇게 선명한 긴 문장을 만드는 것은 직관과 상충하는 것처럼 느껴진다. 더 많은 단어를 사용해서 문장을 길게 만든다니. 하지만 추가된 단어는 구절의 시작됨을 알리고, 이로써 문장을 가독성 높은 작은 덩어리로 분절하기 때문에 유용하다. 역사학자 조지 매콜리 트리벨리언의 자서전 속 유명한 문장을 떠올려보자. "역사의 시가는 한때, 이 지구상에 한때, 이 익숙한 땅 위에, 오늘날 우리처럼 실재했던 다른 남자와 여자가, 각자의 생각을 품고, 각자의 열정에 사로잡혀 걸어 다녔지만, 한 세대가 다른 세대 속으로 저물면서, 이제는 모두 사라진, 곧 우리에게 닥칠 운명과 같이, 닭이 우는 새벽의 유령처럼 완전히 사라진 그 기적과도 가까운 사실에 있다."

트리벨리언은 '한때'나 '사라지다'를 반복할 필요가 없었다. 하지만 이 단어들은 구절의 시작이나 끝을 알려주며 문장을 쉬이 파악할 수 있게 해준다. 각 구절은 형태와 길이가 유사하다. 그래서 믿을 만한 2초짜리 억양 단위로 머릿속이나 입 밖으로 소리 내 읽을 수 있다. 이 문장에는 수십 개의 단어가 있지만 에두르지 않고 미끄러지듯 넘어간다.

단어를 아낀다는 것은 쩨쩨하게 군다는 것이 아니다. 필요한 단어는 써야 한다. 중복되어 보이는 단어도 기분 좋은 리듬을 만들어내거나, 독자에게 생각할 여유를 주거나, 더 나은 의미 덩어리를 만들거나, 아니면 실제 목소리를 들려주는 듯한 효과를 만들 수 있다. 경제성은 글의 미덕이지만 지나치게 숭배할 필요는 없다. 문장에는 편히 움직일 여유 공간이 필요하다. E. B. 화이트는 그가 『글쓰기의 요소』에서 제시한 "불필요한 단어를 생략하라"는 지침을 맹신하는 독자에게 "글은 삭제

연습이 아니라 소리를 향한 여정"이라고 썼다.

한번 시작된 문장은 완결되어야 한다

문장이 길어야만 할 때도 있다. 세상은 대문자와 마침표로 에 워싸려는 우리의 노력에 저항한다. 맬컴 보위는 어째서 프루스트가 멈추는 걸 질색하면서 세분화와 재결합을 반복하는 벌레같이 긴 문장을 쓰는지 묻는다. 그리고 이내 답한다. 그가 흉내 내는 것은 사랑에 빠진 우리가 만들어내는 신경증적인 재독해의 욕망이라고. 의미를 부정하고 불안정하게 복원하는 것은 "가시화된 에로스"다. 이런 문장은 "자신에게 저항하는 매체 속에서 목표를 향해 전진하는 모든 정신적 노력과 궁리"다. 어떤 긴 문장이 주어, 동사, 목적어로 깔끔하게 정리되기를 거부하며 종결을 유보하는 이유는 삶이 그와 다름없기 때문이다.

긴 문장은 분명하게 종지부를 향하면서도, 애정을 담아 사고의 선을 연장해가는 확장력에 기꺼이 기뻐해야 한다. 계속해서 이어지는 문장은 혼란이 아니라 기대감을 고조시켜야 한다. 이 둘의 차이를 밝히기는 쉽지 않다. 켄 도드는 위대한 코미디언의 비밀이 청중에게 안전감과 약간의 긴장감을 동시에 느끼게 하는 데 있다고 말했다. 도드는 무대에 올라 30분 안에 청중에게 자신이 무해하다는 인상을 심어줘야 한다고 했다. 그는 재빨리 침착하고 차분한 모습을 보이고, 청중은 불편한 일이 일어나지 않는 걸 알고 안정감을 느끼며 긴장을 푼다. 하지만 동시에 청중이 몸을 앞으로 기울일 만큼 예측을 넘어서는 느낌을 줘야 한다. 훌륭한 문장에도 이런 긴장이 있다. 말하려는 내용을 잊지 않았다는 암시를 주면서 의표를 슬쩍 찔러 독자를 아주 살짝 초조하게 만든다.

한번 시작된 문장은 완결되어야 한다. 문장의 시작과 함께 허공으로 던져진 생각이 땅에 착지하기 전까지 독자는 막연히 불만스럽다. 인간은 글을 읽을 때 음악을 들을 때와 동일한 두뇌 부위를 활용한다. 문장은 음악처럼 구성 요소를 참신하고 놀라우면서도 계획적인 통제하에 배열한다. 기대를 거스르고 가벼운 좌절감을 빚어내며 완결을 향해 간다. 이 중 어떤 좌절감은 누그러뜨리고 새로운 좌절감을 만들어 낼 수도 있다. 하지만 문장은 결국, 적어도 무언가 말할 수 있는 방식으로 해소되어야 한다.

작가가 고삐를 쥐는 한, 긴 문장은 숨 가쁜 전율을 안기며 독자를 기분 좋게 애태울 수 있다. 이는 훌륭한 가수가 숨을 참고 악구를 길게 늘이는 소리에 관객이 귀를 기울일 때와 비슷하다. 프랭크 시나트라의 창법에서 핵심은 악구를 유연하게 표현하는 재능이다. 기술은 맷 먼로가 낫고, 폐활량은 토니 베넷이 더 좋고, 톤은 냇 킹 콜이 더 부드럽고, 율동감은 바비 대린이 더 있을 수도 있다. 하지만 시나트라는 호흡에서 이 모든 가수를 능가한다.

신인 시절 시나트라는 밴드 리더였던 토니 도시의 빼어나게 부드러운 트롬본 연주에 넋을 놓고 귀를 기울이곤 했다. 도시가 음표를 연이어 연주하는 실력은 인간의 폐활량을 능가하는 것 같았다. 도시는 여덟 마디, 심지어는 열여섯 마디를 이어 연주하면서도 마치 숨을 쉬지 않는 것처럼 보였다. 시나트라는 연주대에 선 도시의 뒤에 앉아 도시가 언제 어떻게 호흡하는지 알아내려 했지만, 윗옷이 오르내리는 것조차 볼 수 없었다. 결국은 도시가 입가에 열린 아주 작은 틈으로 몰래 숨을 쉰다는 것을 알게 되었다. 시나트라는 노래 역시 호흡 조절이 관건이고 그 비결은 악구를 절대 끊지 않는 것임을 알게 되었다. 음악에서 '레가토(legato)'는 함께 묶여 있다는 뜻이다. 음 사이를 끊지 않고 매끄럽게 이어 하나의 흐름으로 만들기. 시나트라는 악구 전체를 한 호흡으로 부드럽게 녹여서 레가토로 노래하고 싶었다.

시나트라는 운동장에서 달리고 공공 수영장에서 헤엄치는 동안 노래 가사를 되뇌며 숨을 참는 연습을 했다. 이내 호흡을 통제할 수 있게 되었고 노래 중에 티 나지 않게 숨을 쉬는 능력도 좋아졌다. 그는 청중에게 자신의 들숨소리가 들리지 않도록 입과 마이크의 거리를 조절했다. 작게 호흡을 해야 할 때는 메시지를 잘 스미게 하려는 의도처럼 보이게 했다. 시나트라는 도시가 속한 밴드의 긴 연주 파트가 이어지는 동안 호른의 연주를 관찰하며 기교를 익혔다. 시나트라는 노래할 때 공중에 떠다니는 단어 하나를 잡아내기 위해 숨을 멈추었다가, 이내 다시 박자를 조금 뒤늦게 따라가며 노래하는 동시에 만들듯이 노래했다. 그 모습은 마치 자유자재로 길고 나긋한 문장을 지어내면서도 항상 글을 자신의 통제 아래에 두는 작가 같았다.

불규칙한 박동으로 움직이는 글과 달리 음악은 일정한 다운 비트(downbeat)에 따른 규칙적인 리듬을 가진다. 음악의 박자는 시간을 완벽히 통제하는데, 반음은 온음의 딱 절반 길이만큼 지속된다. 이 덕분에 가수와 악기는 화음을 이루어 유쾌하게 화합할 수 있는 것이다. 또 음악은 박자보다 세밀하고 다양한 프레이징*에도 의지한다. 악구는 한 사람이 한 호흡으로 노래할 수 있는 만큼, 또는 관악기를 불 수 있는 만큼 이어진다. 음악에서 프레이징이 하는 일은 글에서 문장이 하는 일에 가깝다. 노련한 가수는 노래의 문장구조라고 할 수 있는 프레이징을 조율하면서 박자를 따르거나 의도적으로 어긴다.

아마추어 가수들은 문장으로 노래하지 않는다. 폐활량 유지와 정확한 음정에 너무 집중한 나머지 가사에 충분히 신경 쓰지 않는다. 가사를 호흡으로 뚝뚝 끊어버려서 의미와 분위기를 사장시키고 그냥 소리만 고래고래 질러댄다. 하지만 노련한 가수는 가사가 중요하다는 걸 안다. 음을 강조하려고 한 음을 늘이거나 꾸밈음을 살짝 넣을 수 있지만, 대개는 프레이징이 가사의 전달 방식을 결정한다. 노래는 문장으로 적힌다. 따라서 프레이징은 노래를 행이 아니라 문장으로 부르는 것이다.

시나트라 같은 악구 전문가는 박자를 내밀한 고백같이 중요한 것과 중첩시킨다. 시나트라에게는 가사가 가장 중요하고—그는 모든 음절을 분명하게 발음한다—그는 마치 말을 하듯 단어의 음정을 높이거나 낮추거나 비틀어서 노래한다. 아마 이

* 음악의 흐름을 유기적인 의미 내용을 갖는 자연스러운 악구로 구분하는 일.

때문에 로큰롤을 싫어했을 것이다. 추하고 퇴폐적이어서가 아니라 문장에 신경 쓰지 않기 때문에. 로큰롤의 리듬은 통사를 늘 압도한다. 척 베리 같은 훌륭한 악구 전문가도 자신의 문장을 록의 백비트에 맞춰야 했다.

나는 시나트라의 음악이 레코드숍에서 이지 리스닝으로 분류되는 것이 항상 못마땅했다. 그의 노래가 엘리베이터 음악처럼 편안하고 칵테일 라운지의 배경음악으로 틀기 적격이라는 듯이. 같은 코너에 있는 유행을 초월하는 또 다른 가수는 내가 유행과 무관하게 사랑하는 캐런 카펜터다. 카펜터의 노래에 담긴 정서적 힘은 고혹적인 목소리 톤이 아니라 시나트라처럼 문장으로 노래하는 데서 나온다. 휘감아지는 선율 위에서 완전한 문장을 한 호흡으로 그토록 오래 노래하는 것은 놀라운 솜씨다. 이는 폐활량 덕분만이 아니고, 아직은 숨을 들이쉬지 않아도 괜찮다고 착각하게 만드는 목청의 기교도 한몫한다.

카펜터의 노래를 듣고 나면 마치 누군가가 자신의 모든 속내를 내게 털어낸 뒤처럼 지치게 된다. 힘을 들이지 않고도 긴 문장을 풀어내는 거장의 솜씨에 습격을 당한 것이다. 가볍게 들리는 노래는 부르기 어렵다. 그리고 쉽게 읽히는 글은 쓰기 어렵다.

사고의 회화

음을 끌면서 악구를 늘이는 가수처럼, 독자를 혼란스럽거나 피로하게 만들지 않고 오히려 쾌감을 선사하는 긴 레가토 문장을 쓰려면 어떻게 해야 할까? 이 질문을 일생의 과제로 삼은 사람이 바로 미국의 문학 교수 프랜시스 크리스텐슨이다. 그의 개인사는 알려진 게 거의 없어서 아주 간단하다. 1902년에 태어나 성인기 대부분을 서던캘리포니아주립대학교에서 학생들을 가르치며 보냈고 1970년에 세상을 떠났다. 은퇴가 얼마 남지 않은 60대부터 글쓰기에 대한 학술 논문을 발표했고, 이 중 하나인 「문장의 생성적 수사」로 명성을 얻었다. 크리스텐슨은 이 논문에서 글쓰기를 가르칠 때는 글의 자연스러운 구성 단위인 문장이 핵심이어야 한다고 주장한다.

크리스텐슨에 대해 알 수 있는 정보가 워낙 없다 보니 그가 존 윌리엄스의 고전 『스토너』에 나오는 주인공 같은 사람은 아닌가 생각해보게 된다. 그 둘에게는 한 가지 재미있는 공통점이 있다. 제멋대로인 것이다. 빌 스토너는 성인기의 모든 시간을 미주리주립대학교 영문과에서 학생들을 가르치며 보낸다. 학과장과의 불화 이후 그는 1학년 작문 수업을 떠안는다. 지루해하는 타과생에게 영어의 하위절과 부사구를 가르치는, 정년이 보장되지 않는 교원이 보통 맡는 인기 없는 수업이 그에게 배정되었다. 스토너는 일반적인 작문 수업 계획서를 집어던지고 어안이 벙벙해진 초급자들에게 대학원 수준의 내용을 가르치기 시작한다.

이와 다른 방식이지만 크리스텐슨 역시 일반적인 작문 수업 계획서를 집어던졌다. 그의 말을 빌리면 "인간의 일용할 양식으로 삼기에는 문법이 너무 심오해졌다"는 믿음을 가지고서. 그는 대부분의 글쓰기 수업이 학생들에게 뭘 잘못하고 있는지 알려주고 문맹과 비문맹을 가르는 방식으로 이루어지고 있다고 생각했다. 학생들의 전반적인 의사소통 능력을 향상시키는 대신 엄격한 입문 의식에서 탈락한 학생들을 제명하는 식으로 진행었다고. 그에게 문법 책은 "잘못 탄생한 문장을 구제"하기 위한 규정일 뿐이었다. 크리스텐슨은 학생들에게 이런 책들을 잠시 잊으라고 했다. 그리고 이런 질문을 던졌다. 우리를 즐겁고 기쁘게 하는 글을 쓰는 노련한 작가들은 어떻게 했을까?

   크리스텐슨은 문장에 대한 자신의 이상을 "세네카 완보(Senecan amble)"에서 찾았다. 이 표현은 섀프츠베리 백작이 만든 것으로, 라틴어 문체에서 벗어나려 애쓰던 17세기 영국에서 등장한 헐거운 형태의 문장을 지칭하는 말이다. 라틴어의 이상적인 문장은 키케로가 청중을 조마조마하게 만들려고 사용한 '도미문(periodic sentence)'으로, 절과 절을 층층이 쌓아 올리다가 마침표가 찍히기 직전에 본동사가 급소를 찌르듯 등장하는 형식이다.

   밀턴은 이 라틴어식의 통사를 자신의 시에 욱여넣기도 했다. 『실낙원』은 창세기의 단순한 부가식 문체를 러시아 인형처럼 절이 다른 절 안에 겹겹이 똬리를 튼 긴 문장으로 바꾼다. 이 시의 첫 본동사인 '노래하다'는 여섯 번째 행에서야 등장하고, 첫 마침표는 그로부터 열 줄 뒤에 찍힌다. 밀턴의 산문에는 '그 안에'와 '그에 대해'로 시작되는 종속절이 숱하게 등장하고 종종 백 단어를 넘기기도 한다. 밀턴을 읽을 때는 글 안으로 첨벙 뛰어들어 숨을 참다가 마침표에 이를 때 한번씩 공기를 들이마셔야 한다.

반면 세네카의 완보는 세네카의 대화적이고 자기 탐구적인 산문의 영향을 받았다. 그전에는 신이나 운명에 의해 결정되었다고 여긴 많은 것이 이제는 인간의 변덕에 의해 좌우된다고 여기고, 세상이 호기심을 원동력 삼아 흐른다고 생각하는 근대 초기와 부합하는 문체다. 세네카의 완보는 유동하는 현실과 인간이 그 현실에 즉흥적으로 형체를 부여하는 특별한 방식에 경의를 표한다. 먼저 본론을 말한 뒤 장식을 더하고 구체적인 예시를 거론하다가, 때로는 도중에 마음을 바꿔 새로운 이야기를 시작한다. 프랑스 철학자 블레즈 파스칼은 이 문체를 "사고의 회화"라고 불렀다.

존 던 신부는 세네카가 완보하듯 설교를 했다. 던의 문장은 길게 이어지는 비유와 사고의 긴 타래다. 엄정함과 관대함, 이성과 열정, 신랄함과 포용력이 묘하게 어우러진다. 암시적인 구절들은 듣는 이의 연상을 자극하며 앞으로 나아가고, 다음 구절이 무대를 장악하기 전에 잠시 시선을 끈다. 그의 문장은 학식을 과시하면서도 느슨하게 이어지는 말과 사고로 흥청거린다. 던의 산문은 그의 시처럼 진심 어리다. 글이 그 순간 고통스럽게 근질거리는 갈망으로 앞으로 나아가며 힘을 그러모으는 동안, 독자는 던이 종이 위에서 해답을 찾아 생각하고 느끼는 모습을 본다.

1627년에 던이 죽음에 대해 설교한 문장이 그 자체의 목적에 얼마나 골똘히 빠져드는지 보자. "그리고 그 문 안으로 그들은 들어가리라, 그리고 그 집에서 그들은 거하리라, 구름도 태양도 없고, 어둠도 눈부심도 없고, 하나의 동등한 빛이 있는 곳, 소음도 침묵도 없고, 하나의 동등한 음악이 있는 곳, 두려움도 희망도 없고, 하나의 동등한 소유가 있는 곳, 적도 친구도 없고 하나의 동등한 교감과 정체성이 있는 곳, 끝도 시작도 없고 하나의 동등한 영원이 있는 곳에서." 동의어와 바꿔 말하기를 추가하며 문장을 점진적으로 증폭시키는 던의 기법은 '쌓아 올리기(heaping up)'라고 불린다. 던은 마치 재즈 음악가처럼 어지러운 리프를 끌고 가는 듯하다. 언제나 저 너머의 아름다운 진리에 이르는 길을 닦아내는 사람처럼.

크리스텐슨에 따르면 문장이 종이 위에서 펼쳐지는 사고 활동이라고 보는 17세기의 이상은 18세기에 천천히 무너졌다. 세상을 논리의 연쇄로 얇게 저미는 새로운 문체에 의해서였다. 에드워드 기번과 새뮤얼 존슨 같은 대단히 신고전주의적인 스타일리스트들의 글은 움직이고 있는 마음이 아니라, 정교하게 서울질하여 모든 준비를 마친 마음을 보여준다. 존슨은 짧은 문장에서조차 명사와 본동사 앞에 전치사구나 명사구를 놓아서 핵심을 뒤로 보낸다. "엘로이즈가 아벨라드에게 보낸 서한에 대해서는, 나는 그 날짜를 모른다", "그것이 곧바로 인기를 얻게 될 것임을 나는 장담하지 못했다." 그가 쓴 숱한 종류의 미친 글 중에서 이 문장들이 가장 심한 것 같다.

언어는 단정하고 질서를 갖추기를 강요당했다. 이제 존슨의 『사전』 옆에는 수백 권의 문법 책과 피해야 할 오류와 어색한 표현 목록이 쌓였다. 이 중 하나로 1795년에 출간된 린들리 머리의 『영어 문법』은 천만 권이 넘게 팔렸다. 이런 책들의 목표는 글을 말의 느슨함과 천진함으로부터 최대한 멀리 떨어뜨리는 것이었다. 이제 이상적인 문장은 여러 구성 요소로 나뉘고 꼼꼼한 계획에 따라 품격을 갖추어야 했다. 기나긴 불규칙동사 활용이나 문장 성분 분석 등, 지루한 오후 2교시에 소름 끼치는 소리를 내며 판서되는 재미없는 학교 문법의 전통은 여기서 출발했다.

크리스텐슨이 생각하기에, 이후의 작가들 사이에서 자유로운 문체가 우세해졌지만 문법 책만큼은 그렇지 않았다. 작문 교사들은 여전히 18세기에 갇혀 있었다. 교사들은 모든 문장이 실은 노래임을, 세상을 노래하는 것임을 잊어버렸다. 이들은 문장을 문법 단위로, 글쓰기를 부분에 이름을 짓고 조립하는 행위로 생각했다. 크리스텐슨은 교실에서 하는 문장 합치기 활동을 특히 싫어했다. 학생들은 쓸데없이 복잡하게 두 개 이상의 단문으로 복합문을 만들고 종속절을 늘려야 했다. 이런 활동은 "꽈배기 같은 산문"을 낳았다. 단어의 매듭이 배배 꼬이고 엮여 입안의 침을 바짝 마르게 해 소금 알갱이만 가득 남겼다.

날갯짓하는 칼새처럼

긴 문장은 형태를 유지하면서도 끝을 밀어 내는 듯한 느낌이어야 한다. 다소 혼란스럽게 이어지면서도 여전히 짜임새가 있어서 질서를 잃지 않아야 한다. 긴장을 해소하려는 열의가 지나치지 않으면서도, 어떤 거친 우회로와 이색적인 막간극을 거치든 결국은 해소가 되리라는 확신을 살짝 뿜어내는 쪽이 도움이 된다.

하지만 문장은 길어질수록 제대로 안착하기가 어려워진다. 도미문을 선호한 아리스토텔레스는 느슨한 문장이 "다들 끝이 눈에 보이기를 바라는데 한없이 늘어져서 불쾌하다"고 생각했다.

이때 세 가지를 나열하며 문장을 마무리하는 것이 훌륭한 방법이 될 수 있다. 정확한 신경학적 원인이 알려지지 않았지만 인간의 마음은 현실을 이런 틀에 넣기를 좋아한다. 어쩌면 3이 리듬을 가진 가장 작은 수이기 때문인지 모른다. 리듬은 박자이자 박자 사이의 공간이다. 따라서 최소한 두 개의 빈 공간과 세 개의 박자가 있어야 리듬이 만들어진다. 세 개가 있어야 패턴을 쌓고 그다음에 무너뜨릴 수 있다. 긴장을 만들고 쌓아 올리다가 해소시키는 것이다. 탐험 서사에는 출발, 모험, 복귀라는 세 국면이 있다. 농담은 설정, 반복, 급소 찌르기로 이루어진다. 12마디 블루스 가수는 첫 행을 부르고, 한 번 더 반복한 다음, 세 번째로 더 긴 행을 즉흥적으로 변주한다. 대부분의 대중음악이 그렇듯 블루스는 세 개의 코드를 중심으로 만들어진다. 작곡가 할런 하워드는 "컨트리음악은 세 개의 코드와 진실함으로 이루어진다"고 말했다. 동화도 똑같이 3의 법칙을 따른다. 공주는 세 번째 시도에서 난쟁이 요정 룸펠슈틸츠헨의 이름을 맞힌다. 아기 돼지 삼 형제는 지푸라기, 나무, 벽돌로 집을 짓고, 곰 세 마리에게는 의자 세 개, 침대 세 개, 죽 그릇 세 개가 있다.

윈스턴 웨더스는 에세이 「시리즈의 수사학」에서 세 가지로 이루어진 목록은 과도한 확신과 혼란스러울 정도의 풍요라는 두 기둥 사이에 무던하게 자리 잡는다고 말한다. 두 개의 목록은 더 이상 말할 필요가 없다는 인상을, 넷 이상의 목록은 산만하고 통제할 수 없다는 인상을 주지만, 세 개의 목록은 무질서하지 않으면서도 그럴싸한 사례처럼 보인다.

긴 문장을 마무리하는 기법들의 목표는 명확하다. 독자에게 문장이 끝나가고 있고 할 말이 딱 하나 남았다고 알려주는 것이다. 조지 고펜과 주디스 스완은 「과학적 글쓰기의 과학」에서 인간이 새로운 문장을 읽기 시작할 때마다 '내적 호흡(mental breath)'을 한다고 주장한다. 문장 중간에 전반적인 의미를 파악하는 여정의 작은 중간 정착지인 쉼표나 세미콜론이 등장하면, 우리는 내적 호흡을 살짝 내쉬고 한 번 더 작게 들이쉰다. 하지만 완전한 내적 호흡이 시작되는 것은 문장이 끝난다는 것을 감지하고 난 뒤다.

짧은 문장에서는 이런 통사적 마무리 순간이 끝에서 한 단어나 짧은 구만을 남기고 시작된다. 반면 긴 문장에서는 여러 줄로 이어지는 목록과 함께 시작될 수 있다. 어쨌든 내적 호흡은 독자가 문장에 수수께끼의 마지막 조각만이 남았음을 알게 될 때 시작된다. 우리는 말보다 빠르게 글을 읽기 때문에 내적 호흡은 실제 호흡보다 더 용적이 크다. 하지만 폐활량이 그렇듯 한계도 당연히 있다. 문장이 아무리 재밌게 읽힌들 모든 파악이 끝났고 이제 숨을 들이쉴 수 있음을 알리는 마침표는 항상 안도감을 준다. 문장이 길수록 안도감은 커진다. 독자는 잠시나마 읽기에서 해방된다.

모든 작가는 기본적으로 시인이고 모든 문장은 작은 시다. 문장은 길어질수록 시에 가까워진다. 또는 그래야 한다. 긴 문장을 쓰려는 사람에게는 수식어로만 구성된 한 문장짜리 긴 시를 많이 읽는 것이 좋은 연습이 된다. 헨리 본의 시 「밤(The Night)」은 본동사나 접속사 없이 제목에 있는 명사를 동격어로 다시 표현해 가볍게 연결한다. "세상의 패배, 분주한 바보들의 정지." 조지 허버트의 시 「기도(Prayer)」 역시 같은 기법이다. "의역한 영혼, 순례하는 심장."

월트 휘트먼부터 에이미 클램핏에 이르는 미국 시인의 시는 자유로운 수식어를 쉼표로 구분해 겹겹이 쌓아 만든 이런 한 문장짜리 시가 넘쳐나는 거대한 도서관 같다. 시를 문장 위주로 읽다 보면 얼마나 많은 문장이 누적되어 있는지, 그러니까 이 문장들이 어떻게 숱한 행으로 넘어가며 시 한 편을 이루는지 눈에 들어온다. 그리고 그 긴 문장이 그 자체로 얼마나 충분하고 또 경이로운지, 하나의 문장에 해야 할 모든 말을 다 담아낼 수 있다는 생각을 하게 된다.

사실 누적되는 긴 문장은 적당한 자리에서 행을 갈기만 해도 시로 변신한다.

> 런던 지하철
> 관광객과 토박이 사이
> 가장 또렷한 경계선,
> 관광객은 잔돈을 찾아 주머니를 뒤적이고
> 눈을 가늘게 뜬 채 매표소를 응시하며

자신이 속한 구역을
알아내려 하지만
내게 문이 열려줄지 모르겠다는 듯
머뭇거리며 개찰구를 향하고,
반대로 토박이는 무심히
카드를 리더기에 대고
발레하듯 우아하게
곧장 통과하는 곳
문이 열릴 순간을 정확히 알고
보폭의 리듬을 깨는 일도 없이
열차 문이 열릴 승강장 위치를
정확히 가늠하고
열차의 문이 닫힌다는
신호음에 맞춰
몸을 본능적으로 움츠려
객차 안으로 밀고 들어가
늘 하듯이
움직이는 몸의
관성을 따르며,
집에서처럼 편안하게
날갯짓하는 칼새처럼.

시는 잘 부른 노래처럼 행뿐만 아니라 문장으로 이루어진다. 문장은 운율 못지않게 시의 음악성에서 중요하다. 영어 문장의 허물 수 없는 통사적 리듬은 행과 운율의 연약한 틀 뒤에서 수선스럽게 이어진다. 많은 시인들에게 시를 짓는 단위는 행이 아니라 한 호흡에 말할 수 있는 문장이다. 로버트 그레이브스는 시가 "예상 밖의 황홀경을 안기는 평범한 한 줄 반"으로 찾아온다고 말했다. 다른 모든 사람처럼 시인은 문장으로 글을 쓴 다음 운율에 따라 문장을 주무른다. 운율은 리듬처럼 워낙 엄격하기 때문에 기분 좋은 긴장감을 만들려면 무언가를 잡아끌어야 한다. 문장이 없는 시는 중얼거림에 불과하다.

긴 문장을 시라고 생각하자. 각 부분이 작은 악구로 펼쳐지고 온갖 다양한 부분들이 부조화를 느낄 새도 없이 서로를 채색하며 분명해질 것이다. 긴 문장의 빠질 수 없는 한 가지 특성은 문장이 작은 조각들로 나누어진다는 점이다. 긴 문장이 느슨하고 누적적일 필요는 없다. 숱한 종속절을 가질 수 있고, 동사가 키케로의 도미문처럼 마지막에야 등장해도 된다. 하지만 한 번에 하나씩 씹어 삼킬 수 있는 작은 조각들로 나뉘어야 하고, 짧은 구절이 계속되면서 완성을 향해 조금씩 나아가야 한다. 긴 문장은 살아 있고 깨어 있으며 운동성이 있고 활기차야 한다. 시가 그렇듯이.

문장 곡예사

크리스텐슨에게 글쓰기를 배우는 것은 삶을 배우는 것이기도 했다. 그는 학생들에게 길고 훌륭한 문장을 쓰는 법을 가르침으로써 주의 깊게 인생을 바라보는 방법을 가르칠 수 있다고 믿었다. 글쓰기는 문장의 문법적 올바름이나 명료함을 확인하는 데 그쳐서는 안 된다. 진정한 목표는 "삶을 고양시키는 것—세계와의 결합을 통해 자아(영혼)에 육체를 부여하고, 자아와의 결합을 통해 세계에 생명을 부여하는 것"이었다. 그는 학생들이 "자신의 통사적 기교에 황홀해"할 수 있는 "문장 곡예사"가 되기를 바랐다.

세네카 완보의 또 다른 추종자였던 엘리자베스 비숍은 "휴식하는 마음이 아니라 움직이는 마음을 극적으로 드러고자 하는" 문장을 좋아했다. 비숍은 학생 시절인 1934년에 『배서 리뷰』에 쓴 한 에세이에서 제러드 맨리 홉킨스가 어떻게 "생각의 움직임"을 포착하고 보존하는지 탐구했다. "핵심은 운동성이 있는 초기에 결정체를 남기는 것"이었다. 비숍은 홉킨스의 시에서는 단 하나의 연이 "반 고흐의 삼나무 한 그루 못지않게 움직임으로 가득하고 이글이글할" 수 있다고 썼다.

비숍의 시 또한 그렇다. 기민하고 불안한 목소리로 전달되는 비숍의 시는 누적된 문장들—조건을 덧붙인 설명, 자기 수정, 숙고로 가득한 단어가 느슨하게 연결된 말들 안에 기거한다. 비숍 역시 긴 문장을 쓰는 작가를 공중 곡예사라고 생각했다. 비숍이 가장 좋아하는 홉킨스의 문장들은 "완벽하게 훈련받은 곡예사의 장난스러운 변덕을 떠오르게 한다. 공중에서 떨어지다가 파트너의 발목을 낚아챈 곡예사는 동작을 흩뜨리지 않고도 한 번 더 안전한 자태를 뽐낼 수 있다".

나는 이 은유를 좋아하지만 완전히 동의하지는 않는다. 긴 문장을 쓰는 작가가 정말 곡예사와 같을까? 긴 문장이 공중그

네 곡예사의 회전과 공중제비처럼 과시적이어야 할까? 차라리 나는 작가는 "공중에서 너무 많은 잔기술을 시도해서는 안 된다"고 경고한 소로와 같은 생각이다. 영화 〈트래피즈〉의 서커스에서 저 밑의 코끼리는 뒷다리로 서 있고 곰이 자전거를 타는 가운데, 점점 심드렁해지는 관중으로부터 감탄을 끌어내려던 버트 랭커스터와 토니 커티스가 떠오른다. 공중제비 동작은 조마조마하고 긴장감이 끊일 듯 끊이지 않는다. 그네에 매달린 사람이 제비를 도는 파트너의 팔뚝을 잡아채고, 밧줄이 진동하는 위태로운 파열음과 함께 공중제비는 눈 깜짝할 새에 끝난다. 나는 자연스러운 품격을 원하지, 목숨이 오락가락하는 위태로운 문장을 쓰고 싶은지는 잘 모르겠다. 그리고 글쓰기를 배우는 것이 삶을 배우는 것이기도 하다면, 나는 위태롭게 살고 싶지는 않다.

충격적이리만치 아름다운 선물

긴 문장을 쓰는 작가에 관한 더 나은 비유는 줄타기 곡예사다. 과장처럼, 어쩌면 망상처럼 들리리라는 걸 알고 있다. 1974년 8월의 어느 날 프랑스 청년 필리프 프티가 했던 것처럼 작가는 모든 위험을 불사하지는 않는다. 프티는 세계무역센터의 쌍둥이 타워 사이에 몰래 쇠줄을 연결하고 혼잡한 아침 출근 시간에 줄 위를 걸었다. 로어맨해튼 거리 위 4백 미터 상공에서. 줄타기 곡예사를 작가에 비유한 건 프티 자신이었다. 이후에 불법행위로 체포당한 프티는 법정 계단에서 이렇게 외쳤다. "나는 무모한 인간이 아니라 하늘을 나는 작가다!"

긴 문장을 쓰는 일과 줄타기의 핵심은 통제 가능한 무정부성을, 분명한 한계 안에서 무한한 자유를 만끽하는 것이다. 줄타기가 글쓰기보다 더 위험할 수도 있지만, 궁극적으로 둘 다 기술이 중요하다. 프티는 줄타기를 위해 사진을 연구하고, 강풍의 영향과 건물의 흔들림을 계산하고, 건물에 몰래 들어가 접합 부위를 살피고 고정대 설치 지점을 답사하는 등 마치 학자처럼 철저히 준비했다. 하지만 가느다란 강철 케이블 위에 발을 디딘 뒤에는, 문장을 쓰는 작가처럼 성실한 연습으로 만들어진 본능에 의지해야 했다. 줄타기 곡예사는 원통처럼 회전하려는 줄의 힘에 맞서 자신의 몸동작을 바꾼다. 줄의 흔들림을 흡수하면서 발을 올려놓는 법을 익히고, 그다음에는 발목을 구심점 삼아 무게중심을 상체 쪽으로 이동시킨다. 엄지와 검지 발가락 사이에서 시작해 발바닥을 가로질러 뒤꿈치 중앙으로 줄이 통과하는 감각을 기억해야 한다.

줄타기에는 긴 문장의 리듬과 운동성이 있다. 프티는 말했다. "나는 삶의 두려움을 보지 않으려 한다. 인간은 그렇게 죽는다. 움직이고 생각하는 게 아니라 얼어붙는다." 글쓰기와 걷기는 마찬가지로 공간과 시간 속에서 일어난다. 갑자기 한꺼번에 이룰 수 없고 꾸준히 움직여야 성공한다. 줄타기 곡예사는 항상 신중하되 역동적이어야 한다. 문장을 쓰다가 쉼표나 세미콜론을 찍는 작가처럼, 줄이 지나치게 흔들리지 않도록 고정하는 앵커 로프인 카발레티에서 잠시나마 쉴 수 있다.

프티는 쌍둥이 타워를 가로지르는 밧줄의 중간에서 마치 문장에 깔끔하게 구두점을 찍듯 등을 대고 누웠다. 이어 주위를 맴도는 당황한 새들에게 손을 흔들었다. 아래쪽 도로에서 프티를 올려다보던 사람들은 잠시 안도했지만 영 마음을 놓지는 못했는지 완전히 숨을 내뱉지는 못했다. 그들은 프티가 남쪽 타워에 거의 다다랐을 때 숨을 내쉬기 시작했다. 완전히 도착하자 안도의 한숨을 쉬었다. 하지만 그것도 잠시, 프티는 방향을 돌려 모든 과정을 반복했고, 그렇게 일곱 번을 더 밧줄을 가로지른 뒤 대기하던 경찰에게 순순히 체포되었다. 여덟 개의 문장. 줄타기로 완성된 하나의 단락.

'줄타기를 하다(walking a tightrope)'라는 표현에는 벼랑 끝에서 위태롭게 살아간다는 은유적인 의미가 있다. 하지만 프티는 줄타기의 이런 아슬아슬함에는 관심이 없었다. 프티는 안전 장비를 착용하지 않았다. 그렇게 하면 줄타기가 더 안전해지기 때문이 아니라 "품격이 없어지기" 때문에. 그리고 줄타기를 실제보다 더 힘들어 보이게 만들거나, 대형 서커스의 줄타기 곡예사처럼 균형을 잃고 떨어지는 시늉을 하면서 군중을 속이지도 않았다. 나이아가라폭포에서 장대를 들고 눈을 가리거나 외바퀴 손수레를 밀며 줄을 탔던 샤를 블롱댕의 묘기는 프티의 스타일이 아니었다. 프티는 그저 재미있고 싶어서, 그리고 우연히 줄타기를 구경하게 된 사람들을 위해 그 모든 일을 하는 것 같았다. 줄타기 사건 이후에도 프티는 줄타기를 돈이나 명성과 맞바꿀 생각이 없다며 에이전시를 고용하지 않았다. 폴 오스터의 표현을 빌리자면 그것은 "뉴욕에 길이 기억될 충격적이리만치 아름다운 선물"이었다.

긴 문장 역시 길이 기억될 아름다운 선물이어야 한다. 독자에게 단서 없이 즐거움을 선사하되, 기교로 현혹해서는 안 된다. 때때로 독자를 조마조마하게 만들 수도 있다. 문장 그 자체가 핵심이 아니거니와 삶을 기쁘게 하기 위해 스스로를 내어주는 것 외에 다른 의도가 없다는 인상을 줄 수 있다면 말이다. 가독성 지수는 이런 일을 다루는 데 무용하다. 독해 용이도를 측정할 뿐 기대와 놀라움이라는 훨씬 울퉁불퉁하고 까다로운 즐거움을, 긴 문장이 마무리의 순간을 유예하는 감질나는 방식을 모르기 때문이다.

나는 비행을 겁내고 높은 곳에 가면 벌벌 떠는 완전한 지상형 인간이다. 높은 건물의 꼭대기 층에 올라가면 창문 가까이에 가는 것도 꺼린다. 줄 위에 선 프티의 사진을 보기만 해도 다리가 후들거린다. 그런 내게 두 건물 사이를 줄타기한다는 것은 두 팔을 펼치고 날려고 하는 것과 같다. 하지만 언젠가는 그런 쓸모없고 관대하고 기쁨을 주는 아름다움이 담긴 문장을, 붐비는 길거리 한가운데에서 낯선 이가 걸음을 멈추고 위를 올려다보게 만드는 그런 문장을 쓰고 싶다.

하강하는 마침표와 도약하는 문단
—보이지 않는 실로 문장을 엮는 법

초기 문서 작성 프로그램 중 하나인 워드스타는 1979년에 흥미로운 기능과 함께 출시되었다. 당시 대부분의 컴퓨터 키보드에 있던—유일하게 타자 키가 아닌—컨트롤 키로 자르고 붙이기를 할 수 있었던 것이다. '자르기와 붙이기'는 가위와 풀로 하던 전통적인 행동에서 따온 이름이었다. 작가들은 원고의 단락들을 잘라 새로운 순서로 정렬해 풀로 붙여서 자리를 잡아둔 뒤, 다시 전체를 새로 타이핑하며 초안을 써나갔다. 문구점에서 팔던 편집용 가위는 A4용지를 한번에 가로로 잘라낼 정도로 날이 길었다. 워드프로세서는 아직도 자르기를 가위 그림으로 표현한다. 지금 보면 이메일을 상징하는 봉투 픽토그램만큼이나 예스럽다.

워드스타의 자르기와 붙이기 기능을 사용하면 그전까지 번

거로웠던 작업을 클릭 몇 번으로 해결할 수 있었다. 존 맥피는 1984년에 구입한 자신의 첫 컴퓨터를 "5천 달러짜리 가위"라고 불렀다. 이제는 생각을 떠오르는 대로 늘어놓은 후에 순서를 고심해서 바꾸는 비선형적 방식으로도 글을 쓸 수 있다. 하지만 장점이 있는 모든 발명품이 그렇듯 자르기와 붙이기가 글쓰기를 더 나쁘게 만든다고 비난하는 사람들이 있었다. 그들은 이 기능이 한 문장이 다음 문장을 불러내는 글쓰기의 자연스러운 흐름을 방해한다고 우려했다. 문장 정렬이 편리해지면 교정 욕구가 과하게 생겨서 순차적으로 글을 쓰는 인간의 타고난 감각이 흐트러질 수 있다고 걱정했다.

하지만 이런 일이 일어난 증거는 어디에도 없다. 만약 그랬다면 아날로그 방식으로 글을 썼던 마지막 세대의 일원인 내가 증인이어야 마땅하다. 나는 인텔이 마이크로프로세서를 출시해 개인용컴퓨터 혁명을 일으키기 한 해 전에, 워드프로세서가 모든 업무용 책상에 놓이기 스무 해 전에 태어났다. 학교의 책상 한쪽 구석에는 여전히 잉크병을 놓는 구멍이 있었다. 우리에게 그 구멍이 꼭 필요한 건 아니었다. 그때는 끝부분에 씹힌 자국이 남은 지우개 달린 연필, 줄줄 새는 잉크통이 다 보이는 싸구려 플라스틱 볼펜을 썼으니. 그래도 글쓰기는 여전히 촉각에 의존하는 느리고 지저분한 일이었다. 학교가 파할 때쯤에는 우리 손가락에는 굳은살이 박이고 손바닥은 잉크 범벅이 되었다.

두 줄이 쳐진 연습장에 글씨를 깔끔하게 쓰면 체크 표시를, 지저분하게 쓰면 곱표를 받는 손 글씨 수업도 있었다. 이런 수업에서는 훌륭한 캘리그래피 전문가 매리언 리처드슨의 영향을 여전히 느낄 수 있었다. 전직 미술 교사인 리처드슨은 그리기와 낙서를 즐거워하는 인간의 본성이 반듯하고 부드러운 서체를 완성할 수 있는 최고의 방법이라고 생각했다. 1935년 리처드슨은 자신의 책『글쓰기와 글쓰기 패턴』에서 그리려는 욕구와 쓰려는 욕구가 같은 출발점에서 시작한다고 주장했다. 우리가 연습 없이 즉흥적으로 말을 할 때 자연스럽게 나오는 손동작이 그 출발점이다. 손동작은 인간의 진화 과정에서 말하기보다 먼저 등장했다. 우리는 텔레비전 프로그램 진행자의 손동작만 보고도 프롬프터를 보고 있는지 아닌지 눈치챌 수 있다.

아직도 키보드보다 펜을 고수하는 작가들은 리처드슨의 후예다. 그 작가들은 자신의 머릿속 생각이 펜을 쥔 손으로 쓰여야만 가장 잘 전달된다고, 글은 손으로 쓴 원고에서 한 단어 한 단어 넘어갈 때 가장 수월하게 흘러간다고 생각한다. 내가 가르치는 학생들을 포함해서, 내 이후 세대의 대부분은 이런 생각을 떠올리기는커녕 어떻게 받아들여야 할지 감을 잡기도 어려울 것이다. 학생들에게 손으로 글을 쓴다는 것은 필사나 서예와 비슷하다. 학생들은 세 시간 동안 시험을 치르고 나면 아픈 손을 주무른다. 터치스크린이 문자를 찍는 엄지손가락을 과잉 진화시키고 글 쓰는 손목을 퇴화시킨 것이다.

손 글씨를 구시대의 유물로 여기는 이런 젊은이들은 다른 어떤 기술이 터치스크린을 대체하면 지금 습관적으로 들여다보는 액정 화면에 향수를 느낄 것이 분명하다. 세대를 막론하고 모든 작가는 뭐가 되었든 자신들이 문장을 쓸 때 사용하는 물리적 도구에 애착을 갖게 마련이기 때문이다. 음악가가 자신의 악기를 사랑하게 되듯.

글쓰기에서 흐름을 찾는 일

작가이자 음악가 찰스 로즌은 『피아노 노트』에서 피아노를 쳐야 하는 자신의 육체적 필요에 대해 말한다. 로즌은 그 욕구를 테니스 선수가 공을 칠 때 고무와 나일론, 압축된 공기가 라켓의 팽팽한 줄에 내리꽂히는 순간에 느끼는 전율에 비유한다. 로즌은 피아니스트가 피아노의 음색을 사랑하는 것만으로는 불충분하다고 말한다. 피아니스트에게는 "연주의 역학과 난점에 대한 진정한 사랑이, 건반과 접촉해야만 하는 육체적 필요"가 있어야 한다.

일부 작곡가는 피아노 앞에 앉아서 곡을 짓는 사람을 경시한다. 베를리오즈는 피아노를 연주하지 못하는 것을 자랑스럽게 생각했고, 슈베르트는 식당 메뉴판 뒤에 곡을 쓸 수 있었다. 이런 순수주의자들은 작곡가가 건반에 의지하지 않고도 머릿속으로 작곡을 할 수 있어야 한다고 생각한다. 하지만 로즌은 이들이 데카르트적 이원론에 빠져서 몸을 정신보다 열등하게 여기고 인간의 동물적 자아를 부정하고 있다고 생각한다. 가수는 절대 그런 실수를 하지 않으리라. 가수들은 목소리가 단순히 가사와 곡조의 중립적인 전달 수단이 아니라는 것을 안다. 목소리는 첼로만큼이나 조심히 다뤄야 하는 악기다. 로즌은 한 인터뷰에서 이를 더 직설적으로 표현했다. "피아니스트는 테너와 비슷합니다. 우린 아주 멍청해요. 테너들은 자기 목소리를 느끼는 걸 좋아하고, 피아니스트들은 손가락으로 상아 건반을 느끼는 걸 좋아하거든요."

피아니스트와 테너만큼 멍청한지는 모르겠지만 작가도 마찬가지다. 이들은 자기 도구를 가지고 작업하기를, 자신의 목소리를 듣기를, 손가락으로 상아 건반을 느끼기를 좋아한다. 가수가 보컬 트레이닝을 하고 피아니스트가 손가락을 푸는 연습을 하듯, 작가에게는 체조와 비슷한 글쓰기 루틴이 필요한 것 같다. 작가들은 스크린 같은 반투명한 매체로 작업을 하는 데도 글자를 깎아 조각하는 기분을 느끼는 걸 좋아한다. 내가 글을 쓸 때 사용한 첫 컴퓨터는 검은 화면에 눈이 아픈 녹색 글씨가 뜨는, 굼벵이처럼 느리고 못생긴 베이지색 상자 같은 암스트래드였다. 하지만 30년이 지난 지금도 나는 암스트래드로 문장을 수정할 때 단락이 마치 흐르는 물처럼 저절로 모양을 갖추는 것을 지켜봤던 순간이 잊히지 않는다. 모든 줄의 마지막 단어가 자동으로 행갈이가 되어 리턴 키를 칠 필요가 없을 때, 심벌즈를 쳐대고 싶을 정도로 신묘하고 마법적인 기교에 전율했던 기억이 생생하다.

바베이도스 작가 카마우 브레스웨이트는 자신의 첫 컴퓨터인 애플 매킨토시가 생겼을 때 감전된 듯이 흥분했다. 그는 이 컴퓨터가 인쇄된 글의 형식적 고정성에 의해 오랫동안 억눌려 있던 카리브해의 유동적인 구비문학 전통으로 회귀할 도구라는 걸 단번에 알아보았다. 브레스웨이트는 컴퓨터 문서 작성을 "빛으로 글쓰기"라고 불렀다. 그 시기에는 많은 사람의 생각이 그와 같았다. 사람들은 발광하는 화면을, 사라진 글씨의 자국이 남을 정도로 밝은 인광을, 하드드라이브의 침묵에 가까울 만큼 낮은 냉장고 소음을 사랑했다. 글은 빛으로 쓰였다. 자판이 철커덩거리는 기관총 소리와 카트리지가 규칙적으로 되돌아가면서 내는 소음으로 글을 쓰던 시대가 지난 것이다. 디지털 역사학자 매튜 커센바움은 카메라가 먼저 나오지 않았더라면 '빛으로 쓰기'에 해당하는 그리스어 '포토그래피(photography)'가 문서 작성을 일컫는 표현이 되었을지도 모른다고 말한다.

디지털에 대한 이런 초기의 매혹은 오래전에 사라졌다. 이제는 그 자리를 아날로그에 대한 향수가 대신한다. 일각에서는 물 흐르는 듯한 문장을 만드는 능력이 저하된 이유가 손으로 글을 쓸 일이 줄어들었기 때문이라고 본다. 어떤 사람들은 펜보다 훨씬 더 선형적인 글쓰기 도구인 타자기의 소멸을 비슷한 이유로 애석해한다. 타자기로 작성한 원고를 수정하려면 잘라서 다시 붙이지 않는 이상 수정액으로 덮거나 다시 써야 했다. 사람들은 (분명 지금에서야 하는 말이지만) 그때 그래서 정신을 집중할 수 있었다고 믿는다.

그래서 최근에는 커센바움이 말한 '절제형 장치(austerity-ware)'에 대한 틈새 수요가 생겼다. 이는 옛 시절의 워드프로세서처럼 잡다한 요소 없이 글쓰기 창으로만 화면을 채우는 미니멀한 문서 작성 프로그램들을 말한다. 여기에는 자르고 붙이기 기능도, 심지어 백스페이스 키도 없다. 복고풍의 검은 화면에 녹색 쿠리어체로 타이핑을 하고 저장하고 인쇄하는 것 외에는 아무것도 할 수 없다. 사용자는 글을 쓸 때 화면의 왼쪽 상단 모서리에서 시작해서 하단 오른쪽을 향해 뻗어갈 수밖에 없다.

그렇게 생각하지는 않지만 만일 내가 글의 자연스러움이라는 게 컴퓨터 때문에 어그러진다고 믿는다 해도, 이런 절제형 장치는 치약을 도로 치약통에 집어넣으려는 것처럼 느껴진다. 과거에도 항상 어려웠고 미래에도 항상 어려울 무언가를 해결할 마법을 찾으려고 하기 때문이다. 글쓰기가 워낙 힘들기에 우리는 글이 술술 흘러가도록 하는 주문과 부적에 매달린다. 특별한 경도의 연필을 고집하는 사람이 있는가 하면, 백라이트 키보드에 찬란한 크롬 광택을 내는 최신형 노트북에 집착하는 사람도 있다. 모두가 영감이 막힘없이 흐르게 하면서도, 글을 재구성하고 처음부터 다시 시작하게 하는 하나의 도구를 찾고 있다. 다시 말해 늘 그렇듯 우리는 최상급의 두 마리 토끼를 모두 가지기를 원한다.

이 모든 내용이 이 책이 거짓말에 토대를 두고 있다는 것을 우회적으로 폭로한다. 문장이 다른 문장 없이도 독립적으로 기능한다는 말은 거짓이다. 당신이 읽는 문장은 앞서 읽은 문장과 그 주위의 읽지 않은 문장들을 필요로 한다. 문장은 사회적 동물이어서 동료를 먹이 삼아 더 높은 의미의 단위를 형성한다. 문장에 마침표가 필요한 것은 하나의 문장을 완성하기 위해서만이 아니라, 다음 문장을 시작하기 위해서다. 흐름을 찾는 글쓰기의 이면에는 문장이 모여 격언처럼 고립된 상태를 지나 전진하는 움직임으로 바뀌고 나서야 의미가 만들어진다는 생각이 자리하고 있다.

문장은 나란히 놓여야 생명을 얻기 때문에 모든 문장은 그 다음 문장만큼 청각적인 쾌감을 주지는 못한다. 만일 이런 일이 일어난다면 독자는 지칠 것이다. 매콜리가 세네카의 작품을 읽는 일에 대해 말했듯 그것은 안초비 소스 하나만으로 만찬을 차리려는 것과 같다. 또는 클리브 제임스가 촌철살인의 문장으로만 쓴 글을 읽는 일에 대해 말했듯 젖은 수건으로 계속 맞는 것과 같다. 옆 문장이 전혀 필요하지 않을 정도로 찬란한 문장은 빛을 너무 많이 앗아간 나머지 너무 눈이 부셔서 글을 계속 읽지 못하게 한다. 문장은 밝게, 하지만 짧게 타오르다가 다음 문장으로 이어지는 길을 비춰야 한다.

모든 문장 사이에는 마침표와 빈 공간으로 표기되는 작은 틈이 있고, 논리는 그 사이를 뛰어넘어야 한다. 이 틈이 너무 넓으면 문장은 연결 고리 없이 뚝뚝 끊어지고 독자는 그와 무관한 생각의 바다에서 허우적거린다. 반대로 틈이 너무 좁고 문장이 거추장스럽게 연결되면, 독자는 혼자서도 충분히 만들 수 있는 연결 고리를 강제로 받게 된다. 어설픈 저자가 넓은 틈을 그냥 내버려두면 문장은 서로 오도 가도 못하게 된다. 반면 유능한 저자들은 너무 좁은 틈을 내버려둔다. 문장의 사이에는 적절한 여백과 침묵이 있어야 한다. 그때 독자는 마침표에서 딸깍 하고 끊어지는 소리를 들을 수 있다.

글쓰기는 창의적인 작업이기 때문에 우리는 픽션을 쓰든 안 쓰든 픽션 작가에게서 문장을 연결하는 법을 배울 수 있다. 미국의 작가이자 글쓰기 교사인 존 가드너는 이를 '프로플루언스(profluence)', 부드러운 흐름이라고 표현한다. 가드너는 글이 품은 완고한 진실은 읽는 데는 시간이 필요하다고 봤다. 누구도 이야기를 단숨에 읽을 수 없다. 시간을 두고 글을 읽어나가며 이야기가 앞으로 나아가는 것을 느껴야 한다. 가드너는 단순히 플롯을, 어떤 이야기에 독자를 묶어두는 인과적 사건의 연쇄를 말한 게 아니다. 그가 말한 것은 언어의 음악성과 문장이 장단을 맞추는 방식이다. 독자를 사로잡기 위해서 반드시 호기심을 자극할 필요는 없다. 그저 문장이 계속 흘러가고 있다는 느낌을 주면 된다.

따라서 문장은 종이 위에서 조금씩 서서히 풀려야 한다. 문장의 집합도 마찬가지다. 글은 여타 예술이 보이는 동시다발성—노래의 코드와 화음, 무용수들의 통일성 있는 안무, 회화의 넓은 캔버스, 영화의 미장센, 숨을 들이쉬게 만드는 장엄한 건축물—을 거부한다. 글은 단번에 모습을 드러내지 못하기에 세상을 천천히 삶에 기록해야 한다. 그러므로 항상 어딘가로 향하는 것처럼 느껴져야 하지만, 읽는 속도에 맞추어 알고 있던 것에 새로움을 덧붙이는 식으로 세부와 분위기를 쌓아가야 한다. 이 여행은 한 번에 한 단어, 한 구절, 한 문장씩 펼쳐진다.

모든 발걸음이 도착일 때

편집자이자 글쓰기 교사인 고든 리시에게는 조화로운 문장들에 대한 나름의 이론이 있었다. 리시는 그것을 '연속성(consecution)'이라고 불렀다. 그는 최고의 스토리텔링 효과가 앞 문장으로 계속 되돌아가 글을 고치면서, 반복과 변주의 패턴을 고조시키고 팽팽하게 잡아당길 때 발휘된다고 생각했다. 문장의 연속성은 앞에서 말하지 않은 것에서 생기와 흥미를 끌어내며, 읽는 이를 뒤돌아보는 동시에 앞으로 나아가게 한다. 한 문장의 문자와 소리가 다음 문장으로 넘어가면서 단어들은 알아차리기 힘든 미세한 차원에서 서로 결합된다. 모든 단어와 모든 문장은 바로 앞의 단어와 문장에서 비롯된다. 그걸 딛고 서든, 반복하든, 뒤집든, 가차 없이 옆으로 밀치든, 문장은 그 자체로 설득력이 있어야 하지만 다음 문장을 암시할 만큼 충분한 여백을 남겨야 한다.

리시의 제자였던 단편소설 작가 게리 러츠는 여기서 영감을 얻었다. 2008년 러츠는 컬럼비아대학교 글쓰기 프로그램에서 '문상은 외로운 징소'라는 제목의 강연을 열었다. 러츠는 학생들에게 자신이 독자로서 읽고 싶고 작가로서 쓰고 싶은 글은 "완벽한 문장, 손에 쥘 수 있는 고독, 완성된 언어의 찰나 같은 즉각성"을 담은 이야기라고 말했다. 그는 어느 페이지를 펼쳐도 그 자체로 아름답고 번뜩이고 소중한 무언가를 선사하는, "오롯이 총체적이면서도 다차원적인" 책을 원했다.

러츠의 소설들을 굳이 요약하자면 별것 아니게 들린다. 화자와 주인공은 무너져가는 결혼 생활을 하고 있는 외롭고 이름 없는 이들로, 자신들의 육체와 그 육체의 다양한 구멍이 뿜어내는 온갖 분비물에 평생 어쩔 줄 모른다. 하지만 소설에서 주제, 배경, 스토리라인 같은 통상적인 요소는 문장의 곁가지

일 뿐이다. 글자들은 서로 마찰을 일으키며 단어의 소리와 형태 바깥에 발을 디딘다. 문장은 외로운 장소일 수도 있지만, 문장의 집합은 하나로 모인 그 집단적인 외로움으로부터 신선한 의미를 만들어낼 수 있다.

리시의 또 다른 제자인 에이미 헴플도 러츠처럼 플롯이 없는 단문처럼 보이면서도 독자를 끝까지 붙드는 단편을 썼다. 헴플의 비결은 리시가 공격이라고 부른, 급소를 찌르는 문장을 첫 줄에 쓰는 것이다. 「내쉬빌을 화장하고서」는 "나는 개를 화장하고 난 뒤 남편의 침대에 누워 아카데미 시상식 동물 부문을 시청했다", 「숨 쉬는 예수」는 "숨 쉬는 예수를 목도한 뒤 내 모든 것이 바뀌었다", 「뒤 주르」는 "첫 사흘이 최악이라고 그들은 말하지만 보름이 지났고 나는 여전히 첫 사흘이 끝나기를 기다린다"로 시작한다. 헴플의 첫 문장은 러츠의 외로운 장소 같다. 그 자체로 하나의 단편처럼 읽히면서도 두 번째 문장을, 그다음에는 세 번째 문장을 궁금하게 만든다. 리시는 이를 '회전력(torquing)'이라고 불렀다. 이야기는 하나의 큰 태엽 같아서 각 문장이 톱니를 조금씩 돌려 자신의 지분을 견실히 높인다.

소설만이 아니라 현대의 많은 글이 이와 같다. 어떤 보이지 않는 실이 무관해 보이는 문장들을 연결한다. 낱낱의 문장에 충분한 생기와 흥미가 있을 때, 릴케의 표현을 빌리자면 "모든 발걸음이 도착"일 때, 이 문장들은 독자의 손을 잡아 앞길을 넌지시 보여줄 것이다. 연상에 이끌려 순차적으로 읽어나간다면, 연결 구문이라는 접착제가 필요하지 않은, 숨겨진 통일성을 발견하게 될 것이다.

 목표는 문장 하나하나를 중요하게 만드는 것, 마냥 제자리를 걷거나 다음 문장으로 건너기 위해서만 존재하는 문장들을 줄이는 것이다. 독자는 이런 문장을 스치듯 지나친다. 문장을 외로운 장소로 취급할 때 신기하게도 다음 문장으로 넘어가기 더 쉬워진다. 다음으로 넘어가는 방법을 놓고 너무 아득바득하지 않음으로써 흐름을 손에 넣는다. 각 문장은 일시적인 섬이고, 이 섬들은 썰물 때가 되어 육지로 통하는 둑길이 드러나기 전까지 외따로 떨어진 것처럼 보일 것이다.

 문장 하나하나를 읽을 만한 가치가 있게 써라. 그 과정에서 무언가가 당신을 다음 문장으로 도약시킬 것이다. 당신은 연결 장치 없이도 급선회하거나 예정에 없던 비행을 해서 어렵지 않게 새로운 지형에 도달할 수 있을 것이다. 독자는 이어지는 문장에 호기심을 가질 것이고 이 호기심이 여행을 헤쳐나갈 동력을 만들어줄 것이다. 문장과 동떨어진 논리의 구조물을 가져오려 하지 말고, 마지막 문장에서 비롯되는, 또는 발산되는 문장을 써라.

 나는 이 장을 쓰는 동안 재즈 피아니스트 빌 에번스의 아름다운 7분짜리 음악 시 〈피스 피스(Peace Piece)〉를 반복 재생했다. 나는 이 노래를 계속 들여다보고 싶다. 이 곡은 느리게 흔들리는 두 코드의 왼손 오스티나토(ostinato)•로 시작하는데, 이 프레이즈가 곡 전체를 관통한다. 부드러운 코드가 물결치

• 계속 반복되는 일정한 악구.

면서 에번스의 오른손에서 장식적인 선율이 펼쳐지는데, 선율은 키를 바꾸고 예기치 못한 국면을 맞으면서 점점 풍성해진다. 오른손이 건반의 오른쪽 절반을 오르내리며 글리산도˙와 종소리 같은 음들로 빨라지는 가운데에도 왼손은 여전히 느리게 움직인다. 이 곡에는 연주를 마칠 때까지 선율을 다 풀어놓지 않아서 음색들이 울림판에서 풍성하게 중첩되는 사랑스러운 레가토가 있다. 곡 마지막에 가서야 그는 비로소 오른손과 왼손의 연주를 하나로 잇고 오스티나토는 잠잠해진다.

놀랍게도 이 곡은 한 번에 즉흥적으로 만들어졌다(사전에 얼마나 연습을 했는지에 대해서는 약간의 논란이 있지만). 이 곡의 오스티나토는 레너드 번스타인의 노래 〈섬 아더 타임(Some Other Time)〉을 소개하는 즉석 연주처럼 시작하지만 에번스는 오스티나토를 놓지 않고 새롭게 발전시킨다. "그 자체의 느낌과 정체성이 너무 강해져서 나는 그냥 계속 가봐야겠구나 하고 생각했다"고 에번스는 말했다.

그냥 계속 가본다. 나한테는 이것이 리시가 말한 연속성의 음악적 구현처럼 보인다. 각각의 음, 각각의 코드, 각각의 악구가 바로 앞의 것에서 비롯된다. 에번스에게는 기존의 화음 진행을 새롭게 만드는 재주가 있다. 연주를 살짝 끌거나 화음의 구성을 조금 바꿔 놀라운 형태를 빚어내고, 삼화음을 무음조와 혼합하는 재주가 있다. 많은 위대한 예술 작품처럼 〈피스

- 한 음에서 다른 음 사이를 연속적으로 미끄러지듯 연주하는 법.

피스)는 자신에게 주목하라고 아우성치지 않는다. 듣는 이를 생명의 흐름 속으로 끌어들일 뿐이다. 공중에 둥둥 뜬 것 같으면서도 여전히 땅에 발이 붙어 있고, 같은 생각 주변을 빙빙 돌면서도 참을성 있게 파도를 타고 앞을 향하는 것 같다. 수백 번은 들었지만 이 음악이 어디로 가는지 도통 모르겠다. 하지만 어딘가로 가고 있다는 것, 종착지가 집처럼 느껴지리라는 것은 알고 있다.

접속부사, 배보다 더 큰 배꼽 같은 접착제

몇백 년 전의 문장은 지금보다 훨씬 많은 족쇄로 연결되었다. 끝나지 않은 생각을 이어간다는 것을 보여주기 위해 'whereof(그에 관해)'나 'howsobeit(그렇더라도)'로 말문을 열곤 했고, 접속부사를 사용해서 질이 이렇게 연결되는지 보여줬다. 대비를 할 때는 'however(하지만)', 덧붙일 때는 'moreover(더욱이)', 예시를 들 때는 'namely(다시 말해)', 증명할 때는 'therefore(그러므로)' 등을 쓰곤 했다. 사실 이런 부사의 사용은 줄어들게 된 지 오래다. 'indeed(사실)'는 18세기 인쇄물에서 최고조로 사용되다가 이후 꾸준히 줄어들고 있다. 'however'과 'moreover'의 수는 1840년대부터 하락세다. 오늘날 독자는 'thus(따라서)'와 'whereupon(그 결과)' 없이도 머릿속으로 문장을 연결한다.

접속부사에 아직도 집착하는 부류가 있다. 바로 학술적인 글, 그리고 그걸 흉내 내는 학생들의 에세이다. 이런 글은 증거, 사례, 예외, 뉘앙스, 기교, 얼버무리기용 다의어로 세심하게 문장 관계를 설정한다. 모든 'of course(물론)', 'admittedly(명백히)', 'to be sure(분명히)'는 작가가 순진함이라는 부끄러운 병에 걸리지 않도록 존재하는 예방접종용 표현들이다. 이런 글은 너무 빈틈이 없고 비일관성을 제거하는 데 전전긍긍할 때가 많다. 검은 타르로 배의 선체를 밀봉하듯이 글이 침몰하지 않게 만들려다 보면 문장이 추해지기 십상이다. 철벽 방어라는 그 미심쩍은 미덕을 얻기 위해 생기와 목소리를 팔아버리는 꼴이다.

접속부사를 많이 사용한 문장은 독자를 향한 신뢰가 미비하다는 인상을 준다. 온갖 표현으로 뜻을 한정하고 예시를 들지 않는다면 독자가 생각의 고유한 짜임을 따라올 수 없으리라는 의심이, 또는 독자가 어떻게든 문장의 구멍을 찾아내리라는 의심이 보인다. 이런 두 형태의 두려움은 모두 글쓰기의 이상을, 문장이 작가가 독자에게 주는 선물이라는 이상을 방해한다. 문장이 충분히 쓰이지 않았다는 걱정 때문에 당신이 잘 모르는 것을 더 훤히 아는 누군가에게 설명하는 무례를 저지르듯, 선생님에게 제출하기 위한 학창 시절의 글쓰기 모드로 돌아갈 때 접속부사의 어두운 그림자가 드리워진다. 그래서 당신은 하나같이 같은 뜻의 소심한 표현들을 남발한다. 그런 표현들은 하수구에 낀 머리카락처럼 흐름을 꽉 막는다.

접속부사는 단어의 총합을 늘리고, 독자는 이 모든 걸 읽어야 한다. 소로는 이를 "배보다 더 큰 배꼽 같은 접착제"라고 불렀다. 이와 비슷하게 '이 연구에서 나는 ~를 주장하고자 한다', '나의 주장은 ~이다', '~라는 결론을 내리기 충분하다' 같은 학술적인 글에 주로 쓰는 진술을 위한 진술은 글을 급제동시킨다. '이제 우리는 이 질문으로 돌아가야 한다'라고 쓰는 사람은 독자를 도우려는 의도겠지만 그저 독자가 읽을 단어의 수를 늘릴 뿐이다. 묘하게도 이정표는 반쯤 눈에 띄지 않은 채로 스스로를 내세우지 않고 독자를 안내할 때 가장 효과적이다. 전조가 전조처럼 읽히지 않을 때, 이음매가 보이지 않게 맞물린 평면처럼 연결될 때 가장 효과적이다.

　작가와 독자가 서로 공유하는 암묵적인 가정에 의지해서 문장을 연결할 수 있다면 끈적한 부사는 필요하지 않다. "그 겨울은 내가 기억하는 가장 추운 겨울이었다. 매일 아침 나는 도로에서 엔진이 공회전을 하는 동안 차 유리를 긁어내는 의식이 치러지는 소리를 들었다." 두 문장은 추운 밤이면 자동차 앞 유리에 서리가 끼고 운전자가 서리를 제거하려면 엔진을 가동해야 한다는 공통 지식만으로도 연결될 수 있다. 이런 파악 가능한 낱개의 문장들은 공통 개념에 의지한다. 서로 연결된 문장들이라고 해서 다르지 않다.

　이런 맥락에서 컴퓨터가 일으키는 실질적인 위험이 있다. 컴퓨터는 글의 흐름을 파괴하기보다 오히려 글을 모방하기 쉽게 만든다. 화면에다 정신없이 휘갈긴 뒤 '따라서'와 '그에 관해' 같은 연결 장치를 더하도록 부추긴다. 부사는 찬찬히 생각해보면 서로 무관한 문장들을 이어 붙여 억지스러운 일관성을 만든다. 'for example(예를 들면)'은 앞으로 나아가기보다는 그저 하나를 더 덧붙이면서 앞 문장에 기생하는 느낌을 줄 수 있다. 작가들이 '예를 들면'을 너무 많이 썼다고 느낄 때 의지하는 'to name but two(두 가지만 말하자면)'은 더 많이 말할 수 있지만 실제로는 두 가지만 말하겠다는 뜻이다. '더욱이'와 '게다가'는 형사 콜롬보가 좋아할 만한 부사다. 모두 '그리고 한 가지 더'라는 뜻인데, 독자는 당신이 부러 강조하지 않아도 한 가지를 더 말하리라는 걸 알고 있다. 진짜로 두드러지는 무언가에는 밑밥이 전혀 필요 없다는 점에서 허술한 접착제다. 이런 단어를 잘라내면 핵심이 대개 살아난다.

길을 잃지 않으려고 접속부사나 다른 연결 표현에 의지해야 하는 독자는 안갯속을 비행하는 기분이 들 것이다. 청명한 하늘에서는 조종대 바깥에서 보이는 시각적 단서만으로도 비행기를 조종할 수 있다. 수평선을 바라보며 비행기를 평평하고 곧게 유지한다(방향). 강, 도로, 활주로 같은 풍경을 바라보며 비행기를 목적지로 몰아간다(조종). 그리고 다른 비행기, 산, 지면 같은 장애물을 살피며 충돌을 피한다(구분). 하지만 창밖이 보이지 않는다면 계기판에만 의지하는 비행을 해야 한다. 계기 비행은 익히기 힘들고 즐기기는 더욱 어렵다. 계기 비행은 사전에 설정한 경로로만 비행해야 한다는 뜻이다. 조종사들은 이를 "수프 속에 빠졌다"고 표현한다.

독자는 단어의 의미와 배열을 납득하지만 앞이 보이지 않을 때 계기 비행에 오르게 된다. 단어와 그것들을 접착제처럼 연결하는 부사가 무슨 의미인지는 알고 있으니 더듬더듬 앞으로 나아갈 수는 있다. 하지만 그 글이 앞으로 나아가고 있다고 느끼지는 못한다. 수프 속에 빠진 것이다. 구름 한 점 없는 하늘에서 계기판을 볼 필요 없이 감각에 의지해 비행기를 수평선을 향해 몰듯 눈앞에 펼쳐지는 문장을 바라보는 편이 독자에게는 훨씬 낫지 않을까?

독자를 믿어라. 문장 집합의 내적 원리를 추리하고 종이 위에 펼쳐지는 생각을 어떤 도움 없이도 따라갈 수 있는 독자의 능력을 과소평가하지 말라.

리처드 휴고는 불필요한 글 속 표지를 서부 무성영화의 상투적인 자막 "한편, 다시 목장에서는…"과 비교한다. 이 표현은 너무 쓸데없어서 업계의 농담거리가 되었다. 목장 장면에 포개어 나오는 이 표현은 청중도 이미 아는 사실을 구태여 전달한다. 휴고는 글에 나오는 '한편'이나 '그와 동시에'도 마찬가지라고 말한다. 이는 작가가 함께 언급한 두 가지가 동시에 일어나고 있다는 의미인데, 아마도 어떤 상황에든 해당할 것이다. 마치 영화 관람객이 연속되는 짧은 장면에서 시공간의 연속성을 님겨짚는 법을 익히듯, 독자들은 문장 사이를 인지적으로 도약하는 법을 배운다. 글의 단단한 시멘트는 끈적끈적한 부사가 아니라 문장 배열 방식의 리듬과 음악에서 만들어진다. 휴고는 이렇게 말한다. "의미 없는 시퀀스를 쓰기는 불가능하다. 상상의 세계에서는 모든 것에 자기 자리가 있다. 그걸 받아들인다면 당신은 어리석은 사람, 그러나 송어처럼 어리석은 사람일 것이다."•

- 순진함과 단순함으로 상상의 세계를 구분 없이 쉽게 수용한다는 비유.

바다를 읽는 법

독자가 문장을 헤쳐나가게 안내하는 것은 일종의 길 찾기다. 도시지리학자 케빈 린치는 1960년에 출간된 『도시의 이미지』에서 길 찾기를 "외부 환경이 주는 확실한 감각 단서를 꾸준히 활용하고 조직하는 것"이라고 표현했다. 린치는 사람들이 미약한 단서만으로도 자신이 속한 작은 세상에서 놀랍도록 능숙하게 길을 찾는다고 주장했다. 적도아프리카인은 코끼리의 이동 경로에서 단서를 얻어 마치 도시의 거리를 가로지르듯 손쉽게 우림을 가로지른다. 호주 원주민은 특정 사구나 흰개미 언덕을 식별할 수 있게 노랫말을 연상화한 '송라인(songline)'을 통해 호주 오지를 걷는다. 북극의 이누이트는 낮은 구름이 지면을 반사하는 것을 보고 드넓은 평지로 통하는 길을 찾는다. 오염된 땅 위의 얼음은 어둡고, 바다 위의 얼음은 희기 때문이다. 남미의 목동들은 바람의 방향, 새와 여타 야생동물의 이동 패턴을 연구해 팜파스를 가로지르는 길을 알아낸다. 요즘은 더 좋은 모바일 신호를 잡으려고 한쪽 팔을 허공에 들고 있을 가능성이 더 높겠지만.

선주민들은 특징이 없어 보이는 경관에서 어떻게 길을 찾았을까? 전통적인 정설은 이들에게 인류가 잃어버린 여섯 번째 감각이 있다는 것이었다. 이 설명은 모두에게 그리 탐탁지 않다. 사실 모든 인간에게는 타고난 길 찾기 능력이 있어서 복잡한 공간 문제를 눈 깜짝할 새에 쉽게 풀 수 있다. 인간이 나침반과 조감도 같은 수단을 통해 공간을 이해한 지는 겨우 몇 세기밖에 되지 않았다. 그전에는 눈앞에 보이는 주변 세상에서 단서를 얻는 데 선수였다. 그리고 이 도구들을 빼앗기면 여전히 그렇게 할 수 있다.

한때 사람들은 태평양의 수많은 외딴섬이 정주지가 된 것이 뗏목을 타고 표류하던 선원들에게 우연히 발견된 뒤부터라고 추정했다. 하지만 태평양의 섬 주민들의 생각은 이와 달랐다. 이들의 구전설화에 따르면 섬 주민들의 선조들은 노련한 항해사들의 안내를 받아 바람을 거슬러 항해하는 카누를 타고 섬에 도착했다. 1973년 하와이에서 일군의 뱃사람과 인류학자가 이 설화를 검증하기 위해 폴리네시아 항해 협회를 설립했다. 이들은 '호쿨레아(Hokule'a)', 또는 '기쁨의 별'이라고 하는 아름다운 이중 선체 카누를 만들었다. 그러고는 미크로네시아의 작은 섬 사타왈에 사는, 남아 있는 몇 안 되는 전통 항해사 중 한 명이었던 마우 필릭을 수소문해 이 가누로 히와이에서 타히티까지 4천 킬로미터를 항해해달라고 부탁했다.

마우는 1976년 봄에 선원들과 함께 나침반도, 육분의도, 해도도 없이 항해를 시작했다. 경도나 위도같이 일체의 수학적 지식을 사용하지도 않았다. 그저 바람이 부는 방향과 뜨는 별과 지는 별을 잇는 선에 의지해 배를 보는 게 전부였다. 마우는 파도의 물결을 읽고, 얕은 물의 색을 감지했다. 둥지로 돌아가는 저녁의 새들을 살피고, 구름의 아랫면에 반사된 섬의 빛을 보았다. 그렇게 반사된 형태에서 섬의 이름을 알아낼 수도 있었다. 불과 33일 만에 이들은 타히티에 도착했고 섬 주민 절반이 항구에 나와 환호했다. 마우의 항해는 이들의 선조가 숙련된 항해술을 바탕으로 이 섬에 정착했음을 증명함으로써 태평양 섬 주민들의 자아상을 탈바꿈시켰다. 그의 말처럼 "바다를 읽을 수 있으면 절대 길을 잃지 않는다".

케빈 린치는 마을과 도시가 이렇게 파악 가능하게 설계되어야 한다고, 인간의 감각 단서로도 쉽게 읽힐 수 있어야 한다고 생각했다. 린치의 책은 사람들이 거리와 쇼핑몰, 박물관과 미술관 주변에서 길을 쉽게 찾도록 도우려는 건축가와 도시계획 설계자들에게 큰 영향을 미쳤다. 첫 번째로 이들은 표지판을 비롯한 시각적 잡동사니를 줄였다. 그런 다음 확실한 랜드마크, 걸릴 것 없는 시야, 정연한 디자인의 공간 설계로 세상을 독해하는 인간의 직관적인 능력에 의지해 장소를 안내하려고 했다.

여기서 문장을 쓰는 사람이 새길 교훈은 표지판이 지나치게 많은 것은 표지판이 없는 것만큼이나 고약할 수 있다는 점이다. 독자에게는 반드시 따라야 할 대략적인 계획이나, 출발에 앞서 경로를 계획할 지도가 필요하지 않다. 텍스트를 가로지르는 여행은 한 발 다음에 한 발을 내디딤으로써 한 번에 하나씩 징검다리를 건너는 일인지도 모른다.

중세 학자들은 이런 종류의 독서를 텍스트의 지형을 따른 생각이 인도하는 여행이라는 의미로 '둑투스(ductus)'라고 일컬었다. 오늘날에는 오래된 손 글씨를 해독하는 고문서학자들이 자연스럽게 이어지는 글자 획을 가리킬 때 쓰는 단어다. 하지만 중세에는 독자가 한 편의 글을 흘러가듯 관통하며 읽는 여정을 일컬었다. 때때로 작가는 독자가 배수관을 따라 흐르는 물처럼 장애물에 걸리지 않고 재빨리 나아가기를 바랐고, 어떤 때는 독자가 더 열심히 노력하기를, 또는 멈춰서 주위를 둘러보기를 원했다. 어떤 경우든 글은 독자를 한 발 한 발 앞으로 이끌게 되어 있었다.

글의 진정한 흐름은 이런 것이다. 방랑하는 범선을 하늘의 별에 맞추고 그 별이 어떤 방향으로 이어지는지 확인하면서 이동 경로를 세울 때처럼 점진적이게. 당신은 그저 수평선을 보면서 다음 움직임을 유추하면 된다. 바다를 읽는 법을 배워라. 그러면 절대로 길을 잃지 않을 것이다.

아름다움은 스스로를 돌본다

이제는 디자인 영역에서도 같은 정신이 보인다. 디자인 비평가 도널드 노먼은 이를 "자연스러운 매핑"이라고 부른다. 노먼의 작업은 식기세척기와 리모컨 같은 일상 용품이 어째서 그렇게 사용하기 불편한지 들여다본다. 원인은 과잉 개입이었다. 글이 읽기 어려운 것도 마찬가지다. 노먼이 보기에 사물에 필요한 것은 손잡이, 자루, 스위치가 가진 명료한 행동 유도성이다.

'미세요'나 '당기세요' 같은 안내가 필요한 문손잡이는 나쁜 디자인이다. 손잡이는 그런 말 없이도 손바닥이 닿는 판이나 손가락을 넣고 당길 수 있는 홈을 통해 문을 여는 방향을 알려줘야 한다. 자동차 손잡이의 손이 들어가도록 오목하게 파인 디자인이 모범 사례다. 윗구멍이 보이는 투명한 소금 통과 후추 통도 그렇다. 옆면에 골이 지게 파인 홈을 쥐면 글씨를 더 잘 쓸 수 있는 펠트펜도 마찬가지다.

  1990년대에 노먼은 휼렛패커드와 애플에서 일했다. 그는 『보이지 않는 컴퓨터』에서 컴퓨터가 너무 어렵게 디자인되었으며 우리 삶에 더 가까워야 한다고 주장했다. 컴퓨터는 자동차 문이나 소금 통과는 달리 많은 일을 하기 때문에 과제는 더욱 어려워진다. 더구나 컴퓨터 산업은 판매고 신장을 목적으로 새로운 기능을 꾸준히 추가한다. 과도한 욕심에 짓눌린 컴퓨터는 부수적인 강조어로 범벅된 문장처럼 쓸데없는 술수로 사용자의 발목을 잡는다.

  노먼은 최고의 기술은 그 존재가 잊힐 정도로 눈에 띄지 않는다고 말했다. 자동차 산업 초창기에는 시동을 거는 것만으로도 엄청난 일이었다. 연료를 채우고 밸브를 조절하고 스로틀*을 연 다음 차에서 나와 손으로 크랭크를 돌려야 했다. 요즘 엔진은 보닛 아래 숨어 있어 거의 열어볼 일이 없고 대부분의 운전자는 엔진을 전혀 생각하지 않는다.

  노먼은 컴퓨터가 자동차의 엔진처럼 눈에 띄지 않으면서 직관적으로 사용할 수 있어야 한다고 생각했다. 성공한 컴퓨터 디자인들은 모두 노먼의 조언을 충실히 따랐다. 나는 절대 애플의 숭배자는 아니다. 신제품 발표회를 기대에 찬 시선으로 바라지도 않고, 신형 아이폰을 사기 위해 이른 새벽부터 줄을 서는 일도 없고, 창업자의 영감 넘치는 생각을 공유하지도 않

    • 통로의 면적을 여러 가지로 변화시켜 흐르는 유체를 제한하는 판.

지만, 사람들이 왜 그렇게 애플에 빠져드는지 충분히 이해한다. 애플 제품들은 워낙 간단해서 사용법을 순식간에 익힐 수 있다. 우리 눈에 띄지 않는 문제를 깔끔하고 우아하게 해결한다. 그 아름다움은 형식과 기능의 통합, 자기 존재의 핵심을 완벽하게 구현한 방식에서 파생된 부수 효과다.

아이맥이 출시된 1998년부터 본격적으로 애플 숭배가 시작되었다. 모니터와 회로판이 로벤타 다리미처럼 굴곡지고 반투명하면서도 편리한 하나의 케이스 안에 들어 있었다. 플로피 드라이브나 줄줄이 늘어지는 골치 아픈 케이블이 없이 USB 포트만 있는 데다, 모든 연결부가 뒷면이 아니라 측면에 있어서 손쉽게 다룰 수 있었다. 플러그를 꽂기만 하면 바로 구동했다.

애플 제품들은 인간의 자연스러운 몸짓에 착안해 만들어졌다. 아이팟은 니코틴 대신 음악에 중독된 사람들을 위해 담뱃갑처럼 손바닥에 쏙 들어왔다. 스크롤 휠은 스테레오 스피커와 비슷하게 만들어져 아이팟의 용도가 음악 감상임을 암시했다. 휠을 몇 번 돌리고 누르면 노래 천 곡에 접근할 수 있었다.

그런 다음에 아이폰이 등장했다. 모든 사람이 블랙베리 스타일의 미니 키보드와 스타일러스 펜이 기술의 미래라고 생각할 때였다. 아이폰의 멀티 터치스크린은 자신을 가리키고 누르는 탁월한 도구인 네 손가락과, 그와 맞댈 수 있는 엄지손가락을 필요로 했다. 멀티 터치스크린은 우리를 인간과 기계의 혼합물로 만들었다. 인간의 다섯 손가락은 웃옷의 보푸라기를 떼거나 책의 먼지를 터는 것만큼 쉬운 동작으로 사진을 찍고, 지도를 확대하고, 페이지를 넘기며 마법을 수행했다.

세 살배기도 아이패드를 사용할 수 있다. 손가락의 움직임이 서툴거나 협응력이 떨어지는 이들을 위한 거대한 아이폰처럼, 둥근 모서리 덕분에 쉽게 집어 쓸어 넘기며 작동시킬 수 있다. 진정한 신도들, 일명 '애플빠'들은 테크노 신앙의 제단에 예배를 드리러 애플 스토어의 불빛이 환히 들어오는 웅장한 입구에 들어선다. 하지만 신모델이 아무리 영묘한 기운을 뿜어내도, 이들의 진정한 아름다움은 시간이 지나면 기술을 당연한 듯 사용한다는 데 있다.

나는 문장들을 연결하려고 애쓸 때 길 찾기와 지도 작업 기술을 떠올리고, 내가 그걸 모방할 수 있는지 생각한다. 나는 독자가 지도 없이 도시를 걷기를, 문을 밀어야 하는지 당겨야 하는지 확인하지 않고도 긴 회랑에 늘어선 문을 자연스럽게 빠져나가기를, 태블릿의 화면을 무의식적으로 누르고 넘기듯 내 문장이 흘러가기를 원한다. 최고의 문장 디자인은 다른 좋은 디자인과 다름없다. 그 격조 높은 명료함은 무언의 시 같다. 아름다움에는 맑음이 내포되어 있고, 잘 작동하는 무언가는 항상 아름답다. 에릭 길의 표현처럼 "아름다움은 스스로를 돌본다".

대명사, 상위어, 동위어, 우아한 변주

아름다움은 스스로를 돌보는지 몰라도 글은 알아서 흐르지 않는다. 자연스러운 흐름이 느껴져야 하지만 저절로 되는 일은 거의 없다. 길을 세심하게 정리하고 보도블록을 깐 뒤에야 흐름이 만들어진다. 문장은 이전 문장에서 필요한 것을 끌어서 다음 문장에 쌓아 올리는 방식으로 흐른다. 고전적인 주술 구조는 이미 알고 있는 무언가로부터 출발해 새로운 것을 덧붙이기에, 다음 문장은 앞 문장의 정보를 안다는 전제하에 시작된다. 이는 새로운 것을 말하기 전에 앞서 말한 정보를 다시 언급하는, 구어의 익숙한 리듬과 비슷하다. 문장 하나하나가 독자를 새로운 장소로 이동시킬 때 연결용 군더더기는 거의 필요하지 않다.

하지만 글이 이렇게 일방향으로 흐르는 일은 거의 없다. 어떤 글은 기정사실 다음에 새로운 정보가 온다는 규칙을 깨고 새로운 아이디어로 시작되거나, 아니면 앞 문장의 끝이 아닌 처음에 언급한 아이디어를 받아서 이어진다. 그러다 보니 독자가 그 아이디어를 낯설게 여기기도 한다. 독자는 자연스럽게 이어지는 문장이 일관성 있다고 생각하기 때문에 앞 문장의 끝부분을 이이지는 문장과 연결하려는 헛된 시도를 할 것이다. 정확히 말하면 이때 독자는 길을 잃는 게 아니라 조금 혼란스러워진다. 이런 문제는 작가가 문장을 조금 손질해서 오래된 정보를 앞에, 새로운 정보를 뒤에 놓으면 해결될 때가 많다. 대개는 비난받는 수동태가 단어를 쉽게 옮길 수 있게 해주기 때문에 도움이 될 수 있다. 일반적인 주어-동사 순서를 도치하는 방식으로도 오래된 정보를 앞으로 이동시킬 수 있다. 이런 미묘한 도치는 글에 통일성을 더한다.

문장에 일관성을 갖추는 작업은 골치 아프면서도 절대 사라질 리 없다. 어떻게 하면 어색함이 없는 자연스러운 반복을 만들 수 있을까? 모든 일관성이 그렇듯, 다르게 바꿔 쓴 표현이 눈에 띄지 않을 때 가장 효과적이다. 때로는 부정관사를 정관사로 바꾸기만 해도 앞서 무언가를 언급했음을 알 수 있다. "나는 배를 샀다. 그 배는 새는 구석이 있었다." 아니면 영어에서 가장 유용한 단어인 대명사를 불러낼 수도 있다. 짧고 평범한 단어일수록 반복해도 덜 거추장스럽다. 'said'같이 거의 보이지 않는 단어는 끝없이 사용 가능하다. 대명사 역시 짧고 평범해서 어떤 부작용 없이 다시 쓸 수 있다.

대명사의 문제는 어떤 명사를 지칭하는지 분명하지 않다는 점이다. '이것', '무엇', '여기' 같은 지시대명사는 자신에게 관심을 집중시키지 않고 앞서 언급한 무언가를 지칭할 수 있지만, 독자는 '이것'과 '무엇'이 무엇인지, '여기'가 어디인지 모를 때가 많다. 이름을 가진 무언가를 다른 이름으로 지칭할 때 기존 단어를 선행사, 대체하는 단어를 대용어라고 부른다. 독자는 선행사를 다른 단어들과 혼동하지 않고 대용어와 연결할 수 있어야 한다. 문장이 길어질수록 '그것'이나 '그', '그녀'가 두 개 이상의 명사를 지칭할 가능성이 높아진다. 선행사를 분명히 알 수 있는 방식으로 단어를 바꿀 수 없다면, 그냥 표현의 다양성을 포기하고 단어를 반복하는 게 낫다.

반복을 두려워 말기

모든 명사의 변형은 결국 대명사로 귀결된다. 앞서 언급한 명사를 대신하는 새로운 명사는 대명사거나 스티븐 핑커가 말한 준대명사(pseudo-pronoun)•여야 한다. 다시 말해 그것은 선행사보다 포괄적이면서도 선행사를 재빨리 상기시켜야 한다. 명사화는 명사 특유의 뻑뻑함으로 문장을 꽉 막을 위험이 있지만, 무언가를 두 번째로 언급하고 싶다면 간편한 준대명사로 명사화된 표현을 쓸 수 있다.

하위어보다 더 포괄적인 상위어는 대명사와 유사하게 사용된다. '새'는 '제비'의, '꽃'은 '장미'의, '개'는 '래브라도'의 상위어다. 상위어는 두 번째로 언급할 때 유용하다. 가령 전복은 '먹을 수 있을 정도로 충분히 부드럽게 만들려면 망치로 때려야 하는 이상하게 생긴 연체동물'이 될 수도 있다. 이때 전복은 분명하게 연체동물에 속한다. 하지만 대부분의 단어는 이렇게 깔끔하게 분류되지 않는다. 세상이 그만큼 질서 정연하지 않기 때문이다. 하나의 하위어에 여러 개의 상위어가 있을 수도 있다. '칼'의 상위어는 '도구', '무기', '식사 도구'다.

피에르 로세의 유명한 유의어 사전은 이 문제를 해결하려고 했지만 실패했다. 로제는 스웨덴의 자연 연구가 칼 폰 린네에게 영감을 받았는데 린네는 모든 동식물을 종과 속으로 구분했다. 로제는 정글 같은 말의 세계에도 이와 유사한 질서를 도입할 수 있다고, 단어를 식물과 동물의 깨끗한 분류표처럼 나눌 수 있다고 생각했다. 그는 '추상적 관계', '공간', '물질' 같은

- 스티븐 핑커가 『언어의 본능』에서 언급한 개념으로 대명사의 형태를 취하면서도 완전한 대명사의 의미를 갖지 않는 표현을 지칭한다. 문법적으로는 대명사의 형태를 띠지만, 실제로는 대명사가 지닌 고유의 특성을 완전하게 따르지 않고 좀 더 일반적이거나 추상적인 의미를 가지고 있는 경우가 많다.

핵심 범주를 고안한 뒤 각각을 하위 범주로 나눴다. 그의 책은 "존재"로 시작한다. "존재, 실재, 독립체―완전한 실재, 절대성 … 신성…" 여기서는 모든 단어가 세상에서의 자기 자리를 알고 있다. 거기서 '무심'은 '혐오'와 '욕구' 사이에 위치한다. 그런데 감정이 이런 식의 격자망에 들어맞지 않는 게 문제다. 무심함은 양극단의 중간 지점이 아니라 그 자체로 고유한 상태다. 감정을 전복처럼 분류한다면 분류학자들의 끝없는 논쟁이 시작될 것이다.

유의어 사전으로 속 편하게 쓴 문장의 문제가 여기에 있다. 단어가 문장에 어떻게 자리 잡는지 고민하지 않고 문장을 기계적으로 끼워 넣을 수 있다는 것. 문장은 린네식의 단어 분류 체계가 아니라 생태계에 가깝다. 생태계의 모든 요소―토양 영양물질, 식물, 초식동물, 육식동물―가 상호작용을 통해 빚어낸 평형상태는 한 부분만 교란되어도 위태로워진다. 문장은 유기 집합체이기도 해서 한 단어만 바꾸어도 미묘한 균형이 어그러져서 전체 질서가 흔들린다. 음악에서 어떤 악구의 한 음을 다른 음으로 바꾸고는 선율이 여전하기를 기대하는 것과 같다. 문장은 일련의 빈칸을 대용품으로 채운 게 아니라 단어가 모인 오케스트라다. 단어 하나를 바꾸면 문장 전체가 바뀐다. 나쁜 문장은 단어를 바꾼다고 해서 구제되지 않는다. 그냥 포기하고 다시 시작하는 편이 더 낫다.

사전 편찬자 헨리 파울러는 이렇게 공들여 동의어를 모아두는 것을 "우아한 변주"라고 불렀다. 반복이 극도로 두려운 우아한 변주자들은 독자를 정신없고 혼란스럽게 만든다. 자사의 교열자가 당근의 반복을 피하려고 기사에 "유명한 주황색 채소"라는 표현을 사용한 후로 『가디언』은 이런 류의 동의어를 'POV(popular orange vegetables)'라고 부른다. 우아한 변주자는 '털이 북슬북슬한 예측관(마멋)', '흰 물질(눈)'처럼 형용사-명사 조합에 끌린다. 때로는 그가 질색하는 평범한 대명사 '그것'이 문제를 간단히 해결한다.

우아한 변주는 세부 사항과 색깔을 더할 때, 변주만 하는 게 아니라 글을 움직이게 만들 때 효과적이다. 나이젤 슬레이터가 파스타를 "부드럽지만 튼실한 녹말 리본"으로 바꿔 말한 것이 효과가 있는 이유는 새로운 정보가 더해졌기 때문이다. 솜사탕이 설탕 실로 된 분홍색 다발, 견과류가 압축된 단백질 알갱이, 버터 덩어리가 금박으로 선물 포장된 직육면체의 지방이자 허벅지의 미래 군살의 다면체이듯, 파스타는 맛있는 에너지원의 화신이 되었다.

명사의 반복이 최선일 때가 있다

명사를 반복하지 않는 게임에서 대명사는 상위어보다 낫고, 상위어는 동의어보다 낫고, 동의어는 우아한 변주보다 낫고, 새로운 정보를 더하는 우아한 변주는 우아하기만 한 변주보다 낫다. 하지만 명사를 그냥 반복하는 것이 최선일 때가 생각보다 많다.

저자의 목소리를 결정하는 핵심 요소는 반복을 얼마나 많이 감내할 수 있는지다. 데이비드 포스터 월리스는 자신을 "손끝으로 대안적인 구조물을" 만들어내는 우아한 변주에 "미친놈"이라고 선언했다. 그의 극단에 있는 데이비드 피스는 우아하지 않은 반복을 주술적인 수단으로 활용한다. 피스의 소설 『빨강이 아니면 죽음을』에서 빌 생클리는 리버풀 축구팀 매니저로 일할 때 있었던 모든 경기를 기록한다. "1960년 9월, 리버풀 축구팀이 스컨소프유나이티드를 이기고, 레이튼오리엔트를 이긴다. 1960년 10월, 리버풀이 더비카운티를 이기고 링컨시를 이긴다…."

대부분의 스포츠 작가는 "골에 굶주린 스트라이커" 또는 "초조해하는 수비수" 같은 우아한 변주를 통해 제한된 인원의 사람들이 동일한 결과(골, 유효 슈팅, 득점)를 무한 반복하는 스포츠의 특성을 숨긴다. 피스는 공을 가지고 놀지 않는다. 그에게 스포츠는 한 동작, 또 다른 동작이 지루하고 긴장되게 이어지는 행위에 불과하다. 피스의 반복적 서술은 매 경기마다 재미없는 리듬이 반복되는 경기처럼 지루한 매니저의 삶을 시사한다.

어설픈 작가는 아무 데서나 닥치는 대로 단어를 반복한다. 이는 부주의하게 단어를 사용하고 있다는 확실한 신호다. 반면 많은 유능한 작가들은 독자가 반복을 그다지 지루해하지 않는다는 것을 모르고 단어를 지나치게 변주한다. 그리고 문장의 구조 역시 다변화한다. 이들은 문장 '내부'의 기본적인 병렬 법칙은 알고 있다. 가령 연속하는 요소들이 동일한 문법적 형태로 이어져야 한다는 것 같은. 하지만 문장 '사이'는 거의 신경 쓰지 않다 보니, 통사적인 공명과 대칭적인 구절을 통해 문장이 어떻게 연결되는지 보여줄 기회를 놓친다.

독자는 이런 균형이 일관성을 만들기 때문에 유용하다는 것을 안다. 여기서 일관성은 응집력과는 다르다. 응집력은 한 문장이 다음 문장으로 순조롭게 이어지면서 문장 사이에 긴밀한 짜임이 형성되는 것을 말한다. 일관성은 한 무더기의 문장이 다루고 있는 전반적인 감각이다. 문장의 일관성은 데이지 화환처럼 줄기 사이에 그다음 줄기를 꿴다고 만들어지지 않는다. 그보다 더 높은 차원의 질서가 필요하다. 단어가 서로 연결되기 위해서는 응집력과 일관성이 모두 필요하다.

노련한 작가는 문장을 같은 주어로 시작하면서 한 무더기의 문장에 일관성을 부여한다. 자파케이크에 대한 글을 쓴다면 모든 문장의 주어는 자파케이크일 것이다. 가끔은 대명사나 준대명사를 사용해서 변화를 가미할 수 있다. 아니면 "놀랍게도 자파케이크는 차에 적셔 먹으면 맛있다"나 "크기나 형태면에서 자파케이크는 사실상 비스킷이다"처럼 부사구와 전치사구로 글을 시작해서 단조로움을 피해갈 수도 있다. 그래도 여전히 모든 문장의 주어는 자파케이크일 것이다. 어쩌면 당신은 이런 반복이 단조롭고, 독자 또한 이 반복되는 자파케이크 타령에 질린다고 생각할 수도 있다. 하지만 독자는 자파케이크를 통해 하려는 이야기에 집중한 나머지 자파케이크가 반복된다는 사실을 개의치 않을 것이다.

이런 반복은 저자의 의도를 분명히 드러내면서도 수사적으로 강력할 수 있다. 자파케이크라는 표현 하나를 반복하는 것만으로도 충분히 선율을 유지할 수 있을지도 모른다. 고대의 수사술은 사고에 이런 음악적인 반복을 연결하는 것을 근간으로 한다. 모든 문장을 같은 단어로 시작하거나, 같은 결구로 마무리하거나, 한 문장의 마지막 단어를 다음 문장의 첫 단어로 반복하곤 했다. 작가 자신과 독자가 의도적인 반복을 인지할 수만 있다면 반복은 더 이상 나쁜 게 아니다. 이 책에서는 문장이라는 단어가 백 번도 넘게 나온다.

문장의 길이와 낮아지는 케이던스

문장 길이는 또 다른 문제다. 초보 작가는 문장구조를 지나치게 자주 바꾸면서 문장 길이에는 변화를 주지 않는다. 글쓰기의 유용한 요령은 마치 시를 쓰듯, 모든 마침표가 줄 바꿈을 의미하듯, 문장 하나가 끝날 때마다 엔터 키를 누르는 것이다. 이때 문장의 길이 변화(또는 단조로움)가 한눈에 들어온다. 여기서는 마침표의 힘이 새삼스러워진다. 마침표는 모든 문장의 목적지이자 휴식지다. 윈스턴 처칠은 이런 식으로 연설문을 작성해서 신고전주의적인 리듬을 효과적으로 만들어냈다. 마침표 다음에 엔터 키를 계속 치면 글의 음악성이 눈에 띄기 때문에 문장의 리듬 또한 더 잘 보인다.

 문장의 길이를 바꾸면 두 가지 일이 벌어진다. 첫째, 생각을 짧거나 긴 형태에 맞추면서 더 나은 표현이 떠오른다. 둘째, 마법처럼 글이 생기와 목소리로 가득 찬다. 니컬러스 토맬린은 신입 기자들에게 긴 문장과 짧은 문장을 번갈아 쓰기만 해도 괜찮은 문체의 글을 쓸 수 있다고 조언했다. 이는 학창 시절 토맬린이 브라이언스턴스쿨의 학보사 편집자가 되었을 때 그의 스승 존 로이드가 한 말이었다. 토맬린은 이 충고를 마치 닳고 닳은 글쟁이의 편법이라는 듯 무심하게 건넸고 사실 짧은 문장과 긴 문장을 섞어 쓰는 것은 워낙 쉽게 느껴져서 하찮은 요령처럼 들린다. 하지만 이 방법은 늘 효과적이다.

버지니아 울프는 기나긴 만연체 문장, 줄표와 세미콜론과 괄호, 심지어는 부적절하게 남발한 쉼표로 헐거이 연결된 절들로 악명이 높다. 울프는 "문장의 공식적인 철길" 너머로 가서 사람들이 "곳곳에서… 어떻게 느끼고 생각하고 꿈꾸는지" 보여주고 싶어 했다. 울프는 사회와 세상의 견고해 보이는 표면과 대립한 순간을, 나비처럼 팔랑대는 인간의 마음을, 그 덧없는 삶을 포착하고 싶어 했다. 하지만 그러면서도 울프는 거의 모든 노련한 작가들처럼 아주 다양한 길이의 문장을 구사했다. 울프의 길고 유연한 사고의 후렴구는 짧고 딱딱 끊어지는 단편적인 서술과 항상 충돌했다.

울프는 비타 색빌웨스트에게 보낸 편지에서 리듬이 산문의 품격을 만든다고 썼다. 우리는 "마음속의 이 물결이 거기에 걸맞은 표현을 찾기 훨씬 전에 그것을" 느낀다고, 이를 제대로 이해한다면 결코 잘못된 단어를 쓸 수 없다고 했다. 글의 리듬은 마침표에서, 더 정확하게는 '케이던스(cadences)'에서 비롯된다. 케이던스는 일반적으로 글의 상승하고 하강하는 리듬을 의미한다. 하지만 정확히는 글과 말, 음악에서 각 구절 끝에 오는 것을 뜻한다. 음악에서 구절은 독립적인 의미를 가지는 최소 단위다. 그리고 구절은, 음악이 잠시 어딘가, 보통 작품의 주음으로 돌아온 듯 느껴지는 절반의 휴식 지점인 케이던스에서 낮아진다. 발화의 케이던스는 구절 끝에서 자연스럽게 말을 멈추며 음조를 낮추는 것이다. 목소리는 마지막 세 음절에서 낮아진다. 하강하는 3온음. 미국의 시인 에이미 로웰은 케이던스를 "호흡의 필요에 대략 부합하는… 리듬의 곡선"이라고 불렀다.

글을 묵독할 때도 똑같이 음조가 떨어진다. 낮아지는 케이던스는 문장과 그것이 내포한 정서가 완료되고 있음을 알리는 신호다. 다양한 문장 길이는 마침표 사이 간격에 변화를 주고 다채로운 케이던스를 만든다. 그렇게 글은 호흡하고 움직이며 노래할 수 있다. 또한 다양한 문장 길이는 이 중단이, 작은 죽음들이 규칙적이지만 지나치게 규칙적이지는 않게 도래하므로 자연스러워 보인다는 의미이기도 하다. 잠김 방지 제동 시스템이 도입되기 전에 운전자는 조종 장치가 잠기지 않은 상태에서 미끄러지는 자동차의 속도를 늦추기 위해 브레이크를 반복해서 밟고 떼는 케이던스 제동을 익혔다. 글에 솜씨 좋게 적용된 케이던스는 이 같은 효과를 준다. 글이 미끄러지거나 솟구치지 않도록 막는 동시에, 흐름이 부드럽고 제동하기 쉬우며 점진적이라는 느낌을 주는 것이다.

짧은 문장과 긴 문장은 서로 다른 일을 한다. 짧은 문장은 핵심을 짚거나 요약하고, 재빠른 행동, 농담, 생각의 작은 일탈을 담는다. 긴 문장은 독자와 사유의 여행을 떠나고, 장황한 목록을 제시하고, 피자를 만드는 요리사처럼 생각을 반죽하고 늘인다. 짧은 문장이 뇌에 휴식을 준다면 긴 문장은 유산소운동을 시킨다. 짧은 문장이 세상을 끓어 말린다면 긴 문장은 울퉁불퉁한 가장자리를 복원한다. 짧은 문장이 단호하게 선언한다면 긴 문장은 조건을 갖추고 추론을 한다. 문장의 길이에 변화를 주면 매혹적인 확신과 힘들게 얻은 뉘앙스 사이를 갈팡질팡하는 내면의 움직임을 그대로 반영할 수 있다.

문단, 생각의 실루엣

길이가 다양한 문장의 집합이 문단이다. 이는 문단에 대한 최고의 정의다. 이를 제외한 그 어떤 것도 그다지 신통치 않기 때문이다. 대부분의 언어학자는 문장이나 절을 산문의 기본단위로 생각하고, 구태여 문단을 정의하려 하지 않는다. 문장은 문법 규칙을 따라야 하지만 문단은 어떤 규칙에도 복종할 필요가 없다. 문장은 딘이 배열로 무한한 차이를 만들 수 있지만 문단에 차이를 만드는 요소는 길이밖에 없다. 문단은 자신의 까다로운 내용물인 문장을 능가하기 어렵다. 문단 나누기는 암기로 배울 수 있는 규칙이 아니라 눈과 귀로 꾸준히 수련하면서 습득하는 재주다.

문단은 인쇄 시대의 산물이기도 하다. 인쇄기가 등장하기 전에는 문단이라고 할 만한 게 없었다. 대신 문장은 꽃무늬 장식이나 단락 기호 같은 인쇄 기호로 나뉘곤 했다. 하지만 이런 기호들이 일률적으로 사용되지는 않았다. 인쇄 도서가 등장하고, 성숙한 형태의 영국 산문이 출현하면서 활자 덩어리의 단조로움을 몰아내기 위해 문단의 사용이 장려되었다.

E. H. 루이스는 1894년의 책 『영국 문단의 역사』에서 최초의 "참아줄 만한 문단 작가"가 윌리엄 틴들이었다고 말한다. 틴들은 무학의 독자를 대상으로 짧은 문장과 짧은 단락의 글을 썼다. 당시 라틴어나 라틴어식 영어로 글을 쓰는 사람들은 많은 절을 곁들인 긴 도미문을 산문의 핵심 단위로 보았다. 하지만 영국 산문이 라틴어 모델에서 점차 멀어지면서 최후의 라틴어 애호가마저도 모든 것을 한 문장에 담을 수 없다는 걸 인정하게 되었다. 그때부터 문단은 긴 문장이 하던 일, 절과 절을 엮어서 의미 있는 음악을 만들어내는 일을 대신하게 되었다. 아무리 한 문장을 끝없이 이어도 모든 것을 포함하지 못한다는 것을 깨달았을 때 문단이 시작되었다.

빅토리아시대의 교육학자 알렉산더 베인은 문단을 "통일된 목표를 가진 문장들의 집합"으로 보았다. 베인은 문단을 하나의 사고 덩어리로 보았고 이 개념은 학교의 현장과 작문 수업을 지배했다. 학생들은 문단에 주제 문장으로 핵심 생각을 담고, 뒷받침 문장으로 그 생각을 더 자세히 설명하고, 마무리 문장으로 그 생각을 한 번 더 확인시켜야 한다고 배웠다. 조지 고펜은 이를 "오즈의 마법사 문장"이라고 부르는데, 세 문장이 "왜냐하면, 왜냐하면, 왜냐하면" 하고 표현을 반복하기 때문이다. 이런 문단의 문제는 첫 문장부터 생기가 바닥나고 나머지 문장이 그 부고를 전달하기 위해 존재한다는 점이다. 문단의 주제를 처음부터 미끼로 던지며 전체 이야기를 미리 다 알리는 것이다.

노련한 작가는 이런 규칙 따위 깡그리 무시한다. 순수한 주제 문장은 거의, 마무리 문장은 좀처럼 쓰지 않는다. 그들은 보통 글의 첫 문단 마지막에 핵심을 두어서, 독자는 저자의 목소리를 먼저 느끼고 나서 본메뉴를 알게 된다. 뒤에 가서야 "제가 당신을 왜 여기로 데려왔는지 궁금하셨죠?"라고 말하듯 핵심을 털어놓는다. 노련한 작가는 마지막 문단에서도 핵심을 끝에 배치해 글을 전체적으로 감싸며 마무리할 때가 많다. 문단을 주제 문장으로 시작한다면, 다른 일련의 문장들은 주제를 뒷받침하는 확고한 증거가 아니라, 주제 문장을 중심으로 헐겁게 돌아가는 장식품으로 전락하기 십상이다.

하지만 대체로 노련한 작가들의 문단은 흘러가는 하나하나의 문장이 기대감을 빚어내면서 진화한다. 문단의 거친 형태가 그 놀라운 잠재력을 해치지는 않는다. 문단은 머리에 있는 주제 문장과 꼬리에 있는 마무리 문장에 의해 주변 문단으로부터 단절된 체 완결성을 갖는 게 아니라, 알아차리지 못하는 사이 다음 문단으로 넘어간다. 마치 말을 하다 말고 침을 삼키거나 다리를 반대로 꼬며 다른 화제를 이어가는 이야기꾼처럼.

1838년에 랄프 왈도 에머슨은 토머스 칼라일에게 쓴 편지에서 자신의 문단을 "무한히 반발하는 입자들의 덩어리"라고 묘사했다. 그는 일기장의 한 문장 한 문장을 조금씩 모아 에세이를 완성했다. 그의 문단은 의도적인 질서나 연결성보다는, 다양한 길이의 문장과 구성에서 생기와 명료함을 얻었다. 나는 그가 일생 동안 주제 문장을 한 번도 쓴 적이 없다고 확신한다. 하지만 그의 에세이 속 문장 하나하나는 읽을 만한 가치가 있었다. 이런 문장들을 묘하게 인상적이고 설득력 있게 엮었기 때문에 그의 문단은 훌륭했다. 에머슨은 문단이 논증이자 리듬이라는 것을, 리듬 자체가 논증이라는 것을 알았다.

　문장처럼 문단도 의미 단위이자 소리 단위다. 문단은 '함정이 있다' 또는 '이게 문제다'처럼 짧고 단순한 문장으로 시작할 때가 많다. 도입부만큼은 아니지만 끝부분 역시 짧은 문장으로 끝나곤 한다. 짧은 문장은 소네트의 아홉 번째 줄에 등장하는 '회(volta, 回)' 또는 '전환'처럼 문단 중간에 등장해 생각을 멈추고 다른 방향으로 돌려보는 방편이 될 수도 있다. 긴 문장이 그 사이에 자리 잡는다. 음악성은 이 모든 다양함으로부터 만들어진다. 문단은 다양한 길이와 형태의 문장을 그러모아 산문을 노래하게 만든다.

　거트루드 스타인은 그가 사랑했던 흰 푸들, 바스켓이 그릇에 담긴 물을 마시는 소리를 들으며 이렇게 말했다. "문단은 감정을 자극하지만 문장은 그렇지 않다." 스타인은 자신이 한 말의 의미를 설명하지 않았지만 내 생각은 이렇다. 물을 할짝대는 개에게는 특유의 리듬이 있다. 인간과 달리 개는 뺨에 흡입력이 없어서 목구멍으로 물을 흘려보내거나 빨아들이지 못한다. 그래서 중력에 맞서 혀를 국자 모양으로 말아 물을 빠르게 들어 올려 삼켜야 한다. 여기에는 많은 노력이 필요하기에 개는 불규칙한 휴식을 취했을 것이다. 스타인은 바스켓이 물을 마시다가 멈추고 또다시 마시는 소리를 들으면서 문단의 케이던스를, 마침표 사이의 다채로운 거리를 떠올리지 않았을까. 문단이 감정을 자극하는 이유는 의미와 논리만이 아니라 속도와 다채로움을 담고 있기 때문이다.

나쁜 여백은 나쁜 글씨보다 더 나쁘다

문단은 시각적이기도 하다. 그래서 독자는 문단을 읽기 전에 눈으로 본다. 한눈에 보이는 것은 생각의 실루엣이다. 인쇄된 지면을 멀리서 보라. 단어는 회색으로 번져 식별이 어렵지만, 첫 줄과 마지막 줄이 잘린 문단은 여전히 알아볼 수 있다. 문단이 없는 면은 활자로 이루어진 둔한 널빤지 같아서 아무리 글이 훌륭해도 외관이 매력적이지 않다.

흰 여백은 환영받는다. 여백은 지면을 나누고 단어에 공기와 빛을 선사해 독자에게 이리 오라고 손짓한다. 어떤 불가해한 연금술을 부려 너무 장황하거나 둔한 문단이 전혀 없는 글이 만들어진다면, 이 글은 잘 읽히기도 할 것이다. 나는 컴퓨터로 글을 쓸 때면 여백을 깊이 들여 써서 확실한 단락의 모양을 만든다(책은 화면보다 줄당 글자 수가 적기 때문이다). 보기 좋은 문단은 괜찮게 읽힐 가능성이 높다.

문단도 문장처럼 길이가 줄어들었다. 15세기부터 20세기 초 무렵까지 평균적인 문단 길이는 약 3백 단어로 크게 변동이 없었다. 그러다가 신문의 영향으로 짧아졌다. 가느다란 세로 단에 맞추어 글을 적당한 덩어리로 끊으려면 문단의 길이를 줄여야 했다.

광고 카피의 영향으로 문단은 훨씬 더 짧아졌다. 카피라이팅의 핵심은 문단 나누기이고, 어떤 종류의 글을 쓰든 카피라이팅 비법은 알아둘 만한 가치가 있다. 나는 어린 시절 『선데이』의 컬러 증보판에 실린 플라이모 예초기, 톰슨 홀리데이, 베스타 파엘라의 전면 광고—"알뜰한 가격, 풍성한 감탄사"—를 읽으며 문단의 시각적인 힘을 익혔다. 나는 마침 긴 광고 카피의 황금기에 성장했고, 한참이 지나서도 마땅한 이유나 방법을 알지 못한 채 그들이 지면에 따라 단어를 배열하는 재주에 매혹되었다.

긴 카피의 시대가 열린 것은 1959년, 빌 번벅이 설립한 광고 대행사가 뉴욕에서 만든 폭스바겐 광고 "작게 생각하라"를 통해서였다. 카피라이터 줄리언 쾨닉과 아트디렉터 헬무트 크론이 만든 이 광고에는 동전만 한 크기의 비틀 자동차가 흰색 지면의 중앙에서 살짝 비뚤어진 각도로 담겼다. 사진 아래에는 업계 특유의 위트 있고 친밀한 구어체의 카피가 무리 지어 적혀 있었다. 당시만 해도 자동차 광고는 크기, 속도, 크롬의 광휘 같은 화려함을 강조했다. 하지만 이 광고는 비틀의 작고 못생긴 모양새를 거의 시인하는 한편, 비틀 운전자들은 워낙 멋져서 그런 건 별로 신경 쓰지 않는다는 암시를 영리하게 전달했다. 전통적인 광고의 딱딱한 어조와 광고인 로저 리브스의 규칙, "사람들에게 당신이 하려는 말을 하라, 말하라, 한 말을 또 하라, 그리고 다시 말하라"와 결별한 것이다.

한때 광고업계에서 일했던 올더스 헉슬리는 훌륭한 광고 문구 하나보다 나쁘지 않은 소네트 열 편을 쓰기가 더 쉽다고 생각했다. 독자는 카피가 술술 넘어가지 않으면 끝까지 읽지 않는다. 수습 카피라이터들은 자신들이 누구를 상대하는지 확인하기 위해, 기차를 기다리며 별수 없이 잡지를 뒤적이는 승객을 관찰했다. 광고 때문에 잡지를 사는 사람은 없기 때문에 광고 작가들의 독자들은 유달리 붙들리기 힘들다. 가십, 정치, 모독, 섹스, 죽음 같은 전형적인 강력한 주제로는 부족하다. 광고는 확실하고 일관된 목소리로만 독자를 붙잡을 수 있다.

광고 카피의 문체는 분명하면서도 독자의 손에 닿을 듯 말 듯한 세련됨을 넌지시 드러내며 서늘하고 완곡해야 한다. 어조는 불손하고 마음을 무장해제시키며, 자조적이어야 하지만, 너무 지나쳐서 짜증이 날 정도여서는 안 된다. 글은 매력적이어야 하는데 그 말인즉 매력이 숨어 있어야 한다는 뜻이다. 문장은 탄력적이면서도 블록처럼 똑딱하고 서로 맞물려야 한다. 마지막 문장은 소나타의 마지막 악장처럼 다시 처음으로 돌아가서 의미의 순환을 마무리해야 한다.

괜찮은 광고 카피의 비결은 흐름이다. 문장과 문단의 시작은 글쓰기의 엔진이 멈출 수도 있는 병목 구간이다. 카피라이터 폴 실버먼은 문단이 전환되는 부분이 경주로의 코너 같다고 말한 적이 있다. 작가가 브레이크를 밟으려는 본능에 맞서야 하기 때문이다. 카피라이터들은 문장의 시작과 함께 독자를 이끄는 법과, 매혹적으로 세부를 추가하거나 글의 방향을 변경하는 법을 알고 있다. 광고의 많은 문장이 '그리고', '그러나', '또는'으로 시작하고, 괄호로 묶은 은밀한 방백도 많다(하지만 불쾌할 정도로 많지 않다). 독자를 멈춰 세우는 낯설거나 발음이 어려운 단어는 가차 없이 제거한다. 케이던스를 의식해 문장 길이가 다양하지만 대부분의 문장이 짧은 편이다. 카피는 동사와 평범한 부사로 이루어진 "작게 생각하라"보다 더 짧을 수는 없다. 이 광고의 또 다른 혁신은 두 단어짜리 헤드라인의 끝에 마침표를 찍어서 이를 제목이 아니라 문장으로 만든 것이다. 이 마침표가 독자를 멈추지 않을 수 없게 만들었다.

산문은 마치 어딘가로 가고 있는 듯한 느낌을 만들어야 한다. 과거 카피라이터들의 요령은 시작과 끝을 쓴 다음에 중간을 채우는 것이다. 런던에서 해머스미스 아폴로부터 혹스턴 광장까지 운전하는 것을 상상해보라. 먼저 출발지와 도착지가 어딘지 확인해야 런던 택시 운전자처럼 해마에 교통 지식이 내장된 듯이 최고의 경로를 알아낼 수 있다.

울림이 있는 패턴

데이비드 애벗은 깔끔하고 날렵한 카피로 업계에서 존경받는 영국의 카피라이터다. 애벗은 한때 영국식 영어와 미국식 영어의 억양이 뒤섞인 발음으로 자신의 초고를 혼자 크게 읽었다. 문장에 고조되지만 과잉은 아닌 수준의 감상과 제대로 된 리듬이 있는지 시험하는 과정이었다. 애벗은 숱한 연습을 통해 목록이 목록처럼 읽히지 않도록 글을 쓰는 법을 익혔다. 광고는 폭스바겐 비틀의 경제성과 주차 용이도 같은 따분한 내용을 지루하지 않게 전달해야 한다. 울림이 있는 패턴을 가지고 문장을 연결하는 대구법은 "당신이 이 차를 사야 하는 다섯 가지 이유"보다 훨씬 낫다.

이는 카피라이터만이 아니라 모든 작가에게 유용한 조언이다. 최악의 산문은 형식적인 훈화를 연상시키며 모든 것을 목록으로 바꾼다. 이런 글과 문장은 교환 가능한 절들이 세미콜론으로 구분된 긴 목록에 불과하다. 주장은 강조점이 찍힌 채 나열된다. 문단은 번호 달린 텍스트 조각으로, 절과 하위절로 나뉘고, 작가가 한 덩어리의 산문을 다음 덩어리에 연결하는 수고를 덜어준다. 현실은 연달아, 하지만 임의로 배열된다. 목록 형식의 글쓰기는 자연스럽게 시작하거나 끝나지 않기 때문에 생기가 없다. 머릿속에서 하려는 말 역시 목록에 불과할 수 있다. 하지만 작가는 그것들을 한꺼번에 열거하지 않도록, 최소한 앞으로 흘러가게 위장해야 한다.

광고 카피에서는 문단의 외형이 중요하다. 1960년대까지는 카피라이터가 카피를 서류함에 넣으면 스튜디오의 아트디렉터에게 즉각 전달되어 카피라이터가 다시 문장을 볼 일이 없었다. 빌 번벅은 처음으로 카피라이터와 아트디렉터를 같은 공간에서 일하게 했다. 이들은 단어의 외양(아트디렉터들은 비하조로 '회색 신'이라고 불렀다)을 놓고 함께 작업했다. 이때부터 독자의 시선을 끌기 위해 깔끔한 산세리프체를 사용했고, 숱한 여백을 두기 시작했다.

시인도 카피라이터와 마찬가지로 이 공간, 그러니까 들쭉날쭉한 글줄이 만들어내는 빈 공간, 상하단의 여백, 행 사이의 간격 덕분에 단어의 덩어리가 존재하게 된다는 것을 알고 있다. 소네트는 10음절로 된 14개의 행으로 이루어져 침묵에 둘러싸인 채 중앙에 자리 잡은 직사각형의 활자 집합이다. 우리의 눈은 빛을 인식함으로써 데이터를 수집한다. 우리가 단어를 해독하기도 전에 지면의 흰색과 회색의 대비는 의미를 뿜어내기 시작한다. 나머지 지면이 비어 있지 않으면 단어는 읽힐 수 없다.

건축가들은 건물을 설계할 때 벽과 바닥과 천장 자체보다는, 이들이 공기와 빛과 공간을 감싸는 방식을 먼저 생각한다. 배우와 가수들은 침묵이 소리만큼이나 많은 의미를 담을 수 있다고 배운다. 일본인은 빈 공간 또는 간격을 뜻하는 '마[間]'에 아름다움의 근간이 있다고 생각한다. 동양의 꽃꽂이, 고산수(枯山水), 수묵화에서 여백은 채워지기 위해서가 아니라 지켜지기 위해 존재한다. 예술은 침묵에서, 그리거나 말하지 않고 남겨둔 것에서 힘을 얻는다. 빈 공간은 작품의 요소를 흐르는 선으로 만들어 관객이 들어오고 지나가도록 한다. 여백은 배경이 아니라 잠재력으로 가득한 빈 공간이다.

타이포그래퍼들은 활자 사이 공간이 글씨의 형태만큼 중요하다는 것을 이해한다. 문자 조각가 데이비드 킨더슬리는 "나쁜 여백은 나쁜 글씨보다 더 나쁘다"고 말했다. 글자 사이, 단어 사이, 행 사이, 문단 사이에 얼마나 많은 여백을 두는가. 이 모두가 말할 것도 없이 중요하다. 꼭 집어 이유를 말하지는 못하지만, 여백은 독자로 하여금 배려를 받고 있다는 기분을 느끼게 한다. 글의 외형은 곧 그것이 말하려는 바이기도 하다.

문단 중심으로 글을 쓰는 작가는 조심성이 있다. 보통 사람들은 단어 사이에 충분한 공간을 두지 않을 때가 많다. 독자가 구절을 파악하는 데만 집중한다고 생각하고, 독자가 지면의 조각된 공간을 걸어 다니면서 바라보는 사람이기도 하다는 점을 잊는다. 작가는 예술가나 건축가처럼 작품의 진입점을 보여주어야 한다. 입구가 없으면 단어는 두서없고 무뚝뚝하게 느껴진다. 동화 작가와 일러스트레이터는 여백이 유혹이자 초

대이며, 어린이 독자에게 이 작품이 절대 지루하지 않으리라고 장담하는 중요한 약속이라는 걸 안다. 성인 독자에게도 작가가 당신을 향해 지겹도록 떠들어대지 않으리라는 이런 안심의 말이 필요하다. 작가 재니스 갤러웨이는 이렇게 흰 여백을 사용해 "독자가 작품의 일부가 되고, 자신의 경험을 가져오게 하는" 것을 '독자 끌어들이기(hauling the reader in)'라고 부른다.

데이비드 애벗은 완성된 광고가 어떤 모습일지 확인하기 위해 열 너비에 맞추어 초안을 작성했다. 그의 광고는 이미지에 대해 논평하는 헤드라인으로 시작한다. 가령 슈퍼마켓의 와인 코너 광고는 이렇게 시작한다. "세인스버리에 가면 1.6파운드만으로도 집에서 대저택으로 이동할 수 있습니다." 이 헤드라인은 독자의 어깨에 손을 걸치고, 이리 오라고 손짓하듯 독자를 다음 문장으로 이끌었다. 애벗은 글이 시선을 사로잡고 유도하는 시각예술이라고 생각했다.

긴 카피의 시대는 끝났다. 광고인들은 이제 소비자가 텔레비전과 인터넷의 장단에 놀아나서 광고에 길게 집중할 수 없다고 생각한다. 주의 산만한 시간 빈곤자들을 위한 광고 카피는 짧고 강렬해졌다. "감흥을 느껴라", "연결하라', "다르게 사고하라." 하지만 여전히 작가들은 오래된 광고에서 독자를 매혹하고 글을 흘러가게 하는 방법을 배울 수 있다. 애벗이 세상을 떠났을 때 동료 카피라이터 와이트 로빈은 "그의 카피는 읽는 것보다 무시하는 게 더 어려웠다. 이어지는 모든 문장이 너무나도 매력적이었다"고 썼다. 멈추기보다 계속 읽기가 더 쉽다니, 모든 작가가 바라는 것 아닐까?

외로운 문단들과 목소리

현대의 작가들은 흰 여백과 사랑에 빠졌다. 문단을 한 문장으로 쓰고, 문단의 위아래에 흰 여백을 두고, 별표나 화려한 기호로 문단을 나누고 거기에 흰 여백까지 추가하면서 단절을 포용하고 있다. 리디아 데이비스, 애니 딜러드, 비비언 고닉, 매기 넬슨, 세라 망구소, 데이비드 실즈 등 많은 이들의 작품에서 이를 확인할 수 있다. 문단은 지면이라는 흰 바다를 부유하는 단어들의 섬이 되었다.

1990년대 초에 애니 딜러드는 웨슬리언대학교에서 창의적 글쓰기를 가르치며 매기 넬슨에게 "짧은 글을 많이 쓰고 그것들을 합치라"라고 조언했다. 넬슨은 『아르고호의 선원들』에서 간격과 생략을 이용해 젠더플루이드 파트너 해리 도지와의 관계를 기묘하게 서술한다. 어떤 문단은 "그리고, 그 뒤, 바로 그렇게, 나는 네 아들의 빨래를 개고 있었다"로 시작한다.

린 섀프턴은 캐나다 올림픽 수영 국가대표 선발전에 매진했던 10대 시절을 담은 『수영 연구』에서 자신의 주제에 딱 맞는 짧고 강렬한 문체를 구사한다. 섀프턴의 문체는 한 바퀴씩 도는 훈련의 리듬으로 인생의 선형성을 천천히 흔들며 천천히 누적적으로 만들어진다. 섀프턴은 이 책을 "엎치락뒤치락하는 생각의 슬라이드 쇼"라고 부른다. 몸이 반복적인 동작으로 분주하고 수경에 김이 서려 바깥이 부옇게 보일 때, 마음이 천천히 흔들리며 작동하기 시작한다는 것이 섀프턴의 생각이다.

인터넷은 글에 생략이 많아지도록 자극하는 분명한 동력이다. 전에는 새로운 문단을 표기할 때 첫 줄 들여쓰기라는 한 가지 방법을 썼다면, 워드프로세서의 등장 이후로 위아래로 한 줄을 띄는 블록형 문단이 흔해졌다. 인터넷에서는 블록 문단이 지배적이다. 노트북이나 핸드폰으로 글을 읽다 보면 눈이 피로해지고 읽던 곳을 쉽사리 놓치곤 한다. 이때 행갈이가 도움이 된다. 웹상의 글이 독립성을 갖추고, 빠르게 읽히고, 짧아지기 위해서는 문단이 필요하다.

독자는 문장들 사이를 연결하지 않고도 뛰어넘는 법을 배웠듯 문단 사이 생각의 단절에도 익숙해졌다. 어쩌면 이는 우리 모두가 단어에 접근하고 단어를 재활용하는 방식과 모종의 관계가 있는지 모른다. 우리는 검색엔진과 하이퍼텍스트로 현기증이 날 정도로 어지럽게 밀려드는 인터넷 속을 헤치며 길을 만든다. 데이터를 수집하고 결과를 복사해서 붙인다. 우리는 짧고 간결하게 상태를 업데이트하고 타임라인에 전시한다. 스스로 다시 채워지는 일상에 대한 꾸준한 산문시들.

게리 러츠의 외로운 문장들처럼 오늘날의 외로운 문단들은 보이지 않는 둑길로 서로 연결되어 있다(돈 패터슨이 연과 연 사이의 구분을 "연결 통로"라고 부르듯). 이 문단들은 독자가 신호나 표지의 방해 없이 빈 줄을 가로질러서 지적이고 정서적인 비약을 하도록 등을 떠민다. 한 문장에서 시작과 끝이 강조될 때와 마찬가지로 문단의 시작과 끝의 문장에는 특별한 무게가 실린다. 애니 딜러드는 "인간은 왜 우리 발이 토양의 어느 쪽 피막을 찌르는지를 두고 사서 걱정할까?"라거나 "우리는 신피질이 팽창한 그런 동물, 어쩌다 보니 백과사전을 집필

하고 달나라 여행을 떠나게 된 그런 동물 중 하나다" 같은 난데없는 질문과 진술로 생소한 영역에 돌진하기를 좋아한다. 이런 문장은 독자가 행간의 여백을 뛰어넘어, 확실히 알 수 없지만 무언가 바뀌었다는 기분을 느끼게 해준다. 이런 문장은 글을 완전히 다른 어딘가로 날아오르게 하는 연착륙과 비슷하다. 글이 살아 움직이기 시작한다. 어딘지 모르는 곳을 향해 앞으로 나아간다.

문단 구분은 마침표처럼 독자에게 일시적인 휴식을 제공하면서도, 겨우 알아차릴 수 있을 만큼만 글의 방향을 조종해야 한다. 작가 프랜신 프로즈는 어느 날 이웃에게서 가브리엘 가르시아 마르케스의 『족장의 가을』을 읽고 있는데 진도가 잘 나가지 않는다는 말을 들었다. 이웃은 책을 읽으며 술을 마시는 것을 좋아하는데 이 소설은 문단이 없어서(그리고 마침표가 거의 없어서) 맥주를 홀짝일 틈이 언제인지 알 수 없다고 했다. 작가 역시 문단 구분을 휴식으로, 자신의 에너지를 모아서 분출시키는 방편으로 사용할 수 있다. 두 문장짜리 문단의 거장 페이 웰던은 한 인터뷰에서 이렇게 짧은 문단을 쓰는 이유는 글을 쓰기 시작할 무렵 아이들이 어렸고, 그래서 "위기와 또 다른 위기 사이에서 세 줄을 쓰는 것이 내가 할 수 있는 최대치"였기 때문이라고 말했다.

세심하게 계획된 무심함

러츠의 외로운 문장들처럼 오늘날의 외로운 문단들은 우리에게 글쓰기와 흐름에 대한 몇 가지를 가르쳐준다. 우리의 글이 절대 그런 극단적인 생략의 경지에 도달하지 못한다 해도 말이다. 첫째, 이런 문단의 문장들을 끈끈하게 붙들고 있는 것은 목소리다. 비비언 고닉의 표현을 빌리자면 목소리는 "자신의 그림자에서 헤어나는 방법에 골몰하는" 마음의 감각이다. 글이 아무리 분절되거나 파편적이더라도 목소리는 방향을 찾아 헤매는 하나의 지성에서 비롯된 것처럼 느껴진다. 지도 없이 여행을 시작했지만, 목소리를 통해 단어들은 서로 밀착된다.

앤더 먼슨은 이런 "서정적인 에세이" 형태를 비디오게임 〈괴혼〉에 비교한다. 이 게임에서 왕자는 끈적이는 마법의 공을 굴려 점점 더 큰 물체들을 모으고 끝내 공은 달과 별을 삼킬 만큼 커진다. 먼슨은 "서정적인 에세이는 엄청나게 끈적한 파워 공"이라고 했다. 작가의 목소리는 흩어져 있는 정보의 가닥을 모조리 모아 서로 관련된 것처럼 보이게 만들어, 결국 끈적힌 공의 일부로 만드는 접착력이다.

목소리는 글을 하나로 이어 붙이는 보이지 않는 힘의 자장이자 결합 에너지다. 글에 목소리가 없으면, 문장들이 같은 사람에게서 쓰였다는 느낌이 없으면, 아무리 표지판을 세우고 철학적인 논평을 해도 글이 서로 엉기지 않는다. 하지만 글에 목소리가 있으면, 신경망 컴퓨터가 인간 언어의 특이성을 배우듯, 독자는 글에 내포된 사고 형식의 결함과 기이함에 적응하게 될 것이다. 목소리는 쉽게 눈에 띄지 않는 일관성을 만들어내는 묘약이다.

이런 종류의 글이 주는 두 번째 교훈은 흘러가는 목소리가 억지스러운 연결이 아니라 암시적인 정렬을 통해 만들어진다는 것이다. 생각을 자극하는 병치는 엄격하고 선형적인 주장만큼이나 강력하다(그리고 그만큼 잘하기가 힘들다). 매기 넬슨의 『블루엣』은 240번까지 숫자가 매겨진 문단으로 파란색에 얽힌 비참함과 상심을 다루는데, 이 책은 얼핏 형식이 없는 백일몽처럼 보인다. 하지만 넬슨은 생각들을 "셀 수 없이 섞고 또 섞어서", 이 책을 "마침내 하나의 강처럼 흐르는 것처럼 보이게 만든" 것이었다고 적었다. 넬슨의 글은 목록처럼 형태가 없고 불규칙해 보일 수 있다. 하지만 아무것도 없다시피 한 고산수처럼 그의 글은 보이지 않는 인내와 노력에서 출현했다.

그래서 상투적으로 하는 말이 진리다. 글쓰기는 고쳐쓰기다. 몇몇 운 좋은 작가는 글을 쓰는 동안 그 흐름을 온전히 느낀다고 말한다. 하지만 대부분의 작가에게 글은 저절로 흐르지 않는다. 어떻게든 고쳐 써서 글이 독자를 위해 흐르게 만들어야 한다. 영감이 물밀듯 밀려오고 자기 내면의 목소리와 지축을 흔드는 듯한 메시지에 흠뻑 취해 휘갈긴 문장마저도 잘라내고 다시 배열해야 한다(이런 문장이 특히 요주의 대상이다). 눈 뜨고 보기 힘든 상태에서 그나마 벗어난 뒤에야 다른 백 가지의 잘못이 눈에 들어온다. 단어를 질서 있게 배열한 뒤에야 우리는 글이 아직도 얼마나 뒤죽박죽인지를 알 수 있다.

말과 달리 글은 언제든 다시 시작할 수 있다는 점에서 이 사실은 그리 놀랍지 않다. 글쓰기는 고쳐쓰기다. 그리고 문단에서 고쳐쓰기가 시작된다. 문단을 합치고, 이리저리 옮기고, 다양한 길이의 문단이 지면상에서 어떻게 보이는지 확인하자.

문단은 어떤 생각을 발전시키고 어떤 생각을 눌러야 하는지, 어디서 더 머물고 어디서 속도를 높여야 하는지 알 수 있게 도와준다.

기우뚱한 문단은 교정 욕구를 자극하는 심미적 훈련 도구다. 나는 사람들이 살짝 기우뚱하게 걸린 그림을 바닥과 수평으로 맞추려고 이리저리 움직여보듯, 문단 끝에 한두 단어를 남겨놓고 가벼운 훈련을 한다. 문장을 쳐내서 문단을 직사각형에 가까운 모양으로 만드는 것이다. 이 별것 아닌 시각적 유혹 때문에 평소라면 그냥 지나쳤을 단어들이 삭제해도 무리가 없다는 걸 알 수 있게 되다니 신기할 따름이다. 이런 식의 편집은 조각처럼 느껴진다. 형태가 제대로 드러날 때까지 단어의 덩어리를 깎아내는 것이다.

단어를 추가하는 것보다 삭제하고 재배열하기만 해도 숨어 있는 흐름이 보일 때가 많다. 효과적이지 않은 것을 없애고 본래 있던 것을 옮기는 일에 집중하면 묻혀 있던 일관성을 발굴할 수도 있다. 초고 단계에서는 계획에 집착해서 단어를 억지로 이어 붙인다. A문단에서 B문단으로 넘어가기 위해서는 맥빠진 연결 고리를 쓸 수밖에 없고, 다른 모든 길은 막힌 듯 보인다. 그러다가 B문단을 없애거나 다른 곳으로 옮기면 A문단과 C문단이 훨씬 산뜻하게 연결되는 것을 알게 된다. 최초의 원고는 부자연스러운 대화로 노래 사이의 침묵을 채워 이야기를 끌어가려는 삐걱거리는 뮤지컬 같다. 작가는 글을 고쳐 쓰는 동안 전부터 알아차릴 수 있었던 사실, 이 노래에서 저 노래로 곧장 넘어가도 괜찮다는 것을 발견한다.

눈 밝은 사람이라면 문단 끝에 슬그머니 끼어든 나쁜 뉴스를 알아차릴 것이다. 당신은 글의 모든 문단을 덜어내야 할 수도 있다. 편집을 시작하는 가장 좋은 방법은 문장 단위에서 지나치게 힘을 쓰지 말고 우선 덩어리 전체를 덜어내는 것이다. 고통스럽지만(나도 애쓰지만 의기소침해지는 건 어쩔 수가 없다) 이 방법 말고는 없다. 문장으로 글을 쓰고 문단으로 편집하라. 그러고 난 뒤 다시 문장으로 글을 써라.

흐르는 듯한 글은 쉬워 보이지만 고된 작업이 따른다. 이탈리아인들은 이를 '스프레차투라(sprezzatura)', 세심하게 계획된 무심함이라고 부른다. 이 단어는 발다사레 카스틸리오네의 1528년 작품 『궁정론』에서 처음으로 등장한다. 카스틸리오네의 가상 궁정은 이것을 "그 속에 들인 의식적인 노력이 드러나지 않는, 어려운 일을 손쉽게 완성하는 재주"라고 정의한다. 궁중의 대신은 스프레차투라를 갖추면 이해타산에 목숨 건 사람처럼 보이지 않을 수 있는데, 이는 음모가 난무하는 궁중에서 중요한 자산이다. 카스틸리오네는 위대한 화가 역시 "어떤 노력이나 기술도 들이지 않고 손이 저절로 움직여 목적지에 도달한 듯이 보일 만큼 쉽게 그은, 힘을 뺀 하나의 선, 단 한 번의 붓질"을 만드는 재능으로 축복을 받는다고 적는다. 화가의 선처럼 작가의 흐름은 힘주지 않음이라고 하는 겉 포장으로 일생의 노력을 숨기는지 모른다.

단어 스프레차투라가 잉글랜드로 건너왔을 무렵 에티켓 책들이 이를 잘못 해석하는 바람에 스프레차투라는 상류층 특유의 나른함을 의미하게 되었다. 하지만 스프레차투라에서 중요한 것은 빈둥거림이 아니라 숨은 기술이다. 물 흐르는 듯한 글이 즐거운 이유는 외형상의 자연스러움이 노력을 통해 얻어진 것임을 알기 때문도 있다. 누군가가 독자를 위해 귀에 착 감기고 활기가 넘치는 무언가를 만든 것이다. 그 외로운 인고의 시간을 감당할 만큼 독자에게 마음을 쓴 것이다. 그 모든 노력은 단단히 농축되어 자동차가 텅 빈 도로를 질주하듯이 독자의 뇌로 퍼져나간다. 작가는 도로를 만들었다. 수년을 들여 나무를 잘라내고 산비탈을 폭파하여 반듯한 직선을 만들었으리라. 하지만 독자는 시시콜콜한 과정을 건너뛸 수 있다. 고대 게일어에 이런 축복의 말이 있다. "도로가 솟구쳐 올라 당신을 맞이하기를." 작가는 문장을 통해 독자들이 그 같은 도로를 경험하기를 기원해야 한다. 단어들이 바람을 등지고 솟구쳐 올라 그들을 맞이하기를.

글을 썼다는 사실조차 잊을 때

독자에게 흐름이란 맹렬하지만 행복한 집중을 뜻한다. 심리학자 미하이 칙센트미하이는 사람의 몸과 정신이 한 가지에 몹시 몰입해서 각 단계가 단절된 느낌 없이 유기적으로 넘어갈 때 이런 일이 일어난다고 말한다. 흐름은 근육과 신경이, 사고와 감정이, 노력과 기쁨이 최적으로 결합된 상태다. 요트 여행자는 팽팽한 돛을 있는 힘껏 붙들면서 흐름을 느낀다. 몸이 바람과, 돛과, 파도와, 배와의 긴장과 조화 속에서 움직이기 때문이다. 피아니스트는 난해한 곡에서 활력을 얻으면서도, 손가락이 건반 위에 올바르고 자연스럽게 떨어져야 운동 기억력을 활성화시킬 수 있다. 아무런 도구 없이 산을 오르는 프리 클라이머는 매번 락 홀드가 딱 맞는 때와 장소에 등장하는 것처럼 느낄 때 한 가지 일, 정상에 도달하기에 몰입할 수 있다.

칙센트미하이는 흐름이 즐거운 이유가 우리의 마음이 질서를 갈망하기 때문이라고 말한다. 질서가 없으면 우리는 의미를 잃어버린 세계에서 망각만을 종착지로 삼아 부유할 것이다. 인간은 항상 "혼돈을 속이면서" 세상의 찬란한 혼돈으로부터 질서를 만들어낸다. 수십억 년 동안 지구상의 불은 화산이나 번개, 또는 햇볕이 마른 낙엽에 닿으면서 시작되었다. 그러다가 초기 인류가 의도적으로 불을 피우고, 거기서 열과 빛을 얻는 방법을 알아냈다. 이들은 불을 다루면서 고기를 익히고, 토지를 개간하고, 쓰레기를 태우고, 금속을 벼리고, 연료에 불을 붙이고, 전쟁에서 싸우는 법을 배웠다. 불로 세상을 영원히 바꾸었다.

혼돈을 속이는 또 하나의 방법은 문장을 쓰고, 하나 더 쓰고, 하나 더 쓰는 것이다. 기록되지 않은 머나먼 어느 시기에 인간의 뇌는 내면의 목소리를 진화시켰지만 그 목소리는 제멋대로 떠돌기만 했다. 문장의 발명으로 우리는 목소리를 길들여 의미를 부여하고 그 내용을 다른 사람에게 전달할 수 있게 되었다. 이는 여전히 이 세상을 단어라는 프로크루스테스의 침대에 밀어 넣는 최고의 방법이다.

흐름은 가치 있으면서도 난이도가 적절한 무언가를 추구할 때 생겨난다. 과제의 난이도는 그것을 해낼 수 있는 능력과 딱

들어맞게 되어 있다. 우리는 가벼운 최면 효과처럼 몽상에서 힘들이지 않고 벗어나기 위해 텔레비전을 보거나 웹 서핑을 하거나 타임라인을 스크롤한다. 하지만 가장 즐거운 독서조차도 독자에게 무언가를 요구한다. 눈과 마음이 그것을 일로 느끼지 않고 기꺼이 즐길 때 글은 흘러간다.

글이 독자에게 잘 읽히고 있다는 것을 알 수 있는 방법은 없다. 결승선은 눈에 보이지 않고, 당신이 그걸 넘는다고 해서 팡파르 소리가 들리지도 않는다. 어쩌면 당신이 당신 글의 독자가 되면 결승선이 보일지도 모른다. 문장을 한동안 옆으로 밀쳐두고 글쓰기에 들인 걱정을 잊을 때, 심지어 당신이 글을 썼다는 사실조차 잊힐 때 문장으로 돌아가보라. 운이 좋으면 문장과 문장의 연결 고리가 더는 억지스럽고 부자연스럽게 느껴지지 않을 것이다. 그게 단지 느낌에 불과해도 말이다. 마침표의 꺼져가는 하강, 문단 구분에 의한 작은 도약, 필연성과 계시가 어우러지는 느낌에 당신은 설득된다.

그렇다. 이런 단어들은 서로에게 속한다. 이 단어들이 아무리 산만한 머리에서 흐름과 무관한 방식으로 나왔다고 해도, 이들의 상호 귀속은 자연스럽게 느껴진다. 이제 독자 또한 그렇게 느끼면 된다. 물론 그건 독자의 몫이다.

별것 아닌 것 같지만, 도움이 되는
―문장은 세상에 건네는 선물이다

문장 읽기가 부담스러운 의무여서는 안 된다. 글의 규모를 얼마나 키우든 마찬가지다. 대부분의 문단은 대부분의 장이 그렇듯 필요 이상으로 길다. 대부분의 책은 필요한 분량보다 50쪽 정도 더 길다. 우리가 이 사실을 망각하는 이유는 귀 기울이기보다 떠들어대는 게 더 쉽기 때문이다. 글은 연설이 아니다. 어느 지점에서는 생각보다 빨리 멈춰야 한다. 우리가 하려는 말에 우리만큼 관심을 가지는 사람은 없다. 사람들은 식사를 하거나 기차를 타고, 아침 출근을 위해 잠자리에 들어야 한다. 예의 있는 배우는 대사가 끝나면 앙코르를 기다리지 않고 무대를 떠난다.

좋은 문장이 통제에서 반쯤 벗어나 있으면서도 해결책을 향해 움직여야 하듯 좋은 책 역시 이와 같다. 문장이 그렇듯 책은 독자로 하여금 끝나는 순간에 대한 기대감을 빚어내는데, 그 이유는 남은 쪽수가 줄어들기 때문만은 아니다. 마지막 장의 시작은 더는 독자를 붙들지 않겠다는 약속이다. 이 책은 하나의 단어에서 출발해 짧은 문장을 지나, 긴 문장에 이르고, 서로 연결된 문장들로 넘어왔다. 그리고 이제 당신은 마지막 호흡을 내뱉기 시작한다. 최종 마침표가 곧 나올 것이 분명하므로. 하지만 아직 할 말이 조금 남아 있다. 주섬주섬 코트를 챙겨 입고 일어설 준비를 하는 당신의 인내심을 시험할 생각은 없으니 간단하게.

앞서 나는 문장이 선물이라고 했다. 하지만 그것은 누가 받는지도 거의 모르고, 받는 사람이 있긴 할지 확실하지도 않다는 점에서 특별한 종류의 선물이다. 배리 로페즈는 한 에세이에서 선물을 "문맹인 마음의 목소리"라고 표현했다. 물론 이 경우 문맹이 비유에 그치면 가상 좋겠지만, 문장은 바로 이런 종류의 선물이다. 이 선물이 문맹인 마음에서 나오는 것은 문장이 하려는 말을 전할 유일한 방법으로 느껴질 때가 있기 때문이다. 그리고 이 선물은 더 귀한데, 깔끔하게 포장되어 리본에 묶인 채로 아는 사람에게 보내지는 게 아니라 미지의 누군가에게 발견되기를 기다리며 세상에 내보내지기 때문이다. 이어지는 (짧은) 이야기가 보여주다시피 선물을 내놓고 싶은 욕망은 놀라운 회복력을 가졌다.

길 잃은 사람들, 문장들

1943년 5월, 신경심리학자 알렉산드르 루리아가 우랄 남부의 키세가치에서 운영하던 재활병원에 새로운 환자가 들어왔다. 레프 자세츠키는 스물세 살의 해군 소위였다. 자세츠키는 두 달 전에 있었던 스몰렌스크 전투에서 독일군의 탄환을 맞고 뇌의 일부를 잃었다. 촉망받는 공학도였던 그는 전쟁에서 기억도, 시력도, 언어능력도 산산이 부서졌다. 말은 거의 하지 못했고 어린아이처럼 음절 하나하나를 해독하는 식으로 글을 읽었다. 이후 26년 동안 루리아는 자세츠키의 치료를 맡아 과거의 자아를 되찾기 위한 투쟁을 도왔다.

자세츠키의 근본적 문제는 통사를 파악하지 못한다는 점이었다. 대뇌피질이 손상되어 부분을 전체로 통합하지 못했다. 그가 파악할 수 있는 것은 단어의 배열이 만들어낸 의미가 아니라 낱낱의 단어들뿐이었다. '파리가 코끼리보다 더 큰가요?' 같은 비교문을 이해하기에는 역부족이었다. '아침을 먹기 전에 신문을 읽었다'처럼 어순과 시간 순서가 어긋나는 문장 역시 마찬가지였다. 자세츠키가 읽을 수 있는 문장은 어린이용 읽기 책 수준의 간결한 문장뿐이었다. "겨울이 왔어요. 추워졌어요. 눈이 내렸어요. 연못이 얼었어요. 아이들이 스케이트를 타러 갔어요."

그러던 중 루리아가 돌파구를 찾았다. 자세츠키가 연필 쥐는 법을 천천히 다시 배우자 글을 거의 쓸 수 있게 된 것이다. 루리아는 자세츠키에게 글자 하나하나를 정교하게 쓰려고 안

달 내지 말고 손을 종이에서 떼지 않은 채로 몸의 자연스러운 움직임을 믿으라고 말했다. 그러자 단어들이 문장을 이루기 시작했다. 루리아는 이 자율적인 운동 기술을 "운동 멜로디"라고 불렀다. 운동 멜로디는 노래를 부르거나, 춤을 추거나, 달리기를 하려는 충동에도 있는데, 모두 지나치게 마음을 쓰지 않을 때 잘하게 되는 활동이다.

이 돌파구는 자세츠키의 삶을 바꿨다. 그는 라디오에서 들은 내용을 이해하지도 못했고, 집안일을 거들 수도 없었다. 길을 잃지 않고 산책을 하지도 못했다. 하지만 일기는 쓸 수 있었다. 매일 겨우 몇 문장을 쓸 뿐이고 그마저도 완전히 진이 빠져 버렸지만. 루리아가 생각하기에 자세츠키가 그럼에도 계속 일기를 쓴 이유는 그에게 글이 삶과의 중요한 연결 고리였기 때문이다. 자세츠키는 통사를 통해 자아의 조각을 다시 짜맞출 수 있었다.

이후 25년 동안 자세츠키는 사흘에 대략 한 쪽을, 총 3천 쪽을 썼다. 그의 문장은 한 자 한 자 힘들게 쥐어짜듯 쓰였을지 몰라도 생기 있는 콧노래가 흘러나왔다. 선형적으로만 글을 쓸 수 있다 보니 범접할 수 없는 명료함이 빛을 발했다. "총탄인지 폭탄 파편인지가 날아와서 한 남자의 두개골을 찢고 들어가 뇌의 조직을 갈라 불태웠고, 그의 기억과 시력과 청력과 의식을 불구로 만들었다. 요즘 사람들은 이것을 이상하다고 생각하지 않는다. 하지만 이게 이상한 게 아니라면 나는 왜 아플까? 왜 내 기억은 정상적으로 작동하지 않고 내 시력은 돌아오지 않는가? 왜 나는 계속 머리가 아프고 웅웅대는 소리가 들리는 걸까?"

이 극도로 쇠약해진 남자는 일기를 쓰면서 일종의 고귀함을 얻었다. 루리아의 표현에 따르면 그는 "단순히 존재하는 게 아니라 살아가는" 방법을 터득했다. 루리아가 자세츠키에 대해 쓴 책 『산산이 부서진 세계의 남자』를 보면 자세츠키는 고향에서 부모님과 함께 살며 매일 아침 책상에 앉아 일기를 썼다고 한다. 자세츠키는 여전히 홀로 문장을 쓰다 1993년 73세의 나이로 세상을 떠났다.

목소리를 얻는 법

1992년 69세였던 존 헤일은 지독한 뇌졸중을 겪었다. 그로 인한 영향은 자세츠키의 경험과 유사했고, 비슷하게 역설적이었다. '뇌졸중(Stroke)'은 뇌에 가해지는 공격을 일컫는 명사 중 가장 적합한 표현이다. 이 단어에서는 두 가지 의미, 죽음의 손길에 의한 고통 없는 어루만짐과 날카로운 칼날에 잘린 것과 같은 기능의 절단이 모두 연상되기 때문이다. 헤일의 경우 뇌 신경조직의 상실로 인해 무질서하고 불완전한 방식으로 피해를 받았다. 더 복잡한 능력의 일부는 온전하게 살아남았지만, 그것을 지탱하는 논리의 골격은 다 부러져 뼈 무더기만 남게 되었다.

뇌졸중이 덮치기 전 헤일은 런던대학교 교수였고 저명한 르네상스 역사학자이자 스스로도 르네상스적인 인간이었다. 총명한 이야기꾼이자 교사, 학자이자 작가였던 것이다. 마침 시대의 거대한 초상이자 자신의 대표작인 『르네상스기의 유럽 문명』을 막 완성한 참이었다. 헤일은 어린 시절부터 글쓰기를 사랑했는데, 자신의 맹장 수술에 대해서나 솜(Somme) 전투에서 코가 날아간 뒤 탄성 밴드로 가짜 코를 만들어 붙인 삼촌에 대한 짧은 에세이를 쓴 이후로 줄곧 좋아했다. 성인이 되어서는 종일 학생을 가르치고 난 뒤 저녁마다 유창한 필체로 막힘없이 글을 썼다. 그에게 필요한 것은 책상의 작은 공간과 줄 쳐진 종이 뭉치, 싸구려 볼펜과 담배 한 갑이 전부였다.

뇌졸중이 발병하고 나서 1년도 안 되어 헤일은 움직이는 능력을 상당 부분 되찾았다. 도움을 받지 않고도 그가 사랑하는 베니스에서 길을 찾을 수 있었다. 헤일이 전시 개막일에 그림을 가리키거나 화려하게 손짓하는 모습이 다시 익숙하게 눈에 띄었다. 대화에서는 주로 "다 워(da woah)", "아흐(ach)", "오 마이 갓(oh my god)"을 말하는 정도에 머물렀지만 그의 말은 과거의 리듬을 회복했고 그의 친구들은 헤일을 이해하고 있다고 확신했다.

한데 글은 다른 문제였다. 헤일은 왼손으로 글 쓰는 능력을 일부 되찾았지만, 단어들은 서로 연결되지 못하고 의미를 잃었다. 통사 규칙을 잊어버린 그는 '누구', '무엇', '언제', '어디서'로 시작하는 질문에 어쩔 줄 몰랐다. 그래도 다른 사람의 문장에서 빠진 단어를 끼워 넣고, 르네상스 화가의 이름을 찾고, 아내에게 짧고 강렬한 연서를 쓸 수는 있었다. 1995년 크리스마스에 그는 한 문장을 가까스로 완성했다. "내 글이 돌아오고 있는 기분이다." 하지만 그런 일은 일어나지 않았다.

만약 당신이 문장 쓰는 능력을 상실하게 된다면 문장은 어느 때보다 중요해지고, 당신은 능력을 회복하기 위해 무슨 짓이든 할 것이다. 2008년 여름 60세의 역사학자 토니 주트는 글을 쓸 때 자판을 잘못 누르고 있는 걸 알아차린다. 그해 가을 주트는 루게릭병을 진단받았고 이 희귀성 운동신경 질환은 주트의 몸을 빠르게 잠식했다. 겨울이 되자 그는 손을 쓰지 못했고 이듬해 봄에는 휠체어를 탔다.

아직 말은 할 수 있었지만 주트만큼 말하기를 좋아하는 사람은 성에 차지 않았다. 주트는 계속 글을 쓰고 싶어 했다. "이 특별한 신경 퇴행성 질환의 두드러진 특징은 과거와 현재와 미래를 곰곰이 생각할 수 있을 정도로 마음을 맑게 남겨두면서도 이 생각들을 단어로 전환할 일체의 수단을 야금야금 박탈한다는 점이다… 단어와 개념으로 소통하고 싶은 사람에게 이 병은 이례적인 과제를 안긴다."

주트의 답은 "기억의 궁전"이라고 하는 오래된 연상 방법을 응용하는 것이었다. 글로 적을 수 없는 생각들이 머릿속에서 울리던 밤, 그는 잠들지 못하고 누워서 어릴 때 봤던 스위스 스키 산장을 떠올렸다. 그리고 그 건물의 여러 방에 자신의 생각을 넣어두었다. 아침이면 산장에서 생각들을 되찾고 대필자의 도움을 받아 글로 옮겼다. 말하기 능력은 아직 손상되지 않았기 때문에 가능한 일이었다.

주트는 이런 식으로 두 권의 책과 숱한 에세이들을 구술했고, 뉴욕대학교의 학생들에게 기억력에 의지해서 마지막 강의를 했다. 병에 걸리기 전 주트는 자기 자신을 "확신과 증거라는 작은 피노키오들을 만드는 문학의 제페토"라고 여겼다. 이제 그의 글은 전만큼 지적이진 않은 대신 평생의 독서를 통해 머릿속에 박힌 문장의 박자와 속도에 직관적으로 의지했다. 나에게는 주트가 세상을 떠나던 2010년에 완성한 마지막 글이 그의 어떤 글보다 더 훌륭하다. 더 사적이고, 암시적이고, 음악적이어서.

글쓰기에 이토록 집요하게 매달리는 일에는 영웅적인 면이 있다. 대부분의 사람은 글을 의무 이상으로는 쓰지 않고 평생을 산다. 주트와 다른 사람들은 그냥 패배를 인정하고 자신을 타인에게 알릴 더 쉬운 방법을 찾을 수 없었을까? 아마 불가능했을 것이다. 이들은 작가라면 누구나 하는 일을 했다. 누구도 부탁하지 않았고 누구도 읽을 의무가 없는 문장을 고집스럽게 만들어냈다. 그리고 대부분의 사람이 단어를 길어 올리고 순서를 결정하는 일이 느리고 비사회적인 작업임을 알고 있어도 계속 그 일을 해나간다.

내가 생각하기에 우리가 글쓰기에 매달리는 이유는 문장을 통해 다른 버전의 내가 될 수 있다고 믿기 때문이다. 내가 쓴 나쁜 문장 대부분은 같은 문제를 겪었다. 나는 내 목소리가 들을 만한 가치가 없다고 생각했다. 내면 깊은 곳에서 내가 해야 했던 말이 흥미롭지 않다고 믿었다. 그래서 나는 다른 좀 더 우러러볼 만한 글을 흉내 내면서 무미건조하게 전문적이고 목소리가 담기지 않은 겉치레로 문체를 덮어버렸다. 또는 다른 사람이 흥미로워하든 말든 뒤틀리고 과장된 글을 썼다. 누구도 이야기하지 않은 자세하고 전문적인 사항을 말하고 싶었다.

나는 문장을 통해 우리가 목소리를 얻게 된다는 점을 망각했다. 실제 목소리만큼이나 독특하고 모방할 수 없는, 우리가 여기 없을 때 우리를 대신할 목소리를 얻게 된다는 것을.

나는 내 실제 목소리를 한 번도 좋아해본 적이 없다. 강사로서 나는 목소리가 두뇌라는 경쟁 상대를 제외하고 내가 가진 가장 중요한 도구라는 사실을 알고 있다. 피아니스트에게 민첩한 손가락이 중요한 것만큼이나. 하지만 나는 다른 사람이 내 말을 듣고 싶어 하는지 확신이 들지 않을 때면 어김없이 나오는 얕은 호흡, 자음 누락, 억양 하강 같은 고질적인 습관을 생활하는 내내 고치지 못했다. 강단에 서면 아직도 내 목소리는 목구멍 안으로 잠기거나 쉰 소리를 내며 죽어가곤 한다. 그때마다 패배감에 휩싸이며 내가 이 일에 걸맞지 않은 사람이라고 느낀다. 내가 내 목소리를 제대로 사용할 수 없다면, 나는 나의 일을 제대로 못하는 사람이다.

글 속 목소리는 조심조심 공들여 낼 수 있지만 실제 목소리는 대번에 실망감을 안길 수 있다. 어깨나 가슴, 복부, 심지어 무릎이나 삐끗한 발목의 긴장마저 입에서 나오는 소리에 영향을 미친다. 어른으로 성장하면서 우리는 점점 몸에 소원해지고 목소리가 가진 완전한 잠재력을 잃어버린다. 단어들을 주변에 건성으로 뱉으면서 안 좋은 기분과 실패의 증거를 흘린다. 둔탁한 목소리 톤은 우울증의 고전적인 증상 중 하나다. 나는 기분이 아주 바닥일 때 목에 덩어리 같은 것이 걸린 느낌이 드는데, 기도 안에 잠긴 응어리를 내뱉을 수도 삼킬 수도 없는 듯한 기분이다.

아무래도 나처럼 실생활에서의 목소리가 별로 미덥지 않은 사람이 글쓰기에 끌리는 게 아닐까 싶다. 글쓰기는 단어를 흡족할 때까지 매만질 수 있게 해주니까. 우리는 문장이 우리 대신 이야기한다는 생각을 좋아한다. 문장은 우리와는 달리 기죽지 않고 용맹하니까. 문장은 목소리만이 아니라 걸음걸이, 발소리, 몸동작, 어깻짓, 몸의 경련을, 우리가 세상의 공간을 차지하는 그 모든 불만스러운 방식을 대신한다.

살아가는 방식으로서의 글쓰기

글로 표현된 목소리는 실제 자아(그게 누구든)를 종이 위에 옮기는 일이 아니다. 나는 때로 내 문장에 표현된 것 같은 사람이면 좋겠다고 생각하지만 나는 그런 사람이 아니다. 내가 문장을 쓰는 법을 아는 사람처럼 확신에 찬 듯이 보인다면 그건 내가 조건이나 숙고로 가득한 글을 좋아하지 않기 때문일 뿐이다. 나는 어쩔 수 없이 둘 중에 선택해야 한다면 틀리지 않는 것보다 명료하게 표현하는 쪽을 선호한다.

나답게 말하는 법을 배우는 것이 아니라, 한결같이 들리도록 단어를 조합하는 요령을 터득하면 글로 목소리를 낼 수 있다. 글로 표현된 목소리는 단어를 선택하고 배열하는 기술, 그리고 그것이 담는 내용에 대한 진실한 관심과 헌신의 합작품이다. 그 목소리가 당신은 아니지만, 더 잘 표현된, 묻혀 있던 또 다른 당신일 수 있다. 어지러운 생각과 숨겨둔 불안 속에 묻혀 있던 목소리를 속에서 끌어내 부드럽게 흘러나오는 문장의 형태로 만든 것이다.

　당신의 말에 사람들이 관심을 기울이게 만드는 유일한 방법은 단어를 당신 자신처럼 들리게 하거나, 최소한 당신이 만든 아바타처럼 들리게 하는 것이다. 당신의 목소리는 당신이 하려는 말에 거처를 내준다. 글에 목소리가 있다면 더 이상 독자를 몰아세우거나 부실한 논쟁을 펼치지 않아도 된다. 이 세상 위의 작디작은 한 장소, 즉 작가가 차지한 장소에서 세상에 대한 중요한 무언가를 알아차리고 독자와 나누는 그 행동으로부터 논거가 발생한다.

　종교가 없는 나 같은 사람에게 글쓰기는 신앙에 가까운 기분을 안긴다. 글은 이 세상에 존재함에 대해 신에게 감사하는 것이 아니라, 세상 자체에 감사함으로써 경의를 표한다. 감사는 예배가 아니라 알아차림에 의해 생겨난다. 인간은 진정으로 주의를 기울일 줄 아는 유일한 동물이다. 다른 어떤 생명체도 짝짓기를 하거나, 같이 놀거나, 무언가를 얻어내거나, 심지어 먹을 수 없는 대상에 대해서는 호기심을 갖지 않는 듯하다. 인간에게는 알아차리는 능력이 있다. 삶에 어떤 목적이 있는지 의심스럽지만, 만일 그런 게 있다면 우리 자신의 눈으로 세상을 알아차리고 그 알아차림을 단어로 감싸는 것이리라. 이를 위해 우리는 문장이라는 완벽한 용기를 만들었다.

　앙드레 지드는 "말해야 하는 모든 것이 이미 말해졌다. 하지만 누구도 제대로 귀 기울이지 않았으므로, 모든 것을 다시 말해야 한다"고 썼다. 우리의 삶은 클리셰로 뒤범벅되었다. 모든 게 다른 사람에게 이미 일어난 일이다. 최소한 사람들이 모든 것을 기록한 한은. 숨이 넘어갈 듯한 아기의 울음소리, 가족 간의 갈등, 청소년기의 짜증, 사랑에 빠지고 벗어나는 불균형한 감각, 유독한 우정과 원한, 아이들을 향한 걱정과 기쁨, 좌절당하거나 뒤틀린 야망, 노화와 죽음을 향한 느린 돌진, 그리고 막간에 찾아오는 웃음과 깨달음, 기쁨의 찬란한 순간들. 모든 게 흔하디 흔하고 예측 가능하다. 하지만 우리는 클리셰를 여전히 살아내야 하고, 문장으로 그 순간이 얼마나 남다른 기분을 안기는지를 보여줘야 한다. 체호프의 희곡 『세 자매』에서 마샤가 말하듯 "우리 각자는 자신의 삶을 해결해야 한다". 그리고 여기에, 우리 각자는 자신의 문장을 써야 한다고 첨언할 수도 있다.

그러므로 글을 쓸 수 있게 해주는 모든 것들—팔, 손, 시력, 운동 능력, 기억력—을 소중히 여겨야 한다. 언젠가 더 이상 사용하지 못할 날이 올 것이므로. 우리는 어쩌면 생각보다 빨리 해변으로 쓸려 올라온 고래 신세가 되어 더 이상 문장을 쓰지 못할 수도 있다.

나는 몸을 잘 돌보는 편이 아니지만 글 쓰는 데 필요한 부분들은 돌본다. 헬스장에서 운동하듯 손가락을 스트레칭하거나 주물러 근력을 키우고, 되풀이되는 긴장 때문에 부상을 당하지 않게 조심한다. 오른 어깨와 팔이 뻣뻣해지면(이 산업재해를 마우스암(mouse arm)*이라고 부르는 것을 들었다) 울퉁불퉁한 셀프 마사지 봉으로 근육을 풀어주곤 한다. 팔이 부러지

• 손목터널증후군의 별명.

고 나서 글을 쓸 수 없게 된 제자들을 공포 속에 회상하며 나의 사지가 제대로 움직이게 하려 애쓴다. 만일 튀어나온 보도블록에 걸려 넘어지면 (왼손잡이이기 때문에) 오른팔로 바닥을 짚어야 한다는 것을 유념한다. 자세츠키 소위처럼 문장 쓰기는 내게 단순히 존재하는 게 아니라 살아가는 방식이므로.

별것 아니지만 도움이 되는 것

행복이라고 하는 신기루 같은 상태에 대한 설명 대부분에는 자신을 망각하는 몰입, 세상에 유쾌하게 휘말린 감각이 있다. 시인 도널드 홀은 이 감각을 '몰두(absorbedness)'라고 부르는데, 그는 이 단어를 "그 안에 동사가 많은 명사"라서 좋아한다. 때로 정신적 물탱크가 막힐 때 몰두의 감각은 좌절된다. 우리는 세상으로부터 단절된 기분을 느끼고, 내면으로 방향을 틀어 우리가 가진 재생 불가능한 자원들을 허무와 절망에 빠질 때까지 탕진한다.

리처드 메이비는 『야생의 숨결 가까이』에서 감각을 마비시키는 우울증에 빠져 3년 가까이 힘든 시기를 보낸 50대 후반의 기억을 적어나간다. 메이비는 일생 동안 5월마다 돌아오는 봄의 마지막 방문객인 제비들의 귀환, 여름이 가까워졌음을 알리는 제비의 짝짓기와 어린 새의 지저귐에서 안정감을 느꼈다. 하지만 우울증이 찾아오자 더 이상 제비가 오든 말든 신경쓰지 않았다. 상처받은 짐승처럼 침대에서 몸을 말고 누워 몇 날 며칠을 보냈다. 우울증의 이런 반(反)생명성은 한없는 활기를 가진 제비의 영원한 비행과 대비된다. 마침내 메이비가 우울을 떨쳐냈을 때 제비의 대한 관심이 다시 일어났다. 그는 새로운 풍경을 보여주는 노퍽의 웨이브니밸리로 거처를 옮겨 자연과의 관계를 회복하고 다시 살아가기 시작했다.

이 책에 4천 문장을 쓰는 동안 나는 제비나 다른 철새의 움직임을 신경 쓰지 않았다. 날씨가 덥다가 추워지고 서쪽에서 기묘한 폭풍이 밀어닥치는 동안, 나무들이 계절을 통과하며 바뀌는 모든 과정을 알아차리지 못했다. 나는 에드워드 세인트 오빈의 소설 『모유』에 나오는 다섯 살짜리 로버트 같았다. "문장 만들기에 사로잡힌 나머지 생각이 종이 위에 내려앉은 색색의 얼룩 같던 야만의 시절을 잊어버리고 만."

나의 세계가 컴퓨터 화면으로 좁아지는 동안 나는 도로 건너편 쓰레기장 위로 아파트 한 채가 올라가고 있다는 것을 어렴풋이 알아차렸다. 나는 한쪽 눈초리로 야광 조끼를 입은 건설 인부들이 기둥을 올리고 벽돌을 세우는 시간을 가늠했다. 땅거미가 져서 빛이 기묘한 창으로 손짓하는 가운데, 맨땅에 들어선 건물을 바라보자니 아직도 충격이 밀려온다. 내가 단어를 가지고 조잡한 것들을 만드는 동안 다른 사람은 콘크리트를 가지고 더 구체적인 것을 만들었다.

한편 세상이 산산이 부서지고 있는 느낌이다. 매일 새로운 추악한 뉴스가, 잔혹함과 자해에 대해 타고난 능력으로부터 우리를 보호하는 문명의 얇은 막을 벗겨내고 있는 듯하다. 이에 맞서 나는 책상이라고 하는 사적인 모래 구덩이에 머리를 파묻고 있었다. 토머스 하디처럼 나는 "그런 종류의 세상에서도" 글을 쓰고 싶어 하는 "편협한 마음"을 가졌다며 달에게 비난받을까 봐 두렵다. 또 어쩌면 나는 플로베르가 어머니에게 들은 비난처럼 "너의 미친 문장병이 네 심장을 말렸다"는 비난을 받을지도 모르겠다. 때로 글쓰기는 존재의 부실한 대체재처럼, 현실로부터 우리를 단절시키는 내향적인 충동처럼 느껴진다.

하지만 리처드 메이비가 깨닫듯, 글과 삶의 이러한 구분은 틀렸다. 그의 우울증을 촉발한 것은(우울증은 무엇에 의해서든 촉발된다는 의미에서, 그렇지 않을 때도 많지만) 자기 글이 무엇에도 도달하지 못했고 글쓰기가 그를 성인으로 만들지 못했다는 의식이었다. 하지만 글 역시 삶임을, 완벽하게 자연스러운 존재 방식임을, 인간 종이 세계와 상호작용하는 "반투과성 막"임을 알게 된다. 그는 작가가 짹짹대는 제비만큼이나 세상의 일부라는 결론에 도달한다.

모든 사람이 문장으로 이루어진 세계의 동등한 시민이므로, 문장은 세상의 의미를 함께 발견할 수 있는 공동 공간을 제공한다. 빵 굽기, 작곡하기, 게임하기 같은 인간 문화의 모든 형태가 그렇듯 문장은 우리를 서로와, 지구와 연결시킨다. 문장 쓰기는 침묵하는 종이 위에서 낯선 이가 낯선 이에게 말을 거는 행위다. 단어를 의미 생성의 그물망으로 잣는 일은 혼란과 외로움을 물리치고 삶에 의미를 부여하는 한 방법이다. 문장의 친숙한 형태는 우리에게 모두가 같은 종이 위에서 생의 노래를 함께 부르고, 살아 있는 동안 단어를 의미 있는 작은 무더기로 모으고 있음을 곱씹게 한다.

침울한 기분에서 벗어나 세상과 다시 결합한 듯한 기분에 젖을 때 나는 제비가 돌아오지 않을까 더는 마음 졸이지 않는다. 다시 문장을 생각하기 시작한다. 기차 플랫폼 광고판에, 기차 객실 벽에, 약병에 인쇄된 문장을 읽고 말없이 머릿속에서 그것들을 굴려본다. "지나가는 기차는 난기류를 일으킵니다", "필요한 사람이 사용할 수 있도록 이 자리를 비워두시기 바랍니다", "과민 반응이 있을 경우 사용을 중단하십시오."

단어는 소소하게 서로 맞물리며 나를 얼굴 없는 작가, 말 없는 밀턴들과 연결시킨다. "이 연필은 재생 CD 케이스로 만들어졌습니다." 나는 관사를 삭제해서 읽는 이가 머릿속으로 다시 삽입해야 하는 요즘 표지판을 좋아하지 않는다. "머리 위의 선반에 무거운 물건을 올려두지 마십시오." 눈에 띄는 잡지 광고의 한 문장 "단 48시간 만에 계단을 변신시켜라"는 시험지의 질문처럼 읽히기 시작했다. 문장은 이상하다. 더 가까이서, 더 주의 깊이 읽을수록 이상하다.

나는 문장에 대한 이런 새로운 관심이 기분이 곧 고양되리라는 신호임을 받아들였다. 회복된 호기심은 가장 신뢰할 만한 우울증 약이고, 호기심이 있는 사람만이 세상의 조각들을 그러모아 단어로 탈바꿈시키려고 애쓴다. '호기심(curious)'의 어원인 라틴어 'cura'에서 '치료(cure)'와 '돌봄(care)'이 모두 탄생했다. 호기심은 자아도취의 치료제이고, 이 치료제는 세상에 관심을 기울이고 우리를 다시 뿌리내리게 한다. 글을 읽고 쓰면서 우리는 몰두하는 법을 익힌다. 그리고 무엇을 향하든 진정한 몰두는 축복이다.

내 은밀한 글쓰기 교본이 문장에 대한 연서가 되어버린 기분이다. 연서는 허공에 대고 말하는 기분을 느끼게 하면서도 결국은 나를 세상과 다시 결합시켰다. 문장의 즐거움은 화려한 공언과는 어울리지 않으므로 이 책은 아마 숨죽인 연서이리라. 문장은 절제되고 평범하며 수평을 지향한다. 문장은 레이먼드 카버가 쓴 동명의 소설에서 제빵사가 자식을 잃어 비탄에 빠진 부모를 위해 만드는 따뜻한 시나몬 롤처럼, "별것 아닌 것 같지만 도움이 되는 것"이다.

나의 별것 아닌 것 같지만 도움이 되는 것에 대한 연서가 영어 수업보다 더 유용하기를 바란다. 내 글에 무언가 가르쳐줄 만한 게 있었다 해도 그건 중요하지 않다. 당신은 문장을 충분히 읽고 쓰면서 글 쓰는 법을 배울 뿐이다. 충분함의 순간이 도래하지 않는다고 해도. 나는 문장을 만들고 그 문장을 한 권의 책에 집어넣으면서 문장을 만드는 법을—내가 문장을 어떻게 만드는지를—보여줄 뿐이라는 사실을 알고 있었다. 이제 이 책은 내 손을 떠나 문장들과 운명을 같이해야 한다는 것에 나는 분명 속이 탈 것이다. 하지만 그것이야말로 이 책을 다른 여느 책처럼 만드는 게 아닐까? 여기 문장들이 있고, 여기 이 책이 있다.

참고문헌

한 문장에서 시작한다

Hardy, G. H., *A Mathematician's Apology* (Cambridge: Cambridge University Press, 1992).

Hrabal, Bohumil, *Dancing Lessons for the Advanced in Age* (NewYork: NYRB Classics, 2011).

노련한 작가는 문장으로 글을 쓴다

Barthelme, Donald, 'Sentence', *The New Yorker*, 27 February 27 1970.

Berry, Wendell, 'Standing by Words', *Hudson Review* 33, 4 (1980-81): 489-521.

──, 'Why I Am Not Going to Buy a Computer', in *The World-Ending Fire: The Essential Wendell Berry*, ed. Paul Kingsnorth (London: Allen Lane, 2017), pp. 236-43.

Carter, Angela, 'Introduction', in Carter (ed.), *The Virago Book of Fairy Tales* (London: Virago, 1990), pp. ix-xxii.

Davie, Donald, *Articulate Energy: An Inquiry into the Syntax of English Poetry* (London: Routledge & Kegan Paul, 1955).

Finlay, Alec (ed.), *Ian Hamilton Finlay: Selections* (Berkeley: University of California Press, 2012).

Grubbs, Morris A., 'A Practical Education: Wendell Berry the Professor', in

Jason Peters (ed.), *Wendell Berry: Life and Work* (Lexington: University Press of Kentucky, 2007), pp. 137-41.

Hyde, Lewis, *The Gift: How the Creative Spirit Transforms the World* (Edinburgh: Canongate, 2006).

Ingold, Tim, Lines: *A Brief History* (London: Routledge, 2007).

Koestenbaum, Wayne, ' "To Be Torn Apart/Is My Ambition": An Interview by Christopher Hennessy', *American Poetry Review* 42, 2 (March 2013): 39-43.

Lethem, Jonathan, 'The King of Sentences', *The New Yorker*, 10 December 2007.

Racter, *The Policeman's Beard is Half Constructed: Computer Prose and Poetry* (New York: Warner Books, 1984).

Snowdon, David, *Aging with Grace: The Nun Study and the Science of Old Age* (London: Fourth Estate, 2011).

Terrace, H. S., L. A. Petitto, R. J. Sanders and T. G. Bever, 'Can an Ape Create a Sentence?', *Science* 206, 4421 (23 November 1979): 891-902.

생기 있는 명사와 엄밀한 동사

Berry, Wendell, 'The Pleasures of Eating', in *The World-Eating Fire*, pp. 144-51.

Black, Max, *Models and Metaphors: Studies in Language and Philosophy* (Ithaca: Cornell University Press, 1962).

Bourland, D. David, and Paul Dennithorne Johnston (eds), *To Be or Not: An E-Prime Anthology* (San Francisco: International Society for General Semantics, 1991).

Doty, Mark, *The Art of Description: World into Word* (Minneapolis: Graywolf Press, 2010).

Fenollosa, Ernest, and Ezra Pound, *The Chinese Written Character as a Medium for Poetry: A Critical Edition*, eds Haun Saussy, Jonathan Stalling and Lucas Klein (New York: Fordham University Press, 2008).

Halliday, M. A. K., 'On the Language of Physical Science', in Mohsen Ghadessy (ed.), *Registers of Written English: Situational Factors and Linguistic Features* (London: Pinter, 1988), pp. 162–78.

Hayakawa, S. I., and Alan R. Hayakawa, *Language in Thought and Action*, 5th edn (San Diego: Harcourt Brace Jovanovich, 1990).

Hope, Jonathan, *Shakespeare and Language: Reason, Eloquence and Artifice in the Renaissance* (London: Bloomsbury, 2014).

Lasch, Christopher, *Plain Style: A Guide to Written English* (Philadelphia: University of Pennsylvania Press, 2002).

McPhee, John, *The Crofter and the Laird* (New York: Farrar, Straus and Giroux, 2011).

Merton, Thomas, *Conjectures of a Guilty Bystander* (London: Burns & Oates, 1968).

——, 'Is the World a Problem?', in *Thomas Merton: Selected Essays*, ed. Patrick O'Connell (Maryknoll, NY: Orbis Books, 2013), pp. 331–41.

——, *New Seeds of Contemplation* (London: Burns & Oates, 1964).

——, 'Rain and the Rhinoceros', in *Raids on the Unspeakable* (NewYork: New Directions, 1966), pp. 9–26.

——, *The Seven-Storey Mountain* (New York: Harcourt Brace, 1998).

——, 'War and the Crisis of Language', in Robert Ginsberg (ed.), *The Critique of War: Contemporary Philosophical Explorations* (Chicago: Henry Regnery, 1969), pp. 99–119.

Pynchon, Thomas, *Mason & Dixon* (London: Picador, 2004).

Sennett, Richard, *Together: The Rituals, Pleasures and Politics of Cooperation* (London: Penguin, 2013).

Tufte, Virginia, *Artful Sentences* (Connecticut: Graphics Press LLC, 2006).

일상을 경이롭게, 경이를 심상하게

Adorno, Theodor, 'Punctuation Marks', *Antioch Review* 48, 3 (Summer 1990): 300–305.

Auerbach, Erich, Mimesis: *The Representation of Reality in Western Literature*, trans. Willard R. Trask (Princeton: Princeton University Press, 1968).

Barthes, Roland, 'African Grammar', in *The Eiffel Tower and Othe Mythologies*, trans. Richard Howard (Berkeley: University of California Press, 1997), pp. 103–9.

——, 'The Grain of the Voice', *in Image Music Text*, trans. Stephen Heath (London: Fontana, 1977), pp. 179–89.

——, *Roland Barthes by Roland Barthes*, trans. Richard Howard (London: Macmillan, 1977).

——, *What is Sport?*, trans. Richard Howard (New Haven: Yale University Press, 2007).

Beckett, Samuel, *Watt* (London: Faber & Faber, 2009).

Fisher, Marshall, 'Memoria Ex Machina', *Harper's* (December 2002).

Gass, William, 'The Ontology of the Sentence, or How to Make a World of Words', in *World Within the Word* (New York: Knopf, 1978), pp. 308–38.

Gopnik, Adam, *At the Strangers' Gate* (London: Riverrun, 2017).

Gowers, Ernest, *Plain Words: A Guide to the Use of English* (London: HMSO, 1948).

Kenner, Hugh, 'The Politics of the Plain', *New York Times Book Review*, 15 September 1985.

Laubach, Frank, *The Silent Billion Speak* (New York: Friendship Press, 1943).

Lee, Laurie, *Village Christmas: And Other Notes on the Village Year* (London: Penguin, 2016).

McLuhan, Marshall, *Understanding Media: The Extensions of Man* (London: Routledge, 2001).

Paterson, Don, 'The Lyric Principle, Part I: The Sense of Sound', *Poetry Review* 97, 2 (Summer 2007): 56–72.

Teems, David, *Tyndale: The Man Who Gave God an English Voice* (London: Thomas Nelson, 2012).

세상을 노래하는 문장들

Barthelme, Donald, ' Not-Knowing', in *Not Knowing : The Essays and Interviews of Donald Barthelme*, ed. Kim Herzinger (New York: Random House, 1997), pp. 11-25.

Bowie, Malcolm, *Proust Among the Stars* (London: Fontana, 1998).

Christensen, Francis, *Notes Towards a New Rhetoric: Six Essays for Teachers* (New York: Harper & Row, 1967).

Flesch, Rudolf, 'Let's Face the Facts about Writing: A Look at Our Common Problems', *College English* 12, 1 (October 1950): 19-24.

──, 'Teaching Bureaucrats Plain English', *College English* 7, 8 (May 1946): 470-74.

──, *The Art of Plain Talk* (New York: Harper & Row, 1946).

Friedwald, Will, *Sinatra! The Song is You: A Singer's Art* (New York: Scribner, 1995).

Gopen, George D., and Judith A. Swan, 'The Science of Scientific Writing', *American Scientist* 78, 6 (November-December 1990): 550-58.

Graves, Robert, *Mammon and the Black Goddess* (London: Cassell, 1965).

Gunning, Robert, *The Technique of Clear Writing* (New York: McGraw-Hill, 1968).

Halliday, M. A. K., 'Differences Between Spoken and Written Language: Some Implications for Literacy Teaching', in *Language and Education*, ed. Jonathan J. Webster (London: Continuum, 2007), pp. 63-80.

Millier, Brett C., *Elizabeth Bishop: Life and the Memory of It* (Berkeley: University of California Press, 1993).

Petit, Philippe, *On the High Wire*, trans. Paul Auster (New York: Random House, 1985).

Trevelyan, G. M., *An Autobiography and Other Essays* (London: Longman 1949).

Weathers, Winston, 'The Rhetoric of the Series', *College Composition and Communication* 17, 5 (December 1966): 217-22.

White, E. B., *The Elements of Style* (London: Macmillan, 1959).

하강하는 마침표와 도약하는 문단

Csikszentmihalyi, Mihaly, *Flow: The Classic Work on How to Achieve Happiness* (London: Rider, 2002).

'David Abbott', in *The Copy Book* (Crans: RotoVision, 1995), pp. 10–13.

Gardner, John, *The Art of Fiction: Notes on Craft for Young Writers* (London: Vintage, 2001).

Gopen, George, *The Sense of Structure: Writing from the Reader's Perspective* (New York: Pearson, 2004).

Gornick, Vivian, *The Situation and the Story: The Art of Personal Narrative* (New York: Farrar, Straus and Giroux, 2002).

Haussamen, Brock, 'The Future of the English Sentence', *Visible Language* 28, 1 (Winter 1994): 4–25.

Hugo, Richard, *The Triggering Town: Lectures and Essays on Poetry and Writing* (New York: Norton, 1979).

Kirschenbaum, Matthew, *Track Changes: A Literary History of Word Processing* (Cambridge, MA: Harvard University Press, 2016).

Lee, Hermione, *The Novels of Virginia Woolf* (London: Methuen, 1977).

Lewis, Edwin Herbert, *The History of the English Paragraph* (Chicago: Chicago University Press, 1894).

Lutz, Gary, 'The Sentence is a Lonely Place', *The Believer* (January 2009).

Lynch, Kevin, *The Image of the City* (Cambridge, MA: MIT Press, 1960).

McPhee, John, *Draft No. 4: On the Writing Process* (New York: Farrar, Straus and Giroux, 2017).

Monson, Ander, 'The Essay as Hack', in Carl H. Klaus and Ned Stuckey-French (eds), *Essayists on the Essay: Montaigne to Our Time* (Iowa City: University of Iowa Press, 2012), pp. 177–9.

Norman, Donald, *The Design of Everyday Things* (London: MIT Press, 1998).

——, *The Invisible Computer* (Cambridge, MA: MIT Press, 1998).

Pettinger, Peter, *Bill Evans: How My Heart Sings* (New Haven: Yale University Press, 2002).

Pinker, Steven, *The Sense of Style: The Thinking Person's Guide to Writing in the 21st Century* (London: Allen Lane, 2014).

Prose, Francine, *Reading Like a Writer: A Guide for People Who Love Books and for Those Who Want to Write Them* (London: Aurum Press, 2012).

Quack this Way: David Foster Wallace & Bryan A. Garner Talk Language and Writing (Dallas: RosePen Books, 2013).

Richardson, Marion, *Writing and Writing Patterns* (London: University of London Press, 1935).

Rosen, Charles, *Piano Notes: The Hidden World of the Pianist* (London: Allen Lane, 2003).

Shapton, Leanne, *Swimming Studies* (New York: Riverhead Books, 2016).

Tomalin, Nicholas, *Nicholas Tomalin Reporting* (London: André Deutsch, 1975).

Winters, David, 'An Interview with Gordon Lish', *Critical Quarterly* 57, 4 (December 2015): 89–104.

별것 아닌 것 같지만, 도움이 되는

Hale, Sheila, *The Man Who Lost His Language* (London: Allen Lane, 2002).

Hall, Donald, *Life Work* (Boston: Beacon Press, 1993).

Judt, Tony, *The Memory Chalet* (London: Vintage, 2011).

Lopez, Barry, *About This Life: Journeys on the Threshold of Memory* (London: Harvill Press, 1999).

Luria, A. R., *The Man with a Shattered World: The History of a Brain Wound*, trans. Lynn Solotaroff (Cambridge, MA: Harvard University Press, 1987).

Mabey, Richard, *Nature Cure* (London: Chatto & Windus, 2005).

찾아보기

ㄱ

가드너, 존 Gardner, John 213
가워스, 어니스트 Gowers, Ernest 120
개스, 윌리엄 Gass, William 167
갤러웨이, 재니스 Galloway, Janice 250
거닝, 로버트 P. Gunning, Robert P. 173-175
고닉, 비비언 Gornick, Vivian 251, 254
고펜, 조지 Gopen, George 195, 241
고프닉, 애덤 Gopnik, Adam 138
그레이브스, 로버트 Graves, Robert 198
그리그슨, 제인 Grigson, Jane 22
기번, 에드워드 Gibbon, Edward 192
길, 에릭 Gill, Eric 56, 229

ㄴ

넬슨, 매기 Nelson, Maggie 17, 114, 251, 255
노먼, 도널드 Norman, Donald 226-227
니체, 프리드리히 빌헬름 Nietzsche, Friedrich Wilhelm 180

ㄷ

던, 존 Donne, John 191
데이비, 도널드 Davie, Donald 47
데이비드, 엘리자베스 David, Elizabeth 22-23
데이비스, 리디아 Davis, Lydia 251
도너기, 마이클 Donaghy, Michael 64
도드, 켄 Dodd, Ken 184
도시, 토니 Dorsey, Tommy 185-186
도킨스, 리처드 Dawkins, Richard

29
도티, 마크 Doty, Mark 83
드 발, 에드먼드 de Waal, Edmund 56
딜러드, 애니 Dillard, Annie 17, 251-252

ㄹ
래시, 크리스토퍼 Lasch, Christopher 89
랙터(산문 생성 프로그램) Racter (prose-synthesis program) 49-51
랭커스터, 버트 Lancaster, Burt 200
러츠, 게리 Lutz, Gary 17, 214-215, 252-253
레섬, 조너선 Lethem, Jonathan 37
로제, 피에르 Roget, Pierre 232
로바크, 프랭크 Laubach, Frank 134
로빈, 와이트 Wight, Robin 250
로웰, 에이미 Lowell, Amy 239
로즌, 찰스 Rosen, Charles 208
로페즈, 배리 Lopez, Barry 262
루리아, 알렉산드르 Luria, Aleksandr 263-265
루아드, 엘리자베스 Luard, Elisabeth 22
루이스, E. H. Lewis, E. H. 241
리, 로리 Lee, Laurie 148-149
리시, 고든 Lish, Gordon 213-215, 217
리처드슨, 매리언 Richardson, Marion 207
린네, 칼 Linnaeus, Carl 232-233
린치, 케빈 Lynch, Kevin 223, 225
릴케, 라이너 마리아 Rilke, Rainer Maria 36, 215

ㅁ
망구소, 세라 Manguso, Sarah 251
매콜리, 토머스 배빙턴 Macaulay, Thomas Babington 212
매클루언, 마셜 McLuhan, Marshall 157
맥팔레인, 로버트 Macfarlane, Robert 79
맥피, 존 McPhee, John 78, 206
머리, 린들리 Murray, Lindley 192
머튼, 토머스 Merton, Thomas 73-76, 80-81, 90-92, 95-98, 101
먼로, 맷 Monro, Matt 185
메이비, 리처드 Mabey, Richard 273-275
먼슨, 앤더 Monson, Ander 254
몽고메리, 로버트 Montgomery, Robert 60
무어, 메리앤 Moore, Marianne 16, 63
미쇼, 앙리 Michaux, Henri 154
미스 반 데어 로에, 루트비히 Mies van der Rohe, Ludwig 140
미켈란젤로 Michelangelo 139
밀턴, 존 Milton, John 190

찾아보기 287

ㅂ

바르트, 롤랑 Barthes, Roland 142-145, 147, 149
바셀미, 도널드 Barthelme, Donald 47, 152
반 고흐, 빈센트 Van Gogh, Vincent 35, 199
밴빌, 존 Banville, John 17
번벅, 빌 Bernbach, Bill 245, 248
벌랜드, 데이비드 Bourland, David 102-103, 105, 108
베넷, 토니 Bennett, Tony 185
베르길리우스 Virgil 57
베를리오즈, 엑토르 Berlioz, Hector 208
베리, 웬들 Berry, Wendell 38-39, 41, 106-107
베유, 시몬 Weil, Simone 36
베인, 알렉산더 Bain, Alexander 241
베처먼, 존 Betjeman, John 18
베케트, 사뮈엘 Beckett, Samuel 17, 152, 180
보니것, 커트 Vonnegut, Kurt 52
보위, 멜컴 Bowie, Malcolm 184
본, 헨리 Vaughan, Henry 196
볼드윈, 제임스 Baldwin, James 17
브레스웨이트, 카미우 Brathwaite, Kamau 209
블랙, 맥스 Black, Max 85
블레이크, 윌리엄 Blake, William 108
비숍, 엘리자베스 Bishop, Elizabeth 89, 199

ㅅ

사르트르, 장 폴 Sartre, Jean-Paul 165
샌더스, 조지 Sanders, George 162-163
샤넬, 코코 Chanel, Coco 140
섀프턴, 린 Shapton, Leanne 251
세네카 Seneca 190-191, 199, 212
세넷, 리처드 Sennett, Richard 112-113
세인트 오빈, 에드워드 St Aubyn, Edward 274
셰익스피어, 윌리엄 Shakespeare, William 68, 109, 122
셸리, 퍼시 비시 Shelley, Percy Bysshe 108
소로, 헨리 데이비드 Thoreau, Henry David 16, 41, 70, 200, 219
소크라테스 Socrates 44
손드하임, 스티븐 Sondheim, Stephen 140
슈베르트, 프란츠 Schubert, Franz 208
스노든, 데이비드 Snowdon, David 63
스완, 주디스 Swan, Judith 195

스타인, 거트루드 Stein, Gertrude 243
슬레이터, 나이젤 Slater, Nigel 22, 234
시나트라, 프랭크 Sinatra, Frank 185-188
시모니데스 Simonides 55, 62
실버먼, 폴 Silverman, Paul 246
실즈, 데이비드 Shields, David 251

ㅇ

아렌트, 한나 Arendt, Hannah 94
아리스토텔레스 Aristotle 102, 108, 194
아우구스티누스 Augustine of Hippo 127, 157
아우어바흐, 에리히 Auerbach, Erich 137
아이히만, 아돌프 Eichmann, Adolf 92-94
애벗, 데이비드 Abbott, David 247, 250
앨프릭 Aelfric 49
어스킨, 존 Erskine, John 90
에머슨, 랄프 왈도 Emerson, Ralph Waldo 242-243
에번스, 빌 Evans, Bill 216-217
에터, 토머스 Etter, Thomas 49
엠프슨, 윌리엄 Empson, William 86
예이츠, W. B. Yeats, W. B. 52, 108

오비디우스 Ovidius 57
오스틴, 제인 Austen, Jane 141
오웰, 조지 Orwell, George 121-123, 139, 152-153, 164, 166-167
올리버, 메리 Oliver, Mary 153
왓슨, 제임스 Watson, James 164
울프, 버지니아 Woolf, Virginia 5, 118, 238
월리스, 데이비드 포스터 Wallace, David Foster 234
웨더스, 윈스턴 Weathers, Winston 194
위클리프, 존 Wycliffe, John 125
윌리엄스, 존 Williams, John 189
윌슨, 에드워드 O. Wilson, Edward O. 45
이사 李斯 110
잉골드, 팀 Ingold, Tim 45-46

ㅈ

자세츠키, 레프 Zazetsky, Lev 263-265, 273
제임스, 클리브 James, Clive 212
존슨, 새뮤얼 Johnson, Samuel 192
주트, 토니 Judt, Tony 267-268
지드, 앙드레 Gide, André 271

ㅊ

처칠, 윌리엄 Churchill, Winston 237
체임벌린, 윌리엄 Chamberlain,

William 49
체호프, 안톤 Chekhov, Anton 272
촘스키, 놈 Chomsky, Noam 27-28
치버, 존 Cheever, John 17
칙센트미하이, 미하이 Csikszentmihalyi, Mihaly 258-259

ㅋ

카버, 레이먼드 Carver, Raymond 277
카스틸리오네, 발다사레 Castiglione, Baldassare 257
카터, 앤절라 Carter, Angela 51
카펜터, 캐런 Carpenter, Karen 188
카프카, 프란츠 Kafka, Franz 180
칼리마코스 Callimachus 57, 62
커셴바움, 매튜 Kirschenbaum, Matthew 210
커티스, 토니 Curtis, Tony 200
케너, 휴 Kenner, Hugh 166
케니언, 제인 Kenyon, Jane 21
켐퍼, 수전 Kemper, Susan 63
콜, 냇 킹 Cole, Nat King 185
콜베어, 스티븐 Colbert, Stephen 114
쾨닉, 줄리언 Koenig, Julian 245
쿤데라, 밀란 Kundera, Milan 115
크나우스고르, 칼 오베 Knausgaard, Karl Ove 151
크론, 헬무트 Krone, Helmut 245
크리스텐슨, 프랜시스 Christensen, Francis 189-190, 192-193, 198
크릭, 프랜시스 Crick, Francis 164
클램핏, 에이미 Clampitt, Amy 196
클레어, 존 Clare, John 102
클링켄보그, 벌린 Klinkenborg, Verlyn 43
키츠, 존 Keats, John 20, 108
키케로 Cicero 190, 198
킨더슬리, 데이비드 Kindersley, David 56, 249

ㅌ

터프트, 버지니아 Tufte, Virginia 111
테라스, 허버트 Terrace, Herbert 27-28
토맬린, 니컬러스 Tomalin, Nicholas 237-238
트리벨리언, 조지 매콜리 Trevelyan, George Macaulay 183
틴들, 윌리엄 Tyndale, William 124-127, 129-130, 132-133, 135-137, 146, 168-169, 241
팀스, 데이비드 Teems, David 133

ㅍ

파스테르나크, 보리스 Pasternak, Boris 140
파울러, 헨리 Fowler, Henry 233
패터슨, 돈 Paterson, Don 131, 252
페놀로사, 어니스트 Fenollosa,

Ernest 108-111
페이터, 월터 Pater, Walter 58
펜먼, 이언 Penman, Ian 20
프로즈, 프랜신 Prose, Francine 253
프로스트, 로버트 Frost, Robert 19
프로이트, 지그문트 Freud, Sigmund 123, 154
프루스트, 마르셀 Proust, Marcel 16, 184
프티, 필리프 Petit, Philippe 200-203
플라톤 Plato 44, 74, 121
플레시, 루돌프 Flesch, Rudolf 171-174, 176, 181
플로베르, 귀스타브 Flaubert, Gustave 10, 275
피네건, 윌리엄 Finnegan, William 123-124
피럴, 마틴 Firrell, Martin 60
피셔, 마셜 Fisher, Marshall 157
피스, 데이비드 Peace, David 235
핀레이, 이언 해밀턴 Finlay, Ian Hamilton 58-59, 106
핀천, 토머스 Pynchon, Thomas 116
필럭, 마우 Mau Piailug 224
필립스, 애덤 Phillips, Adam 123
핑커, 스티븐 Pinker, Steven 231-232

ㅎ

하디, 토머스 Hardy, Thomas 274
하디, G. H. Hardy, G. H. 11-13, 23-25
하야카와, 샘 Hayakawa, Sam 81-82
하워드, 할런 Howard, Harlan 194
하이드, 루이스 Hyde, Lewis 70-71
하하모비치, 딘 Hachamovitch, Dean 177
할리데이, 마이클 Halliday, Michael 182
허버트, 조지 Herbert, George 196
헉슬리, 올더스 Huxley, Aldous 245
헤밍웨이, 어니스트 Hemingway, Ernest 108
헤일, 존 Hale, John 265-266
헴플, 에이미 Hempel, Amy 215
호메로스 Homer 54, 159
홀, 도널드 Hall, Donald 273
홀저, 제니 Holzer, Jenny 59-60
홉킨스, 제러드 맨리 Hopkins, Gerard Manley 199
화이트, E. B. White, E. B. 183
휘트먼, 월트 Whitman, Walt 196
휴고, 리처드 Hugo, Richard 152, 222
흐라발, 보후밀 Hrabal, Bohumil 16

옮긴이 성원
번역가. 책을 통해 사람을 만나고 세상을 배우는 게 좋아서 시작한 일이 어느덧 업이 되었다. 옮긴 책으로 『미국 공산주의라는 로맨스』, 『온전한 불안』, 『빈 일기』, 『디어 마이 네임』, 『우리에게 보통의 용기가 있다면』, 『쫓겨난 사람들』, 『이것은 어느 늑대 이야기다』 등이 있다.

단어 옆에 서기

초판 1쇄 2025년 4월 15일

지은이 조 모란
옮긴이 성원
편집 곽성하, 김아영
본문 디자인 김주화
표지 디자인 일구공
제작 세걸음

펴낸곳 위고
펴낸이 조소정, 이재현
등록 제2012-000115호
주소 경기도 파주시 돌곶이길 180-38 1층
전화 031-946-9276
팩스 031-696-6729

hugo@hugobooks.co.kr
hugobooks.co.kr

ISBN 979-11-93044-33-9 03800

이 책 내용의 일부 또는 전부를 재사용하려면 반드시 저작권자와 출판사 양측의 동의를 받아야 합니다.